Migration zu Windows 2000

Springer-Verlag Berlin Heidelberg GmbH

Paulette Feller

Migration zu Windows 2000

Leitfaden für effizientes Projektmanagement

Mit 116 Abbildungen und 16 Tabellen

Springer

Paulette Feller
Habsburgerallee 25
D-76767 Hagenbach

Die Deutsche Bibliothek – CIP-Einheitsaufnahme
Feller, Paulette: Migration zu Windows 2000: Leitfaden für effizientes Projekt-
management / Paulette Feller. – Berlin; Heidelberg; New York; Barcelona; Hongkong;
London; Mailand; Paris; Singapur; Tokio: Springer, 1999
ISBN 978-3-642-93587-9   ISBN 978-3-642-93586-2 (eBook)
DOI 10.1007/ 978-3-642-93586-2

Umschlaggestaltung: Künkel + Lopka, Heidelberg
Computer to plate: Schneider Druck, Rothenburg o. d. Tauber
Bindearbeiten: Schäffer, Grünstadt
SPIN: 10690750   33/3142 – 5 4 3 2 1 0 – Gedruckt auf säurefreiem Papier

Vorwort

Windows 2000 (oder Windows NT 5, wie es bis November 1998 noch hieß) wird voraussichtlich im Frühjahr 2000 auf den Markt kommen. Dennoch ist es bereits seit einiger Zeit in aller Munde. Warum?

Daß Windows 2000 so viel Beachtung findet, liegt mit am großen Erfolg des Vorgängers Windows NT 4. Windows NT 4 Server hat seit der Markteinführung 1996 ein fulminantes Wachstum erfahren, ist inzwischen als Plattform für unternehmenskritische Anwendungen anerkannt und kann durchaus mit den arrivierten Playern in diesem Segment, den Mainframes und großen Unix-Servern, problemlos mithalten. Windows NT 4 Workstation ist im professionellen Bereich das überwiegend eingesetzte Client-Betriebssystem.

Dennoch darf nicht übersehen werden, daß Windows NT 4 in seiner grundlegenden Konzeptionierung noch Schwächen aufweist. Die flache Struktur seiner Domänendatenbank macht es nicht gerade zum Betriebssystem erster Wahl für die Verwaltung großer Organisationen und die Windows NT-Workstation-Clients erweisen sich trotz Zusatztools wie Zero Administration Kit als äußerst störrisch und schwer zentral zu verwalten.

Microsoft hat sich mit Windows 2000 eine Menge vorgenommen. Es sollen nicht nur alle Schwächen und Probleme von Windows NT 4 ausgemerzt werden, sondern auch das Domänenkonzept wird durch eine hierarchisch aufgebaute Verzeichnisdatenbank namens Active Directory ersetzt, die Sicherheitskonfiguration und Verwaltung der Clients wird mit Hilfe der Group Policies wesentlich erleichtert und das Dateisystem NTFS ebenfalls überarbeitet, so daß jetzt die Verschlüsselung von Daten und die Begrenzung des Festplattenplatzes für Benutzer (Disk Quotas) möglich ist. Darüber hinaus wurden eine Vielzahl von neuen Diensten und Funktionen integriert, alles mit dem Ziel, dem Kunden ein wirklich komplettes Betriebssystem zu bieten.

Was dieses Buch bietet

Das vorliegende Buch besteht aus drei Teilbereichen.

Kapitel 1 gibt einen Überblick über Projekte, Projektteams, Projektmanagement und bespricht die einzelnen Phasen eines Netzwerkprojektes.

Kapitel 2 gibt einen technischen Überblick über die neuen Dienste und Features von Windows 2000. Die beschriebenen Eigenschaften wurden anhand der Vorversion Beta 2 getestet. Wo dies aufgrund von Funktionseinschränkungen nicht der Fall sein konnte, wird im Text ausdrücklich darauf hingewiesen.

Kapitel 3 bespricht sehr detailliert die einzelnen Projektphasen. Einige der neuen Eigenschaften von Windows 2000 werden nun unter planerischen Gesichtspunkten nochmals behandelt. Während also beispielsweise in Kapitel 2 die *technischen* Hintergründe der Replikation innerhalb des Active Directory besprochen werden, geht es in Kapitel 3 um die richtige *Planung* und Einrichtung des Replikationsprozesses insbesondere dann, wenn sich ein Unternehmen über mehrere Standorte erstreckt. Jede der Projektphasen wird außerdem anhand von zwei sehr unterschiedlichen Fallbeispielen veranschaulicht. Es wird in dem Buch sehr viel Wert auf Praxisrelevanz gelegt. Deshalb enthält Kapitel 3 eine Fülle von Checklisten, die aus der Erfahrung in Windows NT-Migrationsprojekten entstanden sind und die zur Konzeptionierung eines Projektes übernommen werden können.

Hagenbach, im März 1999   Paulette Feller

Danksagung

Mein ganz besonderer Dank gilt Frau Anita Berres von der Firma Berres und Partner Strategieberater, der ich die geniale Idee zu diesem Buch verdanke. Sie hat außerdem Teile des Buchs Korrektur gelesen und hatte auch zu unmöglichen Tageszeiten ein offenes Ohr für meine Fragen.

Weiterhin danke ich allen Mitarbeitern von Microsoft und einigen anderen Personen, die ich zwar persönlich nicht kennengelernt habe, die aber viele meiner in Newsgroups gestellten Fragen zu Windows 2000 ausführlich und mit viel Hintergrundinformationen beantwortet haben.

Meine Familie und meine Freunde haben in der Zeit, in der dieses Buch entstanden ist, nicht sehr viel von mir gehabt. Ich bedanke mich bei allen sehr herzlich für die Geduld und das Verständnis, die mir entgegengebracht wurden, und dafür, daß sie mich ab und zu auch mal vom Schreibtisch weggerissen haben.

Hagenbach, im März 1999   Paulette Feller

Inhaltsverzeichnis

1 Überblick

1.1
Was versteht man unter „Migration"?

Der Begriff „Migration" wird in der Welt der Datenverarbeitung verwendet, um den Übergang von einem Verfahren zu einem anderen zu bezeichnen. Dies kann die Umstellung eines Anwendungsprogramms auf eine neue Version sein oder aber die Umstellung des Netzwerks auf Windows 2000 – das Thema dieses Buchs.

Die Einführung eines neuen Netzwerk-Betriebssystems geschieht niemals als Selbstzweck. Meistens sind die Ursachen handfeste Probleme im bestehenden Netz – schlechte Performance, ungenügende Verwaltbarkeit, mangelnde Stabilität, nicht ausreichende Sicherheit –, die man hofft, mit dem neuen System aus der Welt schaffen zu können. Vielleicht sollen auch neue Anwendungen eingeführt werden, die auf der bestehenden Plattform nicht laufen.

Der Übergang von 16-Bit- zu 32-Bit-Anwendungen zieht beispielsweise auch eine Umstellung von Windows 3.x auf Windows 98 oder Windows 2000 Professional nach sich, oder eine Migration des Mailsystems von Microsoft Mail zu Microsoft Exchange bedingt auf Serverseite die Implementierung von Windows 2000 Server. Die Umstellung auf ein neues Netzwerk-Betriebssystem hat jedoch über die reine Umstellung der Software hinaus Einfluß auf praktisch alle Aspekte eines Netzwerks. Fast immer sind neue Rechner auf Server- oder Clientseite anzuschaffen, vielleicht wird eine neue Topologie gewählt, zum Beispiel der Übergang von Ethernet zu Fast Ethernet, der Einsatz von Switches statt Hubs usw. Die Kosten eines Netzwerkprojektes können sehr hoch sein. Die Erwartungen sind es meist auch.

Was auch immer die vorherrschenden Gründe für die Umstellung auf Windows 2000 sind – die richtige Zusammensetzung des Projektteams, sorgfältige Planung und konsequentes Projektmanagement sind wesentliche Voraussetzungen für ein erfolgreiches Projekt.

Gründe für die Einführung eines neuen Netzwerk-Betriebssystems

In dem vorliegenden Kapitel erhalten Sie einen Überblick über die Erfolgsfaktoren eines Projektes, die Zusammensetzung des Projektteams und die Projektphasen. Es werden darüber hinaus die Themen Projektmanagement und -controlling sowie Dokumentation besprochen, und Sie erhalten Tips, wie Sie kompetente externe Berater finden können. Kapitel 2 behandelt die neuen Features von Windows 2000 und deren Auswirkungen auf ein Migrationsprojekt. In Kapitel 3 wird ein Projektablaufplan vorgestellt. Es werden alle Phasen von der Bestandsaufnahme über die Bedarfsanalyse, Testlabore, Grob- und Feinplanung bis zur Umsetzung und Abnahme detailliert besprochen.

1.2
Erfolgsfaktoren für Projekte

In regelmäßigen Abständen liest man Berichte über gescheiterte Projekte. Ein Beispiel fand sich in der Computerwoche 39/98. Ein großer Elektrokonzern hatte 1994 ein Projekt zur Einführung einer neuen Personalsoftware gestartet. Nach 4 Jahren und Gesamtinvestitionen von rund 100 Millionen DM wurde das Projekt eingestellt, weil eine Baselining-Studie einer renommierten Beraterfirma zu dem Schluß kam, daß die inzwischen erfolgten organisatorischen Veränderungen bei dem Elektrokonzern mit der vorgesehenen Software nicht innerhalb eines vernünftigen Kostenrahmens hätten abgedeckt werden können.

Ein anderes spektakulär gescheitertes Projekt war die Umstellung einer amerikanischen Pharmafirma auf ein neues Produktionsplanungssystem (Computerwoche 36/98). Die Firma hatte das Umstellungskonzept selbst entworfen und nur für einen Teilbereich ein Beratungsunternehmen hinzugezogen. Ergebnis war, daß die Hardware für das neue System zu schwachbrüstig ausgelegt war und das Datenaufkommen nicht bewältigen konnte. Dieser Umstand wurde sogar für den drei Jahre später erfolgten Konkurs der Firma mitverantwortlich gemacht. Bekannt wurde der Fall, weil der Konkursverwalter erst erfolglos die Beratungsfirma und anschließend sogar den Hersteller der Software auf Schadensersatz verklagt hatte.

Eine Studie der Standish Group, die 1998 durchgeführt wurde (veröffentlicht in der Computerwoche 52/98), zeigt einen erschreckend geringen Prozentsatz „erfolgreicher" Projekte, wobei ein Projekt dann als erfolgreich galt, wenn weder die Zeit- noch die Budgetvorgaben wesentlich überschritten wurden und die geplanten Funktionen weitestgehend erreicht wurden (Tabelle 1.1).

Endbeurteilung des Projekts	Anteil
Erfolgreich zu Ende gebracht	28 %
Gescheitert	26 %
Mit Einschränkungen zu Ende gebracht (Zeit- und/oder Budgetüberschreitung, weniger Funktionen als geplant)	46 %

Warum scheitern viele Projekte und warum sind andere erfolgreich? Auch dies wurde von der Standish Group im Rahmen einer Studie 1998 untersucht (veröffentlicht in der Computerwoche 39/98). Die Ergebnisse sind in Tabelle 1.2 aufgeführt.

Warum Projekte zum Erfolg werden		Warum Projekte zum Mißerfolg werden	
Einbeziehung der Anwender	15,9	Unvollständige Anforderungen	13,1
Managementunterstützung	13,9	Anwender nicht involviert	12,4
Eindeutige Beschreibung der Anforderung	13,0	Zu wenig Ressourcen	10,6
Richtige Planung	9,6	Unrealistische Erwartung	9,9
Realistische Erwartung	8,2	Änderung der Spezifikation	8,7
Angemessene Ziele	7,7	Fehlende Planung	8,1
Kompetente Mitarbeiter	7,2	Nicht mehr benötigt	7,5

(Angaben in Prozent)

Es ist anzunehmen, daß die Gründe für das Scheitern des Projektes bei der amerikanischen Pharmafirma in der unvollständigen Beschreibung der Anforderungen lag, während bei der Einführung der Personalsoftware bei dem großen Elektrokonzern eine Änderung der Spezifikation verantwortlich war. Weitere Kardinalfehler bei Projekten sind die fehlende Einbeziehung der Anwender und die nicht ausreichende Bereitstellung von Ressourcen, während sich erfolgreiche Projekte dadurch auszeichnen, daß die Anwender frühzeitig involviert werden, das Management hinter dem Projekt steht und die Anforderungen eindeutig formuliert sind.

Es gibt natürlich auch Wechselwirkungen zwischen den einzelnen Punkten. Fehlt beispielsweise die Unterstützung des Managements, werden vielleicht nicht ausreichend Ressourcen bereitgestellt, oder es kommt im Verlauf des Projektes zu unnötigen Reibungsverlusten durch Kompetenzgerangel zwischen einzelnen Fachabteilungen.

Das allen Migrationsprojekten zugrundeliegende Ziel ist die Optimierung der Geschäftsprozesse. Bei vielen Projekten wird jedoch vergessen, daß hierbei die Anwender die wichtigste Rolle spielen, denn sie sind es, die nachher mit einem neuen System klarkommen müssen, und zwar sollen sie besser klarkommen als mit dem alten. Wenn sie nicht frühzeitig einbezogen werden, muß damit gerechnet werden, daß die Projektanforderungen nicht komplett beschrieben werden und die Planung entsprechende Lücken aufweisen wird. Dies führt zu unnötigen Projektschleifen, in denen nachgebessert werden muß, und damit zu Zeitverzögerungen und höheren Kosten.

Nicht zu unterschätzen sind auch die Probleme, die sich durch die mangelnde Akzeptanz einer neuen Software durch die Anwender ergeben:

- **Unsicherheit**: „Komme ich mit dem neuen System genauso gut wie mit dem alten klar?"

- **Zusatzbelastung**: „Die Zeit, die ich für die Einarbeitung brauche, könnte ich besser für meine Arbeit aufbringen!"

- **Widerstand**: „Mich hat keiner gefragt, dann gebe ich mir auch jetzt keine Mühe!"

Werden die Anwender jedoch frühzeitig involviert, so ist mit einer größeren Akzeptanz und höheren Motivation zu rechnen, und die Umstellung erfolgt mit weniger Problemen, als wenn ein neues System einfach „übergestülpt" wird. Dazu gehören selbstverständlich auch adäquate Schulungsmaßnahmen (siehe Kapitel 3).

Ebenso alarmierend wie der hohe Anteil gescheiterter Projekte ist die Tatsache, daß es bei fast der Hälfte aller Projekte zu Zeitverzögerungen und Überschreitung der ursprünglichen Budgetplanung kam oder daß nicht alle gewünschten Funktionen realisiert werden konnten. Gründe hierfür sind:

- Die Terminplanung ist zu eng, es gibt keinen Puffer für unvorhergesehene Probleme.

- Es werden zu wenig Ressourcen für das Projekt bereitgestellt.

- Von einer Software werden Eigenschaften erwartet, die sich in der Praxis als nicht realisierbar erweisen.

Den ersten beiden Punkten können Sie durch eine realistische Planung begegnen, wozu auch gehört, daß die Erwartungen an das Projekt auf einen angemessenen Level gesetzt werden. Mit unvorhergesehenen Problemen müssen Sie aufgrund der immer komplexer werdenden Systeme und des Zusammenspiels einer großen Zahl von Einzelkomponenten auf Hard- und Softwareseite auf jeden Fall rechnen. Dies soll jedoch nicht dazu führen, daß Sie fatalistisch Zeitverzögerungen hinnehmen, sondern es sollte vielmehr für die unvorhergesehenen Schwierigkeiten genügend Zeitpuffer eingeplant werden. Um so besser, wenn der Zeitpuffer nicht ausgeschöpft werden muß – niemand wird es im allgemeinen als Problem ansehen, wenn ein Projekt früher als geplant abgeschlossen wird.

Dem dritten Problemfeld – eine Software besitzt nicht alle zugesicherten Eigenschaften – zu begegnen ist wesentlich aufwendiger. Ausführliche Testläufe sind unumgänglich und daher fester Bestandteil aller Projekte. Es ist jedoch klar, daß Testumgebungen, die häufig aus nur wenigen Rechnern bestehen, die späteren Verhältnisse in Produktivnetzen nicht exakt abbilden können. Ist ein angepriesenes neues Feature einer Software jedoch schon in einer Testumgebung nicht zum Laufen zu bringen, wird man davon wohl vorerst die Finger lassen.

Bei der Einführung eines komplett neuen Systems wie Windows 2000 kann es auch sehr hilfreich sein, externe Berater mit ins Boot zu nehmen. Kriterien für die Auswahl externer Berater finden Sie in diesem Kapitel unter Punkt 1.7 „Externe Berater".

1.3
Das Projektteam

Es gibt zwei Erfolgsfaktoren für die Zusammensetzung eines Projektteams. Einmal müssen die Mitglieder des Teams selbstverständlich über das notwendige fachliche Know-how verfügen. Das zweite Kriterium, das mindestens ebenso wichtig ist, jedoch in vielen Teams vernachlässigt wird, ist die soziale Kompetenz oder „Teamfähigkeit" der Teammitglieder. Auch in der oben erwähnten Studie der Standish Group wurde der Einfluß des „menschlichen Faktors" auf den Erfolg oder Mißerfolg von Projekten nicht untersucht. Jeder, der jedoch schon einmal in Projektteams mitgearbeitet hat, weiß genau, wieviel Energie durch Reibungen und handfeste Konflikte innerhalb einer Gruppe verschwendet werden kann. Teams, die große Migrationsprojekte durchführen, sind häufig sehr heterogene Gruppen. In großen Unternehmen ist es gang und gäbe, zu umfangreichen Projekten Beratungsfirmen und freiberufliche Spezialisten hinzuzuziehen. Häufig kennen sich einige der Teammitglieder zu Beginn des Projektes gar nicht und wissen daher auch nicht, wie ihre Teampartner in Krisensituationen reagieren. Um so wichtiger ist es daher, bei einem

Projektteam nicht nur auf die notwendige fachliche Kompetenz der Mitglieder zu achten, sondern auch die soziale Interaktion innerhalb der Gruppe zu beobachten und gegebenenfalls durch geeignete Maßnahmen zu steuern. Hier kommt insbesondere dem Projektleiter eine zentrale Aufgabe zu.

Die Effizienz eines Teams hängt sehr wesentlich von der Mitgliederzahl ab. Erfahrungen haben gezeigt, daß der Aufwand für die Kommunikation exponentiell mit der Zahl der Teammitglieder steigt. Mit anderen Worten: Wird die Anzahl der beteiligten Personen verdoppelt, so muß ungefähr viermal so viel Zeit für die Kommunikation investiert werden. Die Standish Group hat im Rahmen ihrer 1998 durchgeführten Projektstudie (siehe oben) folgende Faustregeln für Projekte entwickelt:

- Ein Projekt sollte nicht mehr als sechs Mitglieder enthalten.

- Es sollte nicht länger als 6 Monate dauern.

- Das Budget sollte 750.000 Dollar nicht überschreiten.

Dies heißt jedoch nicht, daß Projekte, die diese Vorgaben nicht einhalten, von vornherein zum Scheitern verurteilt sind. Man sollte sich jedoch bei jedem Großprojekt fragen, ob es nicht sinnvoll wäre, mehrere kleinere Teilprojekte zu bilden und diese von eigenen Projektteams durchführen zu lassen.

In den folgenden Abschnitten werden zunächst grundsätzliche Überlegungen zur formalen und sozialen Kommunikation innerhalb des Teams dargestellt. Abschnitt 1.3.3 befaßt sich mit dem für Windows 2000-Projekte erforderlichen fachlichen Know-how und leitet damit zu Abschnitt 1.4 „Projektphasen" über.

1.3.1
Formale Kommunikation

Eine effiziente Kommunikation innerhalb des Teams ist ein wesentlicher Erfolgsfaktor für das gesamte Projekt. Gesunde Kommunikationsstrukturen zeigen auf zwei Feldern positive Wirkungen:

- **Projektablauf**: Unnötige Zeitschleifen werden vermieden.

- **Motivation**: Ein angenehmes „Gruppenklima" sorgt dafür, daß sich alle Mitglieder wohl fühlen und mit höherer Motivation ihren Aufgaben nachgehen.

In diesem Abschnitt werden die *formalen Kommunikationsregeln* besprochen. Zu den formalen Kommunikationsregeln gehören Vorschriften und Vereinbarungen hinsichtlich Besprechungen, Zwischenberichten, Telefonaten und E-Mails. Der nächste Abschnitt, der den Titel „*Soziale Kommunikation*" trägt, beschreibt die Art und Weise, wie die Gruppenmitglieder miteinander in Interaktion treten und beinhaltet Regeln zum Lösen von Konflikten.

1.3.1.1
Besprechungen

Besprechungen sind die wichtigste Kommunikationsform eines Projektteams. Sie dienen nicht nur der Information, sondern auch der Beschlußfassung und der Festlegung des weiteren Vorgehens. Es gibt in einem Projekt zwei Arten von Besprechungen. Die einen sind regelmäßig stattfindende *Teambesprechungen*, beispielsweise im wöchentlichen Rhythmus. Hier werden Zwischenberichte (siehe Abschnitt 1.3.1.2 „Zwischenberichte") vorgestellt, der Projektplan jeweils überprüft und ggf. aktualisiert und weitere Aktionen festgelegt.

Weiterhin werden Sitzungen zu bestimmten Themen einberufen oder weil unvorhergesehene Entwicklungen im Projektablauf das Ergreifen von Maßnahmen erforderlich machen (sogenannte „Krisensitzungen"). Der Projektleiter wiederum berichtet dem Management regelmäßig über den Fortschritt des gesamten Projektes. *(Sitzungen)*

Da Zeit in einem Projekt fast immer die knappste Ressource darstellt, muß alles dafür getan werden, Besprechungen nicht zu „Plauderstündchen" verkommen zu lassen. Damit Besprechungen möglichst effizient ablaufen, sollte man ein paar einfache Regeln einhalten.

Zu jeder Besprechung gehört eine schriftliche *Einladung*. Sie enthält neben dem Ort, dem zeitlichen Rahmen (Beginn *und* Ende!) und einer kompletten Liste aller Teilnehmer das Thema der Besprechung und die Tagesordnung. Jeder Punkt der Tagesordnung sollte möglichst nur einem der Besprechungsteilnehmer zugeordnet sein. Außerdem sollte pro Tagesordnungspunkt ein zeitlicher Rahmen festgelegt werden. Bei vielen Projekten wird für Einladungen zu Besprechungen ein Formular verwendet. Die Einladung sollte – falls es sich nicht um turnusmäßige Termine handelt, deren Ort, Zeitpunkt und Tagesordnung bekannt sind – mit genügendem Vorlauf erfolgen. In der Regel sollte eine Woche nicht unterschritten werden. *(Einladung)*

Einladung zur Besprechung	√
Teilnehmer	
Datum	
Ort	
Beginn und Ende	
Thema	
Tagesordnung	
Verantwortliche	

Betrifft eine Besprechung das ganze Projektteam, lädt im allgemeinen der Projektleiter ein. Werden innerhalb eines Projektes spezielle Teams gebildet (beispielsweise zur Planung der Active Directory-Struktur), lädt natürlich der verantwortliche Teamleiter ein.

Vorbereitung

Ein weiterer wichtiger Baustein zum Gelingen einer Besprechung ist die adäquate *Vorbereitung*. Jeder der Teilnehmer kann bereits anhand der Tagesordnung genau sehen, für welches Thema er verantwortlich ist, und die entsprechenden Informationen zusammenstellen. Erscheint jemand unvorbereitet zur Besprechung, hat der Einladende die Aufgabe, das betreffende Teammitglied diesbezüglich anzusprechen. Das Gespräch sollte vorzugsweise unter vier Augen und mit einigem Fingerspitzengefühl erfolgen. Trotzdem sollte jedem Teammitglied – auch wenn es sich um einen leitenden Angestellten handelt – klargemacht werden, daß sein Verhalten den Erfolg des gesamten Teams gefährdet.

Moderation

Wer zu einer Besprechung eingeladen hat, übernimmt im allgemeinen die Verantwortung für die *Moderation*. Dies fängt damit an, daß auf Pünktlichkeit aller Teilnehmer geachtet werden muß. Wer kennt sie nicht, die Kollegen, die zu jeder Besprechung notorisch eine Viertelstunde zu spät kommen, weil sie ausgerechnet fünf Minuten vor Beginn noch ein eminent wichtiges Telefonat führen müssen? Während der Besprechung sollten auch keine Störungen von außen geduldet werden. Handys sind selbstverständlich ebenso auszuschalten wie Pager, Cityruf, Scall oder ähnliche Übertragungsgeräte. Der Einladende muß auch darauf achten, daß die Tagesordnungspunkte zeitlich und inhaltlich nicht aus dem Rahmen laufen und Teilnehmer, die zu ausschweifenden Redebeiträgen neigen, sanft aber wirkungsvoll auf das Wesentliche beschränkt werden.

Besprechungsprotokoll	√
Thema	
Datum, Ort	
Teilnehmer	
Tagesordnungspunkte: Fakten	
Beschlüsse	
Verantwortliche	
Termine zur Erledigung	
Termin nächste Besprechung	
Protokollführer, Unterschrift	

Abbildung 1.2: Checkliste für Besprechungsprotokoll.

Zu guter Letzt gehört zu jeder Besprechung selbstverständlich auch ein *Protokoll*. Der Protokollführer muß unmittelbar zu Beginn einer Besprechung festgelegt werden. Es empfiehlt sich, diese Aufgabe reihum jedem Teammitglied einmal zuzuordnen. Das Protokoll enthält zu jedem Tagesordnungspunkt in aller Kürze die wesentlichen Fakten und Beschlüsse. Die einzelnen Punkte lassen sich sehr gut in ein Formular integrieren, welches das Abfassen eines Protokolls wesentlich erleichtert.

Der wichtigste Inhalt ist zweifelsohne die Aufzählung der beschlossenen Aktivitäten, die unbedingt zusammen mit den jeweils Verantwortlichen sowie einem Termin bis zur Erledigung aufzuführen sind! Dies klingt zwar selbstverständlich, ist jedoch einer der Hauptfehler, die in Projekten immer wieder gemacht werden. Wenn niemand·für eine Aktion verantwortlich ist, kann man mit an Sicherheit grenzender Wahrscheinlichkeit davon ausgehen, daß sie nicht erledigt wird. Das gleiche ist der Fall, wenn kein konkreter Termin gesetzt

Protokoll

Aufzählung der Aktivitäten

wird. Unbedingt vermeiden sollte man auch Formulierungen, die Spielraum zur Interpretation lassen, wie beispielsweise die Zeitangabe „umgehend" oder den leider so verbreiteten Anglizismus „asap" (as soon as possible) und die Angabe „Alle" als Verantwortliche. „Alle" bedeutet im Ergebnis nämlich das gleiche wie „Keiner".

1.3.1.2
Zwischenberichte

Zwischenberichte dienen der Information über den aktuellen Stand eines Projektes. Jedes Teammitglied faßt in regelmäßigen zeitlichen Abständen für seinen Verantwortungsbereich die wichtigsten Fakten zusammen. Der Projektleiter wiederum erstellt aus den einzelnen Teilberichten für das Management Zwischenberichte über den Gesamtverlauf des Projektes.

Wie oft Zwischenberichte abgefaßt werden, hängt ganz wesentlich von der Projektphase ab. Sie sollten mindestens zu den Treffen des Projektteams von jedem Teammitglied abgefaßt werden. Der Projektleiter stellt daraus Gesamtberichte für das Management zusammen.

Ein Zwischenbericht sollte so knapp wie möglich gehalten werden, damit sich die Leser schnell informieren können. Besonders wichtig ist dabei, ohne Umschweife Abweichungen zum Projektplan aufzuführen, damit möglichst frühzeitig Gegenmaßnahmen ergriffen werden können.

Es empfiehlt sich, für die Zwischenberichte einen formalen Aufbau festzulegen. Die folgenden Punkte sollten enthalten sein:

- Aufzählung der seit dem letzten Zwischenbericht durchgeführten Aktivitäten

- Abweichungen vom Projektplan (Budgetüberschreitungen, Verzögerungen, nicht erreichte Funktionen)

- Gründe für Abweichungen

- Auswirkungen auf andere Teilbereiche und das Gesamtprojekt

- Maßnahmen zur Problembehebung mit Verantwortlichkeiten und Terminangabe

Zwischenbericht	√
Projekt/ Projektteilbereich	
Verantwortlicher	
Datum	
Aktivitäten seit dem letzten Zwischenbericht	
Abweichungen zum Projektplan (Budgetüberschreitungen, Verzögerungen, nicht realisierte Funktionen)	
Gründe für die Abweichungen	
Auswirkungen auf das Gesamtprojekt und/oder andere Teilbereiche	
Maßnahmen zur Problembehebung	
Verantwortliche, Termine	
Autor, Unterschrift	

Abbildung 1.3:
Checkliste für
Zwischenbericht.

Genauso wie für Einladungen und Protokolle kann auch für Zwischenberichte ein einfach zu handhabendes Formular entwickelt werden. Die Entscheidung, ob ein handschriftlich auszufüllendes Formular oder eine Vorlage für die Textverarbeitung erstellt wird, bleibt dem Projektteam überlassen. Berichte abzufassen wird im allgemeinen als lästige Verwaltungsaufgabe angesehen. Je weniger Aufwand eine Verwaltungsaufgabe erfordert, desto höher wird die Wahrscheinlichkeit, daß diese Aufgabe auch erfüllt wird.

1.3.1.3
Telefonate

Telefonate sind wahrscheinlich heutzutage das wichtigste Kommunikationsmittel überhaupt. Um so erstaunlicher ist es, daß die meisten Firmen bestenfalls die Mitarbeiter der telefonischen Auftragsannahme oder der Hotline entsprechend schulen. Je effizienter Telefonate geführt werden, desto mehr wird dieses Kommunikationsmittel zum Projekterfolg beitragen. Innerhalb eines Projektes wird nicht nur mit Kollegen, sondern auch mit externen Geschäftspartnern viel telefoniert. Das Verhalten eines Mitarbeiters am Telefon ist ebenso ausschlaggebend für das Image der Firma wie Geschäftsbriefe und E-Mails (mehr hierzu weiter unten in diesem Kapitel). Es lohnt sich also, ein Blick auf die Regeln für effizientes Telefonieren zu werfen.

Vorbereitung

Auf Telefonate sollte man sich ebenso wie auf Besprechungen vorbereiten, denn ein Telefongespräch ist im Grunde genommen nichts anderes als eine Vier-Augen-Besprechung. Es sollte das Ziel, welches man mit dem Telefonat erreichen will, schriftlich formuliert werden. Soll ein Thema angesprochen werden, bei dem der Gesprächspartner voraussichtlich andere Interessen vertritt, lohnt es sich, mögliche Argumente und Gegenargumente ebenfalls vorher schriftlich zu fixieren.

Keine Überrumpelungstaktik!

Einige Ratgeber für Telefongespräche empfehlen, die sogenannte „Vorhand-Taktik" anzuwenden. Diese besteht darin, daß man die „Führung" des Gesprächs an sich reißt und nicht mehr abgibt, um Gesprächspartner quasi zu überrumpeln und so die eigenen Ziele durchzusetzen. Hüten Sie sich vor einem solchen Vorgehen! Sie sind damit vielleicht ein paarmal erfolgreich, aber Ihr Gegenüber fühlt sich hintergangen und wird in Zukunft Ihnen gegenüber nicht nur sehr vorsichtig sein, sondern im Extremfall sogar „mauern". Dauerhaften Erfolg erreichen Sie nur, wenn eine „Win-Win"-Situation entsteht, bei der beide Partner einen Vorteil erzielen.

Telefonate unterscheiden sich von Vier-Augen-Gesprächen dadurch, daß sich die Gesprächspartner nicht sehen können. Geübte Telefonierer hören zwar sehr viel aus der Stimme des Gegenübers heraus, dennoch fallen alle Informationen weg, die sich ansonsten aus der Körpersprache ablesen lassen. Um so wichtiger ist es, genau zuzuhören und auf die Argumente des Gesprächspartners einzugehen.

Nachfolgend eine Liste von Tips für effizientes Telefonieren:

- **Bereiten Sie sich vor.** Formulieren Sie schriftlich das Ziel des Telefonates sowie mögliche Argumente Ihres Gesprächspartners und Ihre Gegenargumente.

- **Fragen Sie zu Beginn, ob Ihr Gegenüber Zeit hat.** Wenn Ihr Partner eigentlich keine Zeit hat, dies aber nicht mitteilen kann, weil Sie Ihn sofort mit einem Wortschwall überfallen, werden Sie wahrscheinlich keinen Erfolg erzielen.

- **Hören Sie genau zu.** Notieren Sie sich Stichwörter zu dem, was Ihr Gegenüber Ihnen sagt. Dazu müssen Sie natürlich die Schreibhand freihaben.

- **Keine Nebenbeschäftigungen während des Telefonates!** Essen, trinken und rauchen Sie nicht, klappern Sie nicht müßig auf Ihrer Computertastatur und führen Sie, auch wenn Sie multitasking-fähig sind, nicht nebenbei noch ein Gespräch mit einer anderen im Raum anwesenden Person.

- **Lassen Sie sich nicht überrumpeln.** Wenn jemand Sie unvorbereitet in ein schwieriges Telefonat verwickeln will, sollten Sie ehrlich sagen, daß Sie die Fakten erst prüfen müssen und dann zurückrufen werden. Eventuell können Sie auch zu einer Notlüge greifen der Art „Ich habe gerade eine Besprechung".

- **Notieren Sie sich nach dem Telefonat die wichtigsten Inhalte.** Sofern Termine vereinbart oder andere für den Projektfortschritt wichtige Festlegungen getroffen wurden, sollten Sie dem Gesprächspartner eine Kopie zukommen lassen und ihn bitten, diese gegebenenfalls zu ergänzen.

1.3.1.4
E-Mails

E-Mails gewinnen immer mehr an Bedeutung, weil sie schnell und unkompliziert sind. Sie werden im allgemeinen in einem lockereren Ton als normale Briefe abgefaßt. Dabei wird jedoch leicht übersehen, daß E-Mails zum Teil die gleichen Auswirkungen haben wie die traditionelle Geschäftspost.

E-Mails, die von Firmenmitarbeitern abgefaßt werden, bestimmen ebenso wie normale Geschäftsbriefe das Erscheinungsbild eines Unternehmens bei seinen Partnern. Dies gilt natürlich auch für die E-Mail-Kommunikation innerhalb eines Projektes und insbesondere dann, wenn mit externen Partnern kommuniziert wird. Es sollte daher klare Regeln für das Abfassen von E-Mails geben, beispielsweise Vorschriften über die Signatur, aber auch die Reaktion auf sogenannte „Flames" (damit sind E-Mails mit beleidigendem Inhalt gemeint). Daß E-Mail-Anhänge Viren und trojanische Pferde enthalten können, dürfte sich inzwischen herumgesprochen haben. Niemand sollte also einen Anhang zweifelhafter Herkunft ohne Sicherheitsmaßnahmen öffnen.

Regeln für das Verfassen von E-Mails

Ein weiteres Problem im Zusammenhang mit E-Mails ist die fehlende Privatsphäre. E-Mails werden standardmäßig unverschlüsselt über das Internet gesendet. Sie passieren dabei unter Umständen eine große Menge von Mailservern, wo sie teilweise auch zwischengespeichert werden können. Wer vertrauliche Informationen per einfacher E-Mail versendet, darf sich nicht wundern, wenn diese Informationen in

Gewährleistung der Vertraulichkeit

fremde Hände geraten. Wenn innerhalb eines Projektes vertrauliche Informationen per E-Mail ausgetauscht werden sollen, empfiehlt sich der Einsatz von E-Mail-Verschlüsselungs-programmen wie „Pretty Good Privacy (PGP)" von Network Associates (ehem. McAfee).

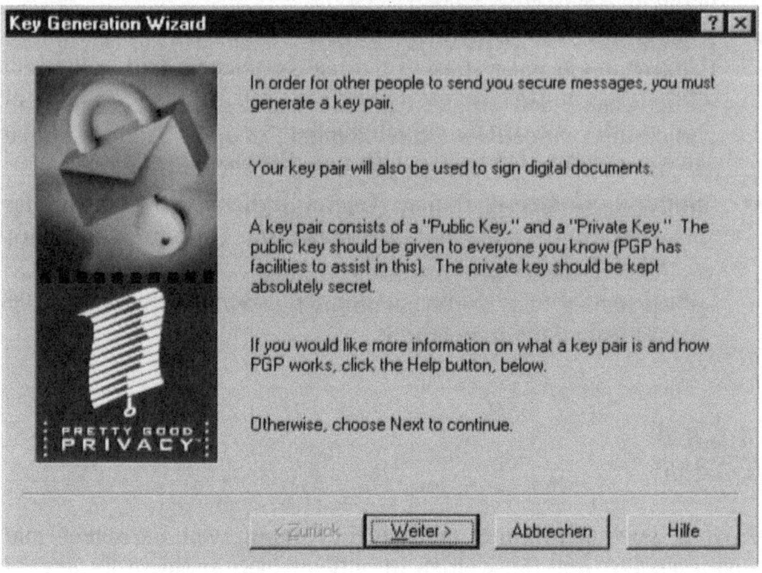

Abbildung 1.4: Um die Sicherheit von E-Mails zu gewährleisten, können Verfahren wie Pretty Good Privacy (PGP) eingesetzt werden.

Pretty Good Privacy (PGP)

PGP basiert auf einem Public/Private-Key-Verfahren (eine ausführliche Erklärung zu Public/Private-Key-Verfahren finden Sie in Abschnitt 2.3.4.3 „Encrypting File System (EFS)"). Jeder Benutzer besitzt einen öffentlichen und einen privaten Schlüssel (Abbildung 1.4). Bevor zwei Benutzer vertrauliche E-Mails austauschen können, lassen sie sich gegenseitig jeweils den öffentlichen Schlüssel zukommen. Die E-Mails werden dann jeweils mit dem öffentlichen Schlüssel des Empfängers kodiert, und nur dieser kann sie mit seinem privaten Schlüssel dekodieren.

Die IETF (Internet Engineering Task Force) diskutiert derzeit neben Pretty Good Privacy auch S/MIME (Secure Multipurpose Mail Extensions) als Standards für E-Mail-Verschlüsselung.

1.3.2
Soziale Kommunikation

Die soziale Interaktion innerhalb eines Projektteams hat großen Einfluß auf dessen Leistung. Eine positive Atmosphäre, in der sich alle Mitglieder wohl fühlen, führt zu gesteigerter Motivation und Kreativität, während umgekehrt ein schlechtes „Betriebsklima" eine Demotivation und im schlimmsten Fall sogar eine Verweigerungshaltung, gekoppelt mit „Dienst nach Vorschrift", nach sich zieht.

Diese Tatsachen sind heutzutage im Grunde als Binsenweisheiten zu betrachten. Warum aber zeigt dann die Erfahrung in Projektteams, daß die Regeln menschlicher Kommunikation immer noch zu wenig beachtet werden? Gerade in der Netzwerkbranche, deren Aufgabe die Sicherstellung der Kommunikation ist, sollte man doch erwarten, daß auch die Regeln der menschlichen Kommunikation bekannt sind und beachtet werden.

Hier kommt dem Projektleiter eine besondere Aufgabe zu. Er gibt die Richtlinien der Kommunikation vor, und seine Aufgabe ist es auch, auf die Einhaltung der Regeln zu achten. Jedes Teammitglied muß jedoch die Regeln als sinnvoll ansehen und bereit sein, sich daran zu halten. Am besten geht das in Unternehmen, in denen generell auf positive Kommunikationsstrukturen und Teamarbeit geachtet wird.

Dieser Abschnitt befaßt sich zunächst mit den Eigenschaften von erfolgreichen Teams und stellt die Phasen der Teambildung und die Rollen innerhalb eines Teams vor. Diese Zusammenhänge sollte jeder Projektleiter verstanden haben, um Teams erfolgreich führen zu können. Ein weiterer Abschnitt befaßt sich mit den Ursachen für Konflikte und Tips zur Beseitigung. Zuletzt werden Regeln für die Kommunikation innerhalb eines Teams vorgestellt.

1.3.2.1
Merkmale eines erfolgreichen Teams

Wann ist ein Team erfolgreich? Diese Frage läßt sich ganz einfach beantworten: Ein Team ist dann erfolgreich, wenn es die gestellten Aufgaben in vollem Umfang erledigt hat. Dabei hat sich in vielen Untersuchungen herausgestellt, daß Mitglieder erfolgreicher Teams das Klima eher als gut bezeichneten als Mitglieder von weniger erfolgreichen Teams. Sonja A. Sackmann hat in ihrem Beitrag „Teambildung in Projekten" (GPM Deutsche Gesellschaft für Projektmanagement (Hrsg.): Projektmanagement. Verlag TÜV Rheinland, Köln 1997) die Merkmale erfolgreicher Teams zusammengestellt:

- **Klare Ziele**: Die Ziele des Teams sind klar formuliert und jedem bekannt.

- **Identifikation**: Alle Teammitglieder identifizieren sich mit den Zielen und machen sie zu ihren eigenen.

- **Sachorientierte Kooperation**: Jedes Mitglied kann und will einen Beitrag zum Gelingen leisten.

- **Vertrauensklima**: Die einzelnen Mitglieder respektieren und vertrauen sich und schätzen die Arbeit der anderen auf Basis deren fachlicher Kompetenz.

- **Klare Zuständigkeiten**: Die Zuständigkeiten sind innerhalb des Teams klar festgelegt und auch außerhalb des Teams kommuniziert, damit die richtigen Ansprechpartner bekannt sind. Kommt es zu Überschneidungen der Zuständigkeitsbereiche, wird dies im Team besprochen und geregelt.

- **Kooperativer Führungsstil**: Führung wird nicht als Diktat von oben verstanden, sondern als Moderation und Koordination. Führungsaufgaben werden als Verantwortung aller betrachtet. Jeder muß ein Beitrag zum Erreichen gemeinsamer Ziele leisten.

- **Transparenz**: Es herrscht Transparenz bei Information und Kommunikation. Das Projektteam erhält alle Informationen, die es benötigt. Die Kommunikation ist offen, klar und sachorientiert.

- **Teammeetings**: Es finden regelmäßige Teammeetings statt, die dem Informationsaustausch und der Koordination des weiteren Vorgehens dienen. Diese Teammeetings werden von allen gut vorbereitet.

- **Arbeitsabläufe**: Alle Arbeitsabläufe sind wohldefiniert und auf die Erreichung des Zieles optimiert. Wenn nötig, werden Arbeitsabläufe flexibel angepaßt.

- **Umgang mit Konflikten**: Konflikte werden klar angesprochen, versachlicht und konstruktiv gelöst.

- **Förderung von Leistung**: Es wird nicht nur die Leistung des gesamten Teams in angemessener Weise honoriert, sondern auch die Leistung des einzelnen innerhalb des Teams.

Zu Beginn einer Projektes empfiehlt es sich, daß der Projektleiter diese Merkmale eines erfolgreichen Teams vorstellt und klarmacht, daß die fachlichen Ziele der Gruppe um so eher erreicht werden, je mehr von diesen Merkmalen verwirklicht wurde. Das Team benötigt jedoch, um ein erfolgreiches Team zu werden, neben den bereits vorgestellten formalen Kommunikationsregeln auch klare Normen zur menschlichen Kommunikation. Diese werden in Abschnitt 1.3.2.5 „Regeln zur sozialen Kommunikation" vorgestellt.

1.3.2.2
Phasen der Teambildung

Jedes Team durchläuft nach seiner Zusammenstellung eine Reihe von Phasen, bis es den Zustand höchster Leistung erreicht hat. Nicht jedes Team macht alle Phasen durch. Dies bedeutet leider auch, daß manche Teams niemals die Leistungsphase erreichen.

Der Projektleiter muß mit den einzelnen Phasen vertraut sein und gegebenenfalls Maßnahmen ergreifen, um ein Team zur Leistungsphase zu führen. Die folgende Beschreibung ist ebenfalls dem weiter oben zitierten Beitrag von Sonja A. Sackmann entliehen.

Die erste Phase nach der Zusammenstellung eines Team ist die sogenannte *Orientierungsphase*. Die Mitglieder kennen sich entweder gar nicht oder nicht besonders gut und gehen dementsprechend höflich-distanziert miteinander um. Persönliche Äußerungen werden noch nicht oder nur sehr vorsichtig gemacht.

In dieser Phase stellt der Projektleiter die Weichen für die künftige Entwicklung des Teams. Er definiert die Ziele des Projektes und sorgt dafür, daß sich die einzelnen Teammitglieder gegenseitig kennenlernen. Ganz wichtig ist auch, die Erfahrungen der Beteiligten aus anderen Projekten und ihre Erwartungen an das neue Projekt und an das Team abzufragen. Anschließend stellt der Projektleiter Vorschläge für formale und soziale Kommunikationsregeln vor. Diese Regeln müssen von jedem Teammitglied akzeptiert und getragen werden. Es müssen die Vorschläge daher diskutiert und anschließend verbindlich beschlossen werden. Der Projektleiter hat in dieser Phase die außerordentlich schwierige Aufgabe, die unterschiedlichen Interessen und Bedürfnisse jedes Teammitglieds angemessen zu berücksichtigen und dafür zu sorgen, daß jeder einzelne die Gesamtziele als seine eigenen Ziele definiert. Nur so kann der Übergang zur nächsten Phase, der Konfliktphase, vermieden und der direkte Übergang in die Organisationsphase geschafft werden.

Wenn klare Regeln innerhalb des Teams fehlen oder Verstöße gegen diese nicht sanktioniert werden, treten Teams häufig in eine *Konfliktphase* ein. Es finden Machtkämpfe um die Führung des Teams statt, Cliquen werden gebildet und unterschwellig schwelen Konflikte, die jedoch nicht offen ausgesprochen werden. Den einzelnen geht es eher darum, ihre eigenen Standpunkte klarzustellen als auf ein gemeinsames Ziel hin zu arbeiten. Wie in der Orientierungs-

Orientierungsphase

Konfliktphase

phase kann auch in der Konfliktphase nicht eigentlich von einem „Team" gesprochen werden, da es sich im Grunde genommen nur um eine Ansammlung von Einzelpersonen mit individuellen Bedürfnissen und Zielen handelt. Die Arbeit geht dementsprechend nur mühsam voran und viele der Teammitglieder sind frustriert.

Ist ein Team in die Konfliktphase eingetreten, müssen die Gründe dafür analysiert werden. Es empfiehlt sich, dazu einen externen Moderator heranzuziehen. Eine mögliche Ursache für das Eintreten in die Konfliktphase ist ein falsches Vorgehen des Projektleiters während der Orientierungsphase aufgrund ungenügender sozialer Kompetenzen. Er sollte dann schleunigst entsprechend nachgeschult werden. Manchmal bleibt jedoch als einziger Ausweg, den Projektleiter auszutauschen.

Möglicherweise ist das Team jedoch in die Konfliktphase geraten, weil einer oder mehrere der Teammitglieder die Führungsrolle des Projektleiters nicht akzeptieren, da sie sich selbst für geeigneter halten. Auch dieses Problem sollte innerhalb des gesamten Teams angesprochen und entsprechendes Verhalten sanktioniert werden. Das Management muß in einem solchen Fall ausdrücklich den Projektleiter unterstützen. Auch hier gilt die Empfehlung, im Extremfall die entsprechende Person – sei sie auch fachlich noch so kompetent – aus dem Projekt zu entfernen und durch ein kooperatives Mitglied zu ersetzen.

Organisations-
phase

Die nächste Phase, die auch direkt aus der Orientierungsphase erreicht werden kann, ist die *Organisationsphase*. In dieser Phase bildet sich die Arbeitsweise des Teams heraus. Man lernt sich besser kennen und entwickelt Normen zur Zusammenarbeit. Normen sind unausgesprochene „Benimmregeln" für den Umgang miteinander. Besitzt ein Team positive Normen, so gehen die Mitglieder offen und sachorientiert miteinander um. Ziel und Zuständigkeiten sind geklärt, Konflikte werden konstruktiv gelöst. Alle arbeiten daran, gemeinsam das Ziel zu erreichen, und jeder fühlt sich für den Gesamterfolg verantwortlich. Entwickeln sich jedoch negative Normen, weil vielleicht die Probleme aus der Konfliktphase nicht vollständig gelöst wurden und daher im Hintergrund ständig noch präsent sind, ist der Umgang von Mißtrauen geprägt. Es wird nach den eigenen Interessen geschielt und die Ziele des gesamten Teams nicht als die eigenen angesehen. Der Projektleiter wird zwar nicht direkt boykottiert, aber erfährt auch keine Unterstützung.

Die Aufgaben des Projektleiters in dieser Phase bestehen darin, die in der Orientierungsphase vereinbarten Regeln durchzusetzen und so für die Entwicklung positiver Normen zu sorgen. Er muß jedes Mitglied sozusagen „ins Boot" bekommen, damit eine Identifikation mit dem Team und den gemeinsamen Zielen stattfindet. Die Spielregeln müssen allerdings eingehalten werden bzw. Nichteinhaltung im Team angesprochen und entsprechend sanktioniert werden. Für den Projektleiter ist es in dieser Phase auch wichtig herauszufinden, wieviel Führung das Team eigentlich benötigt und wieviel Selbständigkeit und Selbstverantwortung die einzelnen übernehmen wollen.

In der Leistungsphase arbeitet das Projektteam optimal zusammen. Alle Kommunikationsschwierigkeiten sind überwunden. Es herrscht eine offene, vertrauensvolle und sachorientierte Kommunikation. Die Gruppenmitglieder schätzen sich aufgrund ihrer fachlichen Qualifikationen und arbeiten gemeinsam an der Erreichung des Projektzieles. Konflikte werden als fruchtbarer Bestandteil des Projektablaufs verstanden und auf der Sachebene geklärt. Treten Meinungsverschiedenheiten auf, werden sie umgehend angesprochen und konstruktiv gelöst.

Leistungsphase

Die Hochleistungsphase kann natürlich nicht unbegrenzt lange anhalten. Aufgabe des Projektleiters ist es, potentiell leistungshemmenden Entwicklungen entgegenzutreten. Hierzu gehört die erneute Motivation des Teams nach einem Rückschlag, aber gegebenenfalls auch der Tritt auf die „Euphoriebremse". Läuft ein Projekt in der Anfangsphase nämlich weitgehend problemlos, kann sich leicht eine gewisse Sorglosigkeit bei den Teammitgliedern verbreiten, die verhindert, daß Probleme rechtzeitig erkannt und ernstgenommen werden. Umgekehrt ist es aber auch wichtig, Erfolge zu feiern, um ein Anhalten der Motivation zu erreichen. Ein Leistungsabfall kann auch eintreten, wenn die verwendeten Methoden und Prozesse nicht mehr adäquat für die Problemlösung sind. In diesem Falle sollte das Team klären, ob eine Änderung der Vorgehensweise nicht angebracht ist. Hilfreich kann auch die Integration eines Spezialisten sein.

Hat ein Team einen hohen Grad an Selbstorganisation entwickelt, beschränkt sich die Rolle des Projektleiters in der Leistungsphase auf Weitergabe von Informationen, Moderation und kritische Unterstützung. Auch kann er sich in dieser Phase vermehrt um die Außendarstellung des Teams und die Schnittstellen zu anderen Teams kümmern.

Die letzte Phase eines Projektteams ist die Abschlußphase. Das Projekt ist weitgehend fertig und demnächst erfolgt die Übergabe. Die einzelnen Arbeiten müssen nun sauber abgeschlossen und dokumentiert werden. Die einzelnen Mitglieder können in dieser Phase ganz unterschiedliche Stimmungen vertreten. Einige freuen sich über einen gelungenen Abschluß und blicken schon dem nächsten Projekt entgegen. Bei anderen herrscht vielleicht Unsicherheit über ihre zukünftigen Aufgaben.

Abschlußphase

Der Projektleiter muß in dieser Phase vornehmlich darauf achten, daß alle Arbeiten gewissenhaft erledigt werden. Am Ende des Projektes sollte unbedingt eine Abschlußbesprechung mit dem gesamten Team erfolgen, in deren Verlauf jeder Beteiligte äußern kann, was er oder sie gut oder weniger gut fand, gelernt hat und sich für die Zukunft wünscht. Die Arbeit jedes einzelnen sollte auch separat vor dem gesamten Team gewürdigt werden. Dies kann beispielsweise im Rahmen einer kleinen Feier geschehen.

Um seine Aufgaben erfüllen zu können, benötigt der Projektleiter jedoch nicht nur Kenntnisse über die Phasen der Teamentwicklung, sondern auch über die Kommunikationsmechanismen innerhalb eines Teams. Im nächsten Abschnitt werden die Rollenmodelle besprochen, die die Mitglieder eines Teams annehmen können.

1.3.2.3
Rollen innerhalb eines Teams

In jeder Gruppe kann man feststellen, daß die Mitglieder immer wieder ganz bestimmte, typische Rollenmuster annehmen. Der Projektleiter muß in der Lage sein, jedes Teammitglied entsprechend seiner Verhaltensweisen richtig zu führen und zu motivieren, damit das Team als Ganzes Hochleistungen vollbringen kann.

Der Projektleiter   In jeder Gruppe gibt es einen formellen oder informellen *Leiter*. Projektteams besitzen einen formellen Projektleiter. In anderen Gruppen ohne vorgegebene Führungskraft kristallisiert sich jedoch früher oder später immer eine Person als informeller Leiter heraus. Der Projektleiter hat zwar den Vorteil des offiziellen Amtes, muß sich jedoch durch die Art seiner Führung auch die Akzeptanz der Teammitglieder erarbeiten. Ist dies nicht der Fall, tritt das Team in die Konfliktphase ein (siehe oben), aus der dann häufig eine andere Person als formeller Leiter hervorgeht.

Der Projektleiter muß – außer einem soliden Fachwissen auf allen durch das Projekt berührten Teilgebieten – über die folgenden Eigenschaften verfügen:

- Teamfähigkeit und soziale Kompetenz
- Führungsqualitäten
- Hohe Frustrationsschwelle
- Positive und sachorientierte Grundhaltung
- Durchhaltevermögen
- Abstraktionsfähigkeit
- Organisationstalent

Häufig wird als Projektleiter der Mitarbeiter mit den besten fachlichen Kompetenzen gewählt. Ein solcher Leiter wird sich aber eher mit Fach- als mit Führungsfragen beschäftigen und läuft dann nicht nur Gefahr, anderen in ihre Fachgebiete hineinzuregieren, sondern verliert darüber hinaus seine eigentlichen Aufgaben der Koordination, Information und Moderation aus den Augen. Je größer ein Projektteam ist, desto mehr ist Führungskompetenz gefordert.

Ein Projektleiter sollte unbedingt an Schulungen zu den Themen Projekt- und Teammanagement und Kommunikation teilnehmen. Er sollte außerdem über einen geeigneten Ansprechpartner verfügen, mit dem Probleme und Vorgehensweisen besprochen werden können. Dies kann beispielsweise im Rahmen eines „Coaching" durch einen externen Berater erfolgen.

Der *starke Gegenspieler* verfügt selbst über Führungsqualitäten und beobachtet daher den Teamleiter besonders kritisch. Der Projektleiter hat die gar nicht leichte Aufgabe, den starken Gegenspieler mit in die Verantwortung für die Führung des Teams zu nehmen, ohne selbst die Steuerung abzugeben. Der starke Gegenspieler kann, wenn er sachorientiert arbeitet, auch eine große Hilfe sein. Weil er sich eher mit der Rolle des Leiters identifiziert, kann er diesem in schwierigen Situationen auch zur Seite stehen.

Der *Positive* ist bestrebt, innerhalb der Gruppe für gute Stimmung zu sorgen. Es ist mehr prozeß- als sachorientiert, d.h., es geht ihm eher um die Art, wie etwas erledigt wird, als um das erreichte Ergebnis. Bei Konflikten leistet er wertvolle Dienste, um diese aufzulösen. Er ist bei den anderen Gruppenmitgliedern beliebt, denn er verkörpert den Wunsch aller nach Wärme und Geborgenheit. Bei Gruppen mit informeller Leitung teilen sich häufig der Positive und der Fleißige diese Aufgabe.

Der *Fleißige* ist eher sach- als prozeßorientiert. Ergebnisse sind ihm wichtiger als die Art und Weise, wie diese erzielt wurden. Auch der Fleißige kann sehr hilfreich bei Meinungsverschiedenheiten sein, weil er Konflikte gern auf der Sachebene löst. Der Fleißige genießt aufgrund seiner Kompetenz allgemeine Zustimmung innerhalb der Gruppe.

Befindet sich ein Team in der Konfliktphase, dient häufig eines der Mitglieder als *Sündenbock*. Bei Konflikten zwischen starken Gruppenmitgliedern richten sich deren Aggressionen nicht gegeneinander, sondern auf ein schwächeres Mitglied, welches dann quasi als Blitzableiter dient. Wird jemand innerhalb einer Gruppe zum Sündenbock gemacht, muß der Projektleiter das Geschehene unbedingt klar und offen innerhalb der ganzen Gruppe thematisieren und klarmachen, daß dies auf keinen Fall akzeptabel ist. Parallel muß er versuchen, das Selbstbewußtsein des in die Rolle des Sündenbocks ge-

Der Mitläufer

ratenen Teammitgliedes zu stärken, indem er ihm die Gelegenheit gibt, sich auf seinem Fachgebiet zu profilieren und damit die Anerkennung der anderen zu gewinnen.

Der Mitläufer hat meist keine eigenen ausgeprägten Ziele, sondern orientiert sich an anderen Teammitgliedern und dabei vorzugsweise am Leiter. Befindet sich ein Team in der Konfliktphase, kann er sich allerdings auch auf die Seite des starken Gegenspielers schlagen. Der Projektleiter sollte versuchen, den Mitläufer in den Teamprozeß einzubeziehen, indem er ihn zu Beiträgen aus dessen Fachgebiet ermuntert.

Der Alleswisser

Der Alleswisser ist oft, aber nicht immer, ein sehr erfahrener Kollege mit breitem Fachwissen. Dieses Wissen bringt er in häufigen, ausführlichen Redebeiträgen ein. Der Projektleiter muß dafür sorgen, daß die Beiträge des Alleswissers auf ein vernünftiges Maß beschränkt bleiben und daß er nicht andere Mitglieder durch Hineinreden in deren Fachgebiet brüskiert. Der Projektleiter sollte jedoch, um den Alleswisser nicht zu verärgern, dessen fachliche Kompetenz anerkennen und ansonsten taktvoll die Redezeit begrenzen. Wenn subtile Methoden nicht helfen, bleibt als letztes Mittel, den Alleswisser geschickt in eine Situation zu bringen, in der er eine sachlich falsche Aussage macht. Die meisten Menschen sind nach einer Blamage mit künftigen Beiträgen vorsichtiger.

Abbildung 1.5: Innerhalb jeder menschlichen Gruppe nehmen deren Teilnehmer ganz bestimmte Rollen an.

Eine sehr kontraproduktive Variante des Alleswissers ist der sogenannte „Reichsbedenkenträger", der gegen Vorschläge und Ideen anderer Teammitglieder grundsätzlich Einwände vorzubringen hat. Diesem Verhalten kann man durch Aufstellen von klaren Kommunikationsregeln (siehe Abschnitt 1.3.3.5 „Regeln zur sozialen Kommunikation") entgegenwirken.

Der Selbstdarsteller ist oft ein unsicherer Mensch, der sich hinter gockelhaften Posen versteckt. Sein Ziel ist es, die anderen Mitglieder um jeden Preis zu beeindrucken. Auch hier gilt es, die Redezeit zu beschränken und die Beiträge des Selbstdarstellers konsequent durch entsprechende Zwischenfragen auf Sachthemen zu beschränken.

Der Individualist bezieht innerhalb der Gruppe keine eindeutige Position. Das bedeutet keinesfalls, daß er etwa von den anderen Teammitgliedern nicht anerkannt wird. Er übernimmt häufig die Funktion eines Beraters oder Vermittlers und leistet daher in Konfliktfällen ebenso wie der Positive und der Fleißige konstruktive und wertvolle Teamarbeit.

Ein anderes Modell verwendet das Programm TEAM COACH von KeySoftware. Es werden zwölf mögliche Rollen der Teammitglieder definiert (siehe Abbildung 1.6).

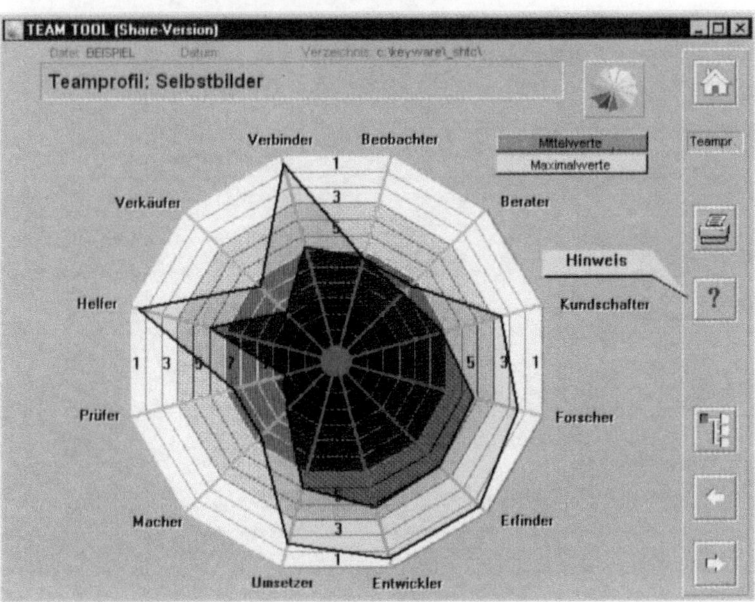

Abbildung 1.6: Die Software TEAMCOACH unterscheidet zwölf mögliche Teamrollen.

Jede dieser Rollen ist durch ein ganz bestimmtes Verhaltensprofil in sechs Bereichen charakterisiert (siehe Abbildung 1.7):

- Grundorientierung
- Soziales Verhalten

- Informationsverarbeitung
- Entscheidungsstil
- Arbeitsrhythmus
- Strukturierung

Zu Beginn der Teamarbeit wird mit Hilfe des Programms von jedem Teammitglied seine Selbsteinschätzung ermittelt. Die Selbstbilder aller Mitglieder können anschließend zu einem Teamprofil konsolidiert werden, welches dann bereits Anhaltspunkte für Stärken und Schwächen des Teams liefert. Abbildung 1.6 zeigt das Profil einer Gruppe, die sehr gut in den Rollen Forscher, Erfinder, Entwickler und Umsetzer besetzt ist, jedoch starke Defizite in den Rollen Macher, Prüfer und Verkäufer aufweist. Diese Erkenntnisse können beispielsweise bei der Einstellung von neuem Personal genutzt werden, indem eine Person gesucht wird, deren Profil das Team sinnvoll ergänzt.

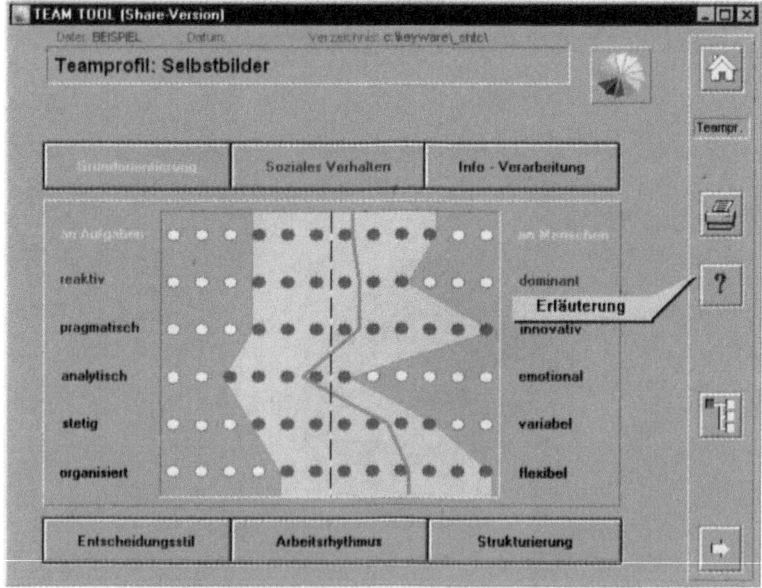

Abbildung 1.7: Anhand der Profile der Einzelpersonen errechnet das Programm TEAM COACH ein Arbeitsprofil für das gesamte Team.

Im weiteren Verlauf der Teamarbeit kann das Programm dazu eingesetzt werden, die Selbstbilder der einzelnen Mitglieder mit den Fremdbildern zu vergleichen. Die Fremdbilder ergeben sich, indem jedes Teammitglied jedes andere anhand der sechs Kriterien beurteilt. Ein Vergleich des Selbstbildes mit der Summe der Fremdbilder fördert nicht nur manch überraschendes Ergebnis zutage (siehe Abbildung 1.8), sondern ist häufig auch Ausgangspunkt für eine neue Orientierung im Team, welche letztendlich zu einer besseren Zusammenarbeit führt.

Das Programm TEAM COACH kann von der Firma KeySoftware in Karlsruhe (Kontakt: Matthias.Knieper@t-online.de) bezogen werden.

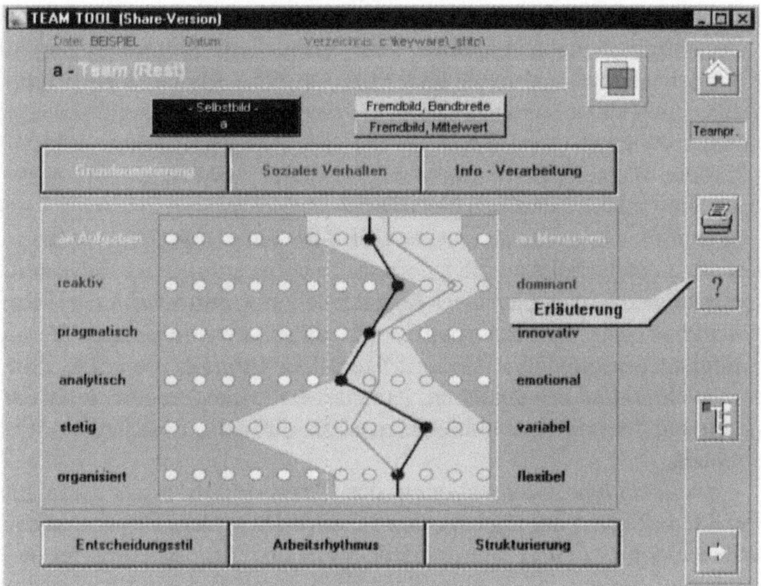

Abbildung 1.8: Der Vergleich des Selbstbildes einer Person mit der Summe aller Fremdbilder fördert manch überraschendes Ergebnis zutage.

1.3.2.4
Ursache und Behandlung von Konflikten

Wer als Projektleiter die typischen Ursachen von Konflikten kennt, kann bereits in der Entstehungsphase gegensteuern, bevor die Situation eskaliert. Die meisten Konflikte innerhalb von Projektteams entstehen aus den folgenden Gründen:

- Unterschiedliche Werte und Normen

- Divergierende Interessen und Ziele

- Unvollständige Informationen

- Persönliche Spannungen

- Ressourcenknappheit

- Komplexität der Aufgabe

Jedem dieser Konfliktpotentiale kann man durch entsprechende Maßnahmen begegnen. Treffen beispielsweise *unterschiedliche Werte und Normen* aufeinander, müssen die entsprechenden Personen lernen, dies während der gemeinsamen Arbeit am Projekt zurückzustellen und auf der Sachebene konstruktiv zusammenzuarbeiten. Das gleiche gilt für *persönliche Spannungen*. Treten aus diesen Gründen Konflikte auf, muß der Projektleiter diese offen thematisieren und versachlichen.

Ausgesprochene Streithähne kann man auch durch geschickte Wahl der Sitzordnung voneinander trennen. Sie sollten in einer Reihe sitzen, mit einer bis zwei Personen dazwischen (Es empfiehlt sich, hierzu möglichst den Positiven oder den Fleißigen auszuwählen.). Auf diese Weise entsteht kein direkter Sichtkontakt, und das Agressionspotential wird deutlich gedämpft.

Konflikte aufgrund *divergierender Interessen und Ziele* sind innerhalb eines Projektes völlig normal. Das Team sollte sie als positive Herausforderung und als Möglichkeit zur Optimierung der Projektarbeit sehen. Kritisch wird es allerdings, wenn einzelne Teammitglieder persönliche Ziele verfolgen. Der Projektleiter sollte dies zwar nicht direkt thematisieren, jedoch die Projektziele nochmals erklären und unmißverständlich klarmachen, daß diese höchste Priorität genießen.

Unvollständige Informationen der Teammitglieder als Ursache von Konflikten ist am leichtesten zu vermeiden, indem Regeln aufgestellt werden. Jedem Teammitglied muß klar sein, daß eine transparente Informationspolitik einer der wichtigsten Garanten für eine erfolgreiche Teamarbeit ist.

Ressourcenknappheit und komplexe Aufgabenstellungen sind heutzutage in praktisch allen Projekten an der Tagesordnung. Dem Konfliktpotential durch komplexe Aufgabenstellungen kann man begegnen, indem diese in einzelne, überschaubare Teilbereiche zerlegt werden. Die Ressourcenknappheit ist schwieriger zu behandeln, da das Team meist selbst nicht über genügend Entscheidungsbefugnisse verfügt, um mehr Ressourcen zur Verfügung zu stellen. Wird der Druck durch begrenzte Ressourcen zu groß und riskiert man dadurch Hektik und Flüchtigkeitsfehler, muß als Gegenmaßnahme der zur Verfügung stehende Zeitrahmen ausgedehnt werden. Das Team verfaßt hierzu Empfehlungen und Beschlüsse und dem Projektleiter obliegt es, diese vor dem Management zu vertreten.

Unabhängig von allen Vorschlägen zur Lösung von Konflikten gilt, daß der Projektleiter immer sachlich bleiben sollte, persönliche Angriffe auf andere nicht dulden darf und auf Attacken auf die eigene Person möglichst sachlich reagieren muß. Er darf niemals sein oberstes Ziel aus den Augen verlieren: das Projekt innerhalb der geforderten Zeit mit dem bereitgestellten Budget und den gewünschten Funktionen abzuschließen.

1.3.2.5
Regeln zur sozialen Kommunikation

Wie bereits mehrfach erwähnt, benötigt ein Projektteam außer den formalen Regeln auch Normen zur menschlichen Interaktion. Es mag durchaus auch Teams geben, in denen sich ganz von selbst eine positive und fruchtbare Arbeitsatmosphäre einstellt. Wenn sich eine Gruppe von Menschen jedoch klare Regeln gibt, die von allen getragen werden, wird das Team mit hoher Wahrscheinlichkeit eher in die Leistungsphase eintreten.

Der Projektleiter sollte möglichst bereits während des ersten Treffens Regeln vorschlagen. Diese könnten folgendermaßen aussehen:

- Jedes Teammitglied hat ein Recht darauf, in seiner Einzigartigkeit akzeptiert zu werden.

- Unsere Einstellung den anderen Teammitgliedern gegenüber ist offen, tolerant und positiv. Wir respektieren uns gegenseitig aufgrund unserer fachlichen Kompetenz.

- Wir führen alle Diskussionen sachlich und unterlassen persönliche Angriffe.

- Jeder kann seine Ideen darzustellen. Wir unterbrechen andere beim Reden nicht, sondern lassen sie in Ruhe ausreden.

- In Diskussionen hören wir genau zu und beziehen uns in unseren Antworten auf das, was unser Gegenüber gesagt hat.

- Lob ist genauso wichtig wie Kritik. Wir kritisieren fair, sachlich und konstruktiv.

- Treten Probleme auf, werden diese sofort angesprochen und geklärt.

- Wir verwenden niemals „Killerphrasen" der Art „Das haben wir noch nie so gemacht" oder „Das geht ja sowieso nicht".

Wichtig ist, daß diese Regeln nicht vom Projektleiter einfach vorgeschrieben werden, sondern vom Team diskutiert und gemeinsam beschlossen werden. Es ist damit zu rechnen, daß von einzelnen Mitgliedern Widerstand gegen solche Regeln kommt. Manche versuchen dann auch, diese ins Lächerliche zu ziehen, weil sie es nicht gewohnt sind, bei der Teamarbeit auch die menschlichen Aspekte der Kom-

Widerständen
von Teilnehmern
richtig begegnen

munikation zu berücksichtigen. Dahinter stecken neben Vorurteilen gegen „Psychokram" oft unausgesprochene Ängste vor Neuem und Ungewohntem. Der Projektleiter sollte diese Menschen nach ihren bisherigen Erfahrungen mit Teamarbeit fragen und sie schildern lassen, ob zwischenmenschliche Probleme auftauchten und wie diese dann geregelt wurden. So kann die Einsicht gefördert werden, daß Regeln helfen, von vornherein Probleme zu vermeiden.

Projektteams, deren Mitglieder mit Regeln für die soziale Kommunikation vertraut sind, haben eine humorvolle Art entwickelt, Übertretungen zu sanktionieren. Wer bei Meetings zu spät kommt, nicht vorbereitet ist oder beispielsweise eine Killerphrase verwendet, muß einen bestimmten Betrag in eine gemeinsame Kasse einzahlen. Am Ende des Projektes geht das gesamte Team miteinander essen und verbraucht dazu die Kasse.

1.3.3
Das fachliche Know-how

Windows 2000 stellt aufgrund der Fülle von neuen Eigenschaften hohe Anforderungen an das fachliche Know-how der Mitglieder eines Migrationsteams. Die in den folgenden Abschnitten aufgeführten Schwerpunkt-Kompetenzen sollten auf jeden Fall in einem Team vertreten sein. Dies bedeutet nicht, daß jedes Teilgebiet von einem eigens nur dafür abgestellten Teammitglied betreut werden muß. Bei kleinen bis mittleren Organisationen ist es häufig so, daß einzelne Personen mehrere Rollen erfüllen. Im Einzelfall kann es auch erforderlich sein, über die beschriebenen Kompetenzen hinaus weitere Spezialisten einzubeziehen. Dies ist beispielsweise der Fall, wenn die Umstellung auf Windows 2000 eine Neuprogrammierung unternehmenskritischer Software erforderlich machen würde und hierfür ein Spezialist herangezogen werden muß.

Es muß an dieser Stelle betont werden, daß die einzelnen fachlichen Aufgaben innerhalb eines Projektteams nicht immer hundertprozentig eindeutig gegeneinander abzugrenzen sind. Der Spezialist für das Rollout der Clientrechner beispielsweise muß sehr eng mit demjenigen Teammitglied zusammenarbeiten, welches für die Konfiguration der Server zuständig ist – insbesondere dann, wenn für die Installation der Clientrechner Serverdienste wie der „Remote Installation Server" verwendet werden.

Bei der Beschreibung der einzelnen Kernkompetenzen werden viele neue Features von Windows 2000, wie beispielsweise „Active Directory„ oder „Encrypting File System", aufgeführt. Kapitel 2 stellt

Ihnen diese neuen Eigenschaften vor und behandelt ihre Auswirkung auf die Durchführung von Migrationsprojekten.

1.3.3.1
Der Projektleiter

Der Projektleiter sollte über ein solides Wissen in bezug auf das gesamte eingesetzte Netzwerksystem verfügen. Dazu gehört Know-how auf allen Gebieten:

- Server- und PC-Hardware
- Netzwerktechnologie
- Netzwerk-Betriebssysteme, insbesondere das bisher eingesetzte System und Windows 2000
- Im Netzwerk eingesetzte Anwendungen
- Heterogene Anbindung und Internet
- Sicherheit

Der Projektleiter muß auf keinem der Gebiete ein Spezialist sein, sollte jedoch jederzeit in der Lage sein, die Arbeit des Teams fachlich richtig einzuschätzen.

Dem Projektleiter obliegt außerdem die Terminüberwachung und das Kostencontrolling. Er entscheidet über die Beschaffung von Hard- und Software. Sind externe Berater in das Projekt eingebunden, ist er auch für diese der Ansprechpartner. Er oder sie sollte daher sehr gut organisiert sein, unternehmerisch denken und effizient führen können. Zu diesen Fähigkeiten finden Sie mehr Informationen in Abschnitt 1.3.2 „Soziale Kommunikation".

Der Projektleiter trägt die Gesamtverantwortung für das Projekt. Sämtliche Aktivitäten, die den Zeitplan, die Ziele oder die Kosten des Projektes betreffen, müssen vom Projektleiter formell genehmigt werden! Insofern muß er für die Dauer eines Projektes auch den Teammitgliedern gegenüber weisungsbefugt sein. Teammitglieder werden jedoch in vielen Firmen nicht komplett für ein Projekt abgestellt, sondern haben daneben noch andere Aufgaben in ihren Fachabteilungen zu erfüllen. Hier entstehen potentiell Ressourcenkonflikte, die den Erfolg eines Projektes durchaus gefährden können. Es ist Aufgabe des Managements, entsprechend Prioritäten zu setzen. Für den Projektleiter gilt jedoch noch mehr als für jeden anderen Mitarbeiter die Regel, daß nur dann Verantwortung getragen werden kann, wenn die notwendigen Entscheidungskompetenzen vorliegen.

Gesamtverantwortung und Weisungsbefugnis des Projektleiters

1.3.3.2
Der Betriebssystem-Spezialist

Der Betriebssystem-Spezialist muß ein absoluter Fachmann (oder eine absolute Fachfrau) sowohl für das aktuell eingesetzte Netzwerk-Betriebssystem als auch für Windows 2000 sein. Er ist für alle Teilaufgaben zuständig, die die Server betreffen:

- Planung des Active Directory (Forests, Domänenstruktur, Organisational Units, Sites, Replikation, Global Catalog, Benutzer und Gruppen)
- Planung der Struktur des Domain Name Service (DNS)
- Entwicklung von Namensstandards (Rechner, Benutzer, Gruppen)
- Planung des Distributed File System (DFS)
- Planung der Netzwerkdrucker
- Planung des Encrypting File Systems (EFS) und der Certification Authorities (CA)
- Planung der Serverkonfiguration (Anzahl, Standorte, Cluster)
- Installation und Konfiguration der Windows 2000-Server
- Migration der existierenden Server
- Heterogene Anbindung (Mainframes, Integration von Unix oder Novell NetWare)
- Planung und Umsetzung einer Netzwerkmanagement-Strategie

Der Betriebssystem-Spezialist besitzt eine Reihe von Schnittstellen zu den Bereichen der übrigen Teammitglieder, insbesondere zu den Spezialisten für Unternehmensrichtlinien und Standards und für unternehmenskritische Anwendungen. Nur eine sehr enge Zusammenarbeit garantiert ein erfolgreiches Projekt.

Je nach Unternehmensgröße können die Funktionen des Betriebssystem-Spezialisten auch auf mehrere Personen verteilt werden. Ist dies der Fall, so muß im konkreten Fall entschieden werden, ob sich nicht die Bildung einer Untergruppe mit einem eigenen Leiter anbietet, der als Mitglied des übergeordneten Projektteams die Koordination mit den übrigen Projekt-Teilbereichen durchführt.

1.3.3.3
Der Spezialist für Unternehmensrichtlinien und Standards

Dieses Teammitglied ist für die Umsetzung aller Sicherheitsrichtlinien und Standards des Unternehmens zuständig. Windows 2000 bietet eine riesige Fülle an Werkzeugen zur Verbesserung der Sicherheit an, so daß es notwendig ist, diese Funktion innerhalb des Projektteams separat aufzuführen. Der Spezialist für Unternehmensrichtlinien und Standards kümmert sich um folgende Teilbereiche:

- Entwicklung einer Strategie zur Verwaltung der Ressourcen (Delegation von Teilaufgaben im Active Directory, Verwaltung der Datenverzeichnisse, Drucker und Anwendungen)

- Planung der Kontenrichtlinien (Kennwortablauf etc.)

- Zugriffsberechtigungen der Benutzer auf Daten und Anwendungen

- Sicherheitskonfiguration der Benutzerumgebung (Benutzerprofile und Group Policies)

- Entwicklung von Richtlinien für die Außenkommunikation des Unternehmens (Zugriff auf das Internet, Firewalls, Vorschriften für das Abfassen von E-Mails, Anbindung von DFÜ-Clients etc.)

- Entwicklung einer Datensicherungs- und Antivirus-Strategie

- Maßnahmen zur Sicherung der Kommunikation im Netzwerk (digitale Zertifikate, Secure Sockets Layer, IPSec)

- Planung einer File-Recovery-Strategie für das Encrypting File System (EFS)

- Planung der Sicherheitsüberwachung im Netzwerk (Auditing)

- Sicherheitskonfiguration der Clientrechner (BIOS-Kennwort, Schlösser für Diskettenlaufwerke, Booten nur von Festplatte, Zugriffsberechtigungen der Benutzer auf das lokale Dateisystem etc.)

Die Aufgaben dieses Teammitglieds berühren die Fachbereiche aller übrigen Teammitglieder. Der Spezialist für Unternehmensrichtlinien und Standards muß nicht nur über ausgezeichnete Kenntnisse des existierenden Systems und von Windows 2000 verfügen, sondern auch über aktuelle Entwicklungen in puncto Sicherheit bestens informiert sein. Da zu seinen Aufgaben auch die Durchsetzung allgemeiner Unternehmensrichtlinien wie beispielsweise die Außendarstellung mit E-Mails gehört, ist es unbedingt erforderlich, daß er volle Unterstützung durch die Geschäftsführung erfährt.

Auch für dieses Aufgabengebiet gilt, daß je nach Umfang ein eigenes Team gebildet werden kann.

1.3.3.4
Der Spezialist für Anwendungen

Dieses Teammitglied ist für alle unternehmenskritischen Anwendungen wie beispielsweise Datenbankanwendungen, Groupware oder Unternehmensplanungssysteme wie SAP oder Baan zuständig und garantiert deren reibungslose Integration in das Projekt. Außerdem kümmert er sich um die Office-Applikationen wie Textverarbeitung, Tabellenkalkulation, Präsentationssoftware. Ebenso wie für den Betriebssystem-Spezialisten gilt, daß auch hier die Verantwortung auf mehrere Personen verteilt werden kann, die ein eigenes Unterteam bilden. Als Mitglieder kommen Administratoren der jeweiligen Anwendungen sowie ausgewählte Anwender aus allen relevanten Unternehmensbereichen in Frage. Der Teamleiter ist seinerseits Mitglied im übergeordneten Projektteam.

Eine Migration zu Windows 2000 kann auch die unternehmenskritischen Anwendungen beeinflussen. Ein Beispiel ist Microsoft Exchange. Die Datenbank der derzeit neuesten Version 5.5 kann noch nicht direkt in das Active Directory integriert werden, jedoch wird Microsoft einen Replikationsagenten bereitstellen, um die beiden Datenbanken zu synchronisieren. Die nächste Exchange-Version mit dem Projektnamen „Platinum" wird vollständig in das Active Directory integrierbar sein.

1.3.3.5
Der Spezialist für Netzwerkinfrastruktur

Der Spezialist für Netzwerkinfrastruktur hat folgende Aufgaben:

- Planung und Pflege der Netzwerkkomponenten (Netzwerkkarten, Router, Switches etc.)

- Planung und Einrichtung der physikalischen Netzwerkkonfiguration

- Analyse der Netzbelastung, Erkennen von Trends und Aufstellen von Planungen

- Prognose der Auswirkung neuer Windows 2000-Dienste auf die
  Netzwerkbelastung (insbesondere Replikationsverkehr)

Der Spezialist für Netzwerkinfrastruktur spielt eine außerordentlich wichtige Rolle bei Migrationsprojekten. Oft zieht die Umstellung auf ein neues Netzwerk-Betriebssystem eine veränderte Netzwerk-Belastungscharakteristik nach sich. Neue Dienste von Windows 2000 wie Offline-Verzeichnisse oder das Distributed File System (siehe Kapitel 2) bewirken möglicherweise eine erhöhte Netzlast, während der Verzicht auf NetBIOS auf der anderen Seite zu deutlich weniger Broadcasts und damit zu einer verringerten Belastung führen kann. Der Infrastruktur-Spezialist muß diese Auswirkungen abschätzen und geeignete Maßnahmen entwickeln, um nach der Migration eine adäquate Performance zu garantieren.

Ihm obliegt auch, anhand der Plandaten für die Entwicklung der Mitarbeiterzahl und der zukünftig einzusetzenden Anwendungen eine Prognose für eine zukünftige Entwicklung aufzustellen. Wenn sich im Verlauf des Projektes nämlich herausstellt, daß die Einführung von Windows 2000 eine Veränderung des physikalischen Netzwerks erforderlich macht, muß sichergestellt sein, daß die vorgenommenen Anpassungen wenigstens über den üblichen Abschreibungszeitraum hinweg den Anwendern ein leistungsfähiges Netzwerk zur Verfügung stellen, damit diese ihre Aufgaben bestmöglich erledigen können.

1.3.3.6
Der Schulungsspezialist

Der Schulungsspezialist definiert den Schulungsbedarf für die künftigen Administratoren, das Helpdesk-Personal und die Endanwender. Das Thema Schulungen wird leider in vielen Projekten vernachlässigt. Dadurch handelt man sich jedoch nicht nur Produktivitätsverluste ein, sondern auch den Widerstand der Anwender, was fatale Auswirkungen auf den Erfolg des gesamten Projektes haben kann (siehe Abschnitt 1.2 „Erfolgsfaktoren für Projekte").

Der Schulungsspezialist ist die Schnittstelle zu denjenigen, die später mit dem neuen System in der einen oder anderen Weise umgehen müssen. Er holt zusammen mit dem Supportspezialisten (siehe Abschnitt 1.3.3.7) die Rückmeldung der Anwender zu dem neuen System ein. Neben der Ermittlung des Schulungsbedarfs und der Organisation der Schulungen sollte er den Anwendern über den Projektfortschritt berichten und die positiven Aspekte hervorheben, um Ängste abzubauen und die Akzeptanz zu erhöhen.

1.3.3.7
Der Supportspezialist

Unter einem Benutzersupport oder Helpdesk versteht man die erste Anlaufstelle für die Anwender, wenn diese Probleme mit ihrer EDV-Umgebung haben. Die Mitarbeiter des Helpdesk bearbeiten zunächst alle Anfragen, gleichgültig ob es sich um eine defekte Tastatur, Fragen zur Bedienung von Anwendungen oder Konfigurationsprobleme des Netzwerk-Betriebssystems handelt. Kann eine Anfrage nicht von den Mitarbeitern des Helpdesk direkt beantwortet werden, wird sie von dort aus an andere Stellen innerhalb oder außerhalb des Unternehmens, beispielsweise an die Netzwerkadministratoren oder Infrastruktur-Spezialisten oder die Supportabteilungen der Softwarehersteller, weitergegeben. Große Unternehmen setzen für den Support ihrer Anwender häufig eigene Abteilungen mit wohldefinierten Arbeitsabläufen und Kommunikationsstrukturen ein.

Obwohl die eigentliche Arbeit des Supportpersonals erst nach der Einführung eines neuen Systems beginnt, sollte dennoch ein Supportspezialist unbedingt zum Projektteam gehören. Das Supportpersonal kennt genau die Probleme, die Anwender mit dem bestehenden System haben und kann daher außerordentlich wertvollen Input geben. Genau wie der Schulungsspezialist ist auch der Supportspezialist eine Schnittstelle zum Endanwender. Er sollte ebenfalls für eine positive Darstellung des Projektes bei den Anwendern sorgen und dadurch die Akzeptanz für die bevorstehenden Veränderungen fördern.

Neue Aufgaben für das Helpdesk-Team

Durch die Mitarbeit im Projektteam erhält die Supportabteilung außerdem frühzeitig von den neuen Technologien von Windows 2000 Kenntnis und kann gegebenenfalls die Helpdesk-Prozeduren entsprechend anpassen. Die Einführung eines neuen Systems zieht auch nicht selten eine Überprüfung der delegierten Aufgaben mit sich.

Ein Beispiel hierfür ist das Zurücksetzen von vergessenen Benutzerkennwörtern. Unter Windows NT 4 konnte diese Aufgabe nicht separat delegiert werden. Wer Kennwörter zurücksetzen sollte, mußte mindestens Mitglied der eingebauten Gruppe „Kontenoperatoren" sein und erhielt damit weitgehende Berechtigungen für das Ändern von Benutzerkonten, was in vielen Organisationen den Sicherheitsrichtlinien widersprach. Die an sich wenig anspruchsvolle Aufgabe, vergessene Kennwörter zurückzusetzen, mußte daher vielfach von den Netzwerkadministratoren wahrgenommen werden. Windows 2000 hingegen bietet hervorragende Möglichkeiten, innerhalb des Active Directory wohldefinierte Teilaufgaben zu delegieren. So könnten also die Helpdesk-Mitarbeiter als neue Aufgabe beispielsweise das Zurücksetzen der Benutzerkennwörter erhalten und damit viel schneller Benutzer, die ihr Kennwort vergessen haben, wieder produktiver Arbeit zuführen.

1.3.3.8
Der Rollout-Spezialist

Unter dem Begriff „Rollout" versteht man die Installation der Clientrechner, was im allgemeinen als Startschuß für ein neues System angesehen wird. Bei der Installation der Clientrechner werden vorzugsweise automatisierte Methoden eingesetzt, also entweder Setup-Skripte oder Disk-Image-Verfahren (siehe Abschnitt 2.5 „Clients im Windows 2000-Netzwerk").

Der Rollout-Spezialist plant und entwickelt die Rollout-Methoden, stellt ein Rollout-Team zusammen und überwacht die Ausführung, welche vorzugsweise am Wochenende oder nachts stattfindet. Er arbeitet außerdem bei der Planung der Konfiguration der Clientrechner mit (BIOS-Einstellungen wie beispielsweise Supervisor-Kennwort oder Boot-Reihenfolge, Festplatten, Partitionierung etc.).

Ein weiteres Arbeitsfeld für dieses Teammitglied ist die Entwicklung von Prozeduren für eine schnelle Wiederherstellung von Clientrechnern im Fehlerfall. Hier arbeitet der Rollout-Spezialist eng mit dem Helpdesk-Team zusammen.

Funktion	Beschreibung	Person
Projektleiter	Gesamtverantwortung, guter Überblick in allen Teilbereichen	
Betriebssystem-Spezialist	Installation und Konfiguration der Server, Planung des Active Directory	
Spezialist für Richtlinien und Standards	Sicherheit und Unternehmensrichtlinien	
Spezialist für Anwendungen	Unternehmenskritische Applikationen, Office-Anwendungen	
Spezialist Netzwerkinfrastruktur	Analyse und Sicherstellung der Netzwerkperformance	
Schulungsspezialist	Planung und Durchführung von Schulungen	
Supportspezialist	Schnittstelle zum Helpdesk und zu den Anwendern	
Rollout-Spezialist	Prozeduren zum Setup der Clientrechner	
Niederlassungsvertreter	Berücksichtigung der besonderen Erfordernisse eines Standortes	

1.3.3.9
Vertreter von Niederlassungen

Besteht ein Unternehmen aus mehreren Niederlassungen, kann es erforderlich sein, aus den einzelnen Standorten je einen Vertreter in das Projektteam zu integrieren. Gründe hierfür können spezifische Gegebenheiten der Standorte sein. beispielsweise Unterschiede in der Vernetzung, spezielle Software, Konfigurationsunterschiede oder – bei multinationalen Unternehmen – sprachliche oder rechtliche Erfordernisse. Die Frage, wie einzelne Standorte in das Gesamtnetz eingebunden werden sollen, hat einen erheblichen Einfluß auf das Design des Active Directory, der Replikation und die Einrichtung der DNS-Server.

Die Umstellung der Niederlassungen auf ein neues Netzwerk-Betriebssystem wird jedoch häufig von der Migration der Zentralverwaltung abgekoppelt und als separates Projekt oder separate Projekte durchgeführt, um die Komplexität ein wenig zu verringern. Dies bietet sich auch bei der Migration zu Windows 2000 an. Bestehende Windows NT 4-Domänen können ohne Probleme in das Active Directory integriert werden. Ebenfalls können sich Windows NT 4- oder Windows 95/98-Clientrechner an einem Active Directory genauso anmelden wie an einer Windows NT 4-Domäne (mehr zu den technischen Hintergründen finden Sie in Abschnitt 2.6 „Aktualisierung von Windows NT zu Windows 2000").

1.4
Projektphasen

Jedes Projekt wird in Phasen unterteilt. Unter einer Phase ist eine Gruppe von Vorgängen zu verstehen, die untereinander in inhaltlichem Bezug stehen. Migrationsprojekte kann man in sechs Phasen unterteilen (siehe Tabelle 1.3).

Die Unterteilung eines Projektes in Phasen dient nicht nur der besseren Überschaubarkeit, sondern auch der leichteren Kontrolle des Budgets. Je weiter ein Projekt fortschreitet, desto genauer werden die Plandaten. In vielen Fällen schließt sich an jede Projektphase eine Sitzung eines Kontrollgremiums an, in welchem das Management anhand der bisher erzielten Ergebnisse entscheidet, ob und mit welchem Budget die nächste Phase angegangen wird.

Bezeichnung der Phase	Leitfrage
Bestandsaufnahme	Wo stehen wir?
Bedarfsanalyse	Wo wollen wir hin?
Grobplanung	Was muß getan werden?
Feinplanung	Wie wird etwas getan?
Umsetzung	Wer tut wann was?
Nachbetreuung	Was ist noch zu tun?

Tabelle 1.3: Die Phasen eines Migrationsprojektes.

Die folgenden Abschnitte beschreiben die einzelnen Phasen eines Migrationsprojektes. Es geht in diesem Kapitel darum, die grundsätzlichen Inhalte jeder Phase zu erklären. Detaillierte Handlungsanweisungen und Ablaufpläne finden Sie in Kapitel 3.

1.4.1
Bestandsaufnahme

Die Leitfrage der Bestandsaufnahme ist: *„Wo stehen wir?"*

Zu Beginn jedes Projektes muß eine komplette Bestandsaufnahme nicht nur des vorhandenen Netzwerks erfolgen. Es ist ebenso wichtig, das Wesen der Organisation, für welche ein Windows 2000-Netzwerk geplant wird, genau zu verstehen. Das Active Directory bildet nämlich im Idealfall die Struktur und die Arbeitsweise perfekt ab. Zur Bestandsaufnahme gehört also auch eine Beschreibung des Unternehmens selbst.

Die Teilbereiche der Bestandsaufnahme sind:

- Unternehmensbeschreibung: Geschäftsfelder, Abteilungen, Niederlassungen, Arbeitsabläufe, Zahl der Mitarbeiter, Ziele des Unternehmens

- Inventarisierung der vorhandenen Rechner (Server und Clients) incl. Beschreibung der jeweiligen Konfiguration (Festplatten, Partitionen, Netzwerkkarten, CD-ROM, BIOS-Einstellungen)

- Beschreibung des physikalischen Netzwerks (Topologie, Kopplungselemente)

- Vorhandene Remote-Access- und Internet-Anbindung

- Netzwerkprotokolle und -dienste, IP-Adressierung, DHCP, WINS, DNS

- Dokumentation des vorhandenen Netzwerk-Betriebssystems (Anzahl und Funktion der Server, Verzeichnisdienste, Drucker-Warteschlangen, Struktur der Datenverzeichnisse mit Zugriffsberechtigungen Verteilung der Administrationsaufgaben)

- Beschreibung der Client-Betriebssysteme

- Sicherheitsstandards (Kontenrichtlinien, Verschlüsselung, Datensicherung, Antivirus-Software, Firewall)

- Dokumentation der eingesetzten Applikationen inklusive der Zuordnung zu Benutzergruppen bzw. Abteilungen

- Konfiguration der Benutzerumgebung (Benutzerprofile, Systemrichtlinien)

- Heterogene Anbindung an andere Netzwerke (Unix, SNA etc.)

- Aufstellung der Probleme und Engpässe

Erst wenn man sich genau darüber im klaren ist, wie ein Unternehmen arbeitet und wie das bestehende Netz aussieht, kann man eine Planung zur Migration auf Windows 2000 durchführen. Wie wollte man beispielsweise ohne Inventarisierung der Clientrechner herausfinden, ob und wie diese für Windows 2000 Professional aufgerüstet werden müssen? Wenn ein Unternehmen über Richtlinien zur Dokumentation verfügt, liegt eine solche Bestandsliste idealerweise bereits komplett vor. In vielen Organisationen sind die Mitarbeiter der EDV-Abteilungen jedoch derart mit dem Tagesgeschäft und der Behebung von Problemen beschäftigt, daß für eine Inventarisierung und Dokumentation einfach keine Zeit bleibt.

Die Bestandsaufnahme wird in einem entsprechenden Dokument zusammengefaßt. Damit ist diese erste Projektphase abgeschlossen.

1.4.2
Bedarfsanalyse

Die Bedarfsanalyse erfolgt unter der zentralen Fragestellung: *„Wo wollen wir hin?"*

In dieser Phase erfolgt die Beschreibung der Projektziele. Es wird dabei unterschieden nach folgenden Kriterien:

- **Unternehmenskritische Ziele**: Dies sind Ziele, die unbedingt mit dem Projekt verwirklicht werden müssen, damit das Unternehmen weiter seinen Geschäften nachgehen kann (z.B. Einführung einer Software zur Produktionsplanung und -steuerung).

- **Strategische Ziele**: Sie verbessern das bestehende System nachhaltig (z.B. Migration zu TCP/IP als alleinigem Protokoll). Im Rahmen des Projektes sollten so viele der strategischen Ziele wie möglich realisiert werden.

- **Produktivitätssteigernde Ziele**: Diese steigern zwar die Effizienz der Arbeitsabläufe, bei Nichtrealisierung ergibt sich jedoch zunächst kein nachteiliger Einfluß auf das Geschäft (z.B. ausschließlicher Einsatz von Anwendungen, die mit Hilfe des Microsoft Software Installers automatisch auf die Clientrechner verteilt werden können).

- **Wünschenswerte Ziele**: Sie sind für den Geschäftserfolg nicht unbedingt erforderlich, aber „nice to have" (z.B. Integration aller Datenverzeichnisse in einen Distributed-File-System-Verzeichnisbaum).

Zur Bedarfsanalyse werden die verschiedensten Methoden herangezogen. Um den Bedarf und die Verbesserungswünsche der Anwender zu ermitteln, bieten sich beispielsweise *Fragebögen* oder *Interviews* an. Für die EDV- und die Supportabteilung hat sich die Form des moderierten *Workshops* bewährt, in dessen Verlauf mit Brainstorming und Metaplan-Technik alle Einzelinformationen zusammengetragen werden.

<table><tr><td>Pflichtenheft</td><td>

Die Bedarfsanalyse ist abgeschlossen, wenn das *Pflichtenheft* erstellt und verabschiedet ist. Das Pflichtenheft beschreibt nicht die Ausführung des Projektes als solches, beispielsweise „Die Außenstellen erhalten eigene Domänencontroller und werden als Child-Domänen in das Active Directory integriert", sondern die zu erreichende Funktionalität: „Die Außenstellen sollen von der Zentrale aus verwaltet werden. Sämtliche Benutzer sowohl der Zentrale als auch aller Außenstellen sollen sich an allen Standorten unter ihrer persönlichen Benutzerkennung anmelden können." Die konkrete Realisierung der Ziele mit Hilfe von Windows 2000 wird in der nächsten Phase geplant.</td></tr></table>

Grundlage für
die Abnahme
des Projektes

Das Pflichtenheft muß sehr sorgfältig ausgeführt werden, denn es ist nicht nur die Grundlage der beiden jetzt anschließenden Projektphasen Grob- und Feinplanung, sondern legt auch die Beurteilungskriterien für die Abnahme des Projektes fest. Sind externe Berater an einem Projekt beteiligt, ist die ordnungsgemäße Abnahme die Grundlage für eine komplette Bezahlung. Externe Berater werden daher schon aus diesem Grunde darauf achten, daß das Pflichtenheft klare und nachvollziehbare Definitionen enthält, die möglichst wenig Spielraum zu Interpretationen lassen.

1.4.3
Grobplanung

Die Grobplanung steht unter dem Motto: „*Was muß getan werden?*"

Die im Pflichtenheft beschriebenen Ziele werden nun auf eine Windows 2000-Netzplanung übertragen. Ziel der Grobplanung ist es, ein Windows 2000-Netzwerk zu beschreiben, welches die in der Bedarfsanalyse formulierten Ziele umsetzt. Die nach Abschluß der Grobplanung vorliegenden Dokumente müssen daher jeweils konkret den Bezug zwischen den Zielen und deren Umsetzung anhand des Netzwerkdesigns herstellen. Zur Erinnerung sei an dieser Stelle nochmals erwähnt, daß die businesskritischen Ziele unbedingt komplett erreicht werden müssen und von den strategischen Ziele möglichst viele umgesetzt werden sollten.

Es ist wichtig zu verstehen, daß in der Grobplanung das grundsätzliche Design, jedoch nicht die konkreten Details des zukünftigen Windows 2000-Netzwerks definiert werden. Bezogen auf das im vorherigen Abschnitt aufgeführte Beispiel des Unternehmens mit Außenstellen muß in der Grobplanung also entschieden werden, ob die Außenstellen als eigene Child Domains oder als Organisational Units in das Active Directory eingebunden werden. Die detaillierte Struktur des Active Directory hingegen wird erst in der nächsten Phase, der sogenannten Feinplanung, entwickelt.

Essentieller Bestandteil der Grobplanung ist die Überprüfung der Planung mit Hilfe von *Testlaboren*. Hier gilt es natürlich genau abzuwägen, was getestet wird. Aufgrund der Komplexität heutiger Netzwerke ist es sicher nicht möglich, jedes einzelne Detail der Grobplanung anhand eines Testlabors zu belegen. Testlabore sollen jedoch die grundsätzliche Machbarkeit nachweisen. Sie liefern darüber hinaus Basiswerte für die zu erwartende Belastung des Netzwerks sowie der Server und Clientrechner und sind daher unerläßlich für die Planung der Netzwerkinfrastruktur und der Rechner-Hardware.

In der Grobplanung sollten – wo dies machbar ist – zu den einzelnen Themengebieten jeweils mindestens zwei alternative Realisierungswege aufgezeigt werden. Oftmals schließt sich an den Abschluß der Grobplanung nämlich eine Sitzung eines Projekt-Kontrollgremiums an, in der anhand der Plandaten – insbesondere des weiteren Zeitrahmens und der Kosten der beschriebenen Alternativen – über das weitere Vorgehen entschieden wird.

Die Grobplanung muß auch eine *Risikoabschätzung* enthalten. Ein Risiko ist jede Angelegenheit, die die Erreichung der Ziele gefährden kann. Da es nicht möglich ist, in den Testlaboren das zukünftige Netzwerk komplett zu überprüfen, ergeben sich für den zukünftigen Projektverlauf und die Erreichung der Projektziele zwangsläufig gewisse Risiken. Diese müssen aufgezeigt und die möglichen Auswirkungen auf den Projektverlauf abgeschätzt werden.

Die Grobplanung sollte mindestens folgende Elemente enthalten:

- **Active Directory**: Struktur, Planung der Replikation, Sites, Global Catalog Server, Delegation der Verwaltung des Active Directory, Active-Directory-Clients, Namenstandards (Rechnernamen, Benutzernamen, Domänennamen), DNS-Design

Machbarkeitsstudie mit Hilfe von Testlaboren

Planungsalternativen aufzeigen

Risikoabschätzung

Elemente der Grobplanung

- **Netzwerkinfrastruktur**: Hardware, IP-Adressierung, Netzwerkmanagement

- **Konnektivität**: Remote Access, Internet, heterogene Anbindung (Novell NetWare, SNA-Mainframes, Unix)

- **Sicherheitsstandards**: Richtlinien für Benutzerkonten, Signaturen, Zertifikate, Verschlüsselung wie z.B. Encrypting File System, Firewall, Datensicherung, Antivirus

- **Benutzerumgebung**: Benutzerprofile, Group Policies, Logon-Skripts

- **Datenverzeichnisse**: Struktur, Distributed File System (DFS), Disk Quotas

- **Anwendungen**: unternehmenskritische Anwendungen, Office-Applikationen, serverbasiert oder lokal, Microsoft Software Installer etc.

- **Clientrechner**: Mindestanforderungen an die Hardware, Client-Betriebssystem

- **Migrationsstrategien für das vorhandene Netzwerk**: Windows NT, Novell NetWare

- **Rollout**: mehrere Alternativen zur Automatisierung der Abläufe (Skript zur automatischen Installation, Remote Installation Server, Disk Image)

- **Schulungsbedarf**: Administratoren und Anwender

- **Abweichungen vom Pflichtenheft**: Begründungen hierfür und Vorschlag von Alternativen

- **Abschätzung des Zeitrahmens und der weiteren Kosten** des Projektes (Verbesserung der Netzwerkinfrastruktur, neue Rechner, Software, Lizenzen, Arbeitskosten, Kosten für externe Berater)

Die einzelnen Themen der Grobplanung sind stark miteinander verzahnt und hängen zum Teil voneinander ab. In dieser Phase müssen die Teammitglieder bereits sehr eng zusammenarbeiten. Der Spezialist für Netzwerkinfrastruktur kann seine Planung zum Beispiel erst beginnen, wenn die Testlabore abgeschlossen sind und saubere Daten hinsichtlich der ermittelten Netzbelastung vorliegen.

Abweichungen
zum Pflichtenheft

Stellt sich im Laufe der Grobplanungsphase heraus, daß einzelne Forderungen des Pflichtenheftes nicht erfüllt werden können, muß dies im einzelnen begründet und Alternativen vorgeschlagen werden. Es ist sehr wichtig, daß der Auftraggeber jeder Abweichung schriftlich zustimmt, da ansonsten bei der Abnahme des Projektes, bei der die Eigenschaften des realisierten Windows 2000-Netzwerks mit dem Pflichtenheft verglichen werden, Konflikte zwischen Auftraggeber und Auftragnehmer vorprogrammiert sind. Dies gilt insbesondere dann, wenn es sich bei dem Auftragnehmer um eine externe Beraterfirma handelt.

1.4.4
Feinplanung

Leitfrage der Feinplanung ist: *„Wie wird etwas getan?"*

In der Feinplanung werden die nach der Grobplanung beschlossenen Realisierungsalternativen detailliert beschrieben. Aus der Feinplanung ergeben sich die für die Umsetzung erforderlichen Handlungsschritte. Diese wiederum sind Grundlage für die nächste Phase, die Umsetzung, bei der eine Liste von Aktivitäten abgearbeitet wird.

Die Feinplanung besteht aus den folgenden Themen:

- **Active Directory**: genaue Struktur, Anzahl der Domänencontroller, Sites, Replikation, Global Catalog Server, Delegation der Verwaltungsaufgaben, Neuanschaffung oder Aufrüstung vorhandener Server

- **Sicherheitsstandards**: detaillierte Beschreibung der beschlossenen Standards und deren Umsetzung (Group Policies, Certificate Server, Encrypting File System, Datensicherung, Antivirus-Software, Firewall-Einstellungen), benötigte Software-Lizenzen

- **Netzwerkinfrastruktur**: vorzunehmende Änderungen, neue Kopplungsgeräte, IP-Adressierung, Netzwerkmanagement-Software

- **Remote Access**: Beschreibung der Konfiguration der RAS-Server und DFÜ-Clients, RAS-Einwahlberechtigungen, Sicherheitsmaßnahmen, benötigte Modems bzw. ISDN-Adapter

- **Internet-Anbindung**: Konfiguration Proxy und Firewall, einzusetzende Software

- **Heterogene Anbindung**: Gateways zu NetWare, SNA, Unix-Connectivity, Terminal-Emulationssoftware etc.

- **Datenverzeichnisse**: genaue Struktur, Zugriffsberechtigungen, globale Laufwerk-Mappings, Disk Quotas, Offline-Verzeichnisse, Distributed File System

- **Druckerwarteschlangen**: welche Server, Zugriffsberechtigungen, Verwaltung

Aktivitätenliste für die Umsetzung

- **Anwendungen**: Datenbank, EPS (Enterprise Planning Software wie z.B. SAP, Baan), Fax, Groupware, Office (serverbasiert oder lokal), Zugriffsberechtigungen auf die Anwendungen, zu erwerbende Lizenzen

- **Clientrechner**: Neuanschaffungen bzw. Aufrüstung vorhandener Clientrechner, Beschreibung des Massen-Rollout (Skripte, Remote Installation Server oder Disk Image)

- **Benutzerumgebung**: Benutzerprofile lokal oder serverbasiert, Umleitung von Profilverzeichnissen, Group Policies (Designstrategie, Relation zum Active Directory, Einstellungen, Verwaltung)

- **Schulungen**: genaue Festlegung der Inhalte, Einholen von Angeboten

- **Ablaufplanung der Migration**: Server oder Clients zuerst, Plan für die Umstellung der Clientrechner nach Abteilungen, Migration des vorhandenen Netzwerk-Betriebssystems (Novell NetWare Directory Services, Windows NT 4-Domänen)

- **Abweichungen vom Pflichtenheft**

- **Zeitrahmen, Beschaffungsmaßnahmen und Kosten**

Risikoabschätzung und Kostenplanung

Anders als bei der Grobplanung beschreibt die Feinplanung nur eine einzige Handlungsalternative. Jedoch muß hier ebenfalls eine Abschätzung des Risikos und der noch anfallenden Kosten erfolgen. Die endgültigen Kosten lassen sich nach der Feinplanung bereits sehr genau abschätzen. Dennoch darf niemals außer acht gelassen werden, daß es hundertprozentige Sicherheit nicht geben kann. Auch nach Abschluß der Feinplanung können noch Probleme auftreten, mit denen niemand rechnen konnte. Es kann beispielsweise zu Lieferengpässen bei essentiellen Hardwarekomponenten kommen. Man sollte dem Rechnung tragen, indem man in der Zeitplanung ein Puffer für solche Ereignisse vorsieht.

Abweichungen vom Pflichtenheft

Auch im Laufe der Feinplanung kann es sich noch herausstellen, daß einzelne Spezifikationen des Pflichtenheftes nicht eingehalten werden können. Diese müssen genauso wie während der Grobplanung schriftlich formuliert und vom Auftraggeber ausdrücklich genehmigt werden.

Genehmigung durch das Management

In vielen Firmen muß im Anschluß an die Feinplanung eine weitere formelle Genehmigung zur Fortführung des Projektes durch das Management erfolgen. Falls in der Feinplanung hinsichtlich des Zeitrahmens, der Kosten und der Spezifikationen des Projektes erhebliche Differenzen zur Grobplanung auftreten, sind die Ursachen hierfür selbstverständlich aufzuzählen und zu begründen.

1.4.5
Umsetzung

Die Phase der Umsetzung wird bestimmt durch die Frage „*Wer tut wann was?*"

Nachdem in der Feinplanung konkrete Aktivitätenlisten erstellt wurden, geht es in der Phase der *Umsetzung* darum, diesen Aktivitäten Zeitpunkte, verantwortliche Personen und weitere Mitarbeiter zur Unterstützung zuzuweisen.

Bevor mit der konkreten Umstellung der Server und Clients begonnen werden kann, muß unter Umständen neue Hardware beschafft werden. Es empfiehlt sich, den Zeitrahmen hierfür nicht zu eng zu planen, da es bei der Beschaffung häufig Zeitverzögerungen gibt.

In die Phase der Umsetzung fallen auch die meisten *Schulungsaktivitäten*. Einen Teil der Administratoren wird man jedoch bereits während der Grob- und der Feinplanung schulen, weil beispielsweise deren Unterstützung für die Durchführung der Testlabore und der Pilotstudie erforderlich ist.

Anwenderschulungen sollten möglichst unmittelbar vor der Einführung des neuen Systems erfolgen. Das Zeitintervall zwischen Schulung und Umstieg auf das neue System sollte idealerweise nicht mehr als eine Woche betragen, weil ansonsten wieder viel vergessen wird. Es sollten möglichst keine Standardschulungen durchgeführt werden, sondern maßgeschneiderte, auf die speziellen Anforderungen des jeweiligen Unternehmens bezogene Unterlagen erstellt werden. Diese Unterlagen müssen nicht unbedingt sehr aufwendig und damit kostspielig sein. Wichtig ist aber, daß sie den Anwendern für deren konkrete tägliche Arbeit Handlungsanweisungen geben – und dafür sind Kopien von PowerPoint-Folien vollkommen ausreichend. Wenn die Kompetenz zur Durchführung einer Schulung in der Organisation selbst vorhanden ist, muß auch kein externes Schulungsunternehmen herangezogen werden. Überträgt man die Schulungen internen Mitarbeitern, sollte man aber zwei Dinge berücksichtigen:

- **Um eine Schulung zu entwickeln, braucht man Zeit** (Faustregel: pro Tag Schulung mindestens fünf Tage Vorbereitung).

- **Nicht jeder technische Spezialist ist auch ein guter Trainer.** Um Schulungen durchzuführen, benötigt man pädagogisches Geschick, Einfühlungsvermögen und Freude am Umgang mit Menschen.

Schulungen für Administratoren

Anwenderschulungen

Pilotstudie

Es empfiehlt sich, vor dem endgültigen Beginn der Umsetzung eine *Pilotstudie* durchzuführen, indem eine kleine Gruppe von Anwendern auf das neue System umgestellt wird. Die hierbei gewonnenen Erfahrungen führen unter Umständen zu einer nochmaligen Anpassung der Handlungsanweisungen und helfen bei der Vermeidung von Problemen in der endgültigen Umsetzungsphase. Für die Pilotstudie sollte man Anwender auswählen, die aufgeschlossen gegenüber Neuerungen sind und über gute Kenntnisse des neuen Betriebssystems verfügen. Hierfür bietet sich die EDV-Abteilung selbst oder eine andere Gruppe von Power-Usern an.

Unvorhergesehene Probleme in der Umsetzungsphase

Wie bereits mehrfach erwähnt, kann es in buchstäblich jeder Phase des Projektes unvorhergesehene Schwierigkeiten geben. Bei einem Migrationsprojekt zu Windows NT 4, an dem die Autorin beteiligt war, trat in der Phase der Umsetzung folgendes Problem auf: Die Clientrechner sollten alle auf Windows NT 4 Workstation umgestellt werden, wofür Skripte zur automatischen Installation entwickelt worden waren. Da die vorhandenen Rechner den Mindestanforderungen nicht entsprachen, wurden mehrere Dutzend neue Rechner eines großen Markenherstellers gekauft. Diese Rechner waren mit einer brandneuen Netzwerkkarte ausgerüstet, für die der Hersteller auch einen entsprechenden Treiber bereitgestellt hatte. Leider stellte sich heraus, daß die Datei OEMSETUP.INF, die bei der Installation des Treibers ausgewertet wird, keine Subroutine zur automatischen Installation enthielt. Dieser nicht vorhersehbare Umstand führte zu einer spürbaren Verzögerung bei der Umstellung der Clientrechner. Man sollte daher in jeder Phase des Projektes mit dem Eintreffen von *Murphys Gesetz* rechnen:

Alles was schiefgehen kann, geht auch irgendwann einmal schief!

Mit Netz und doppeltem Boden arbeiten

Versuchen Sie, in der Phase der Umsetzung mit Netz und doppeltem Boden zu arbeiten. Konkret bedeutet dies: Planen Sie jeden einzelnen Schritt so, daß Sie ihn im Ernstfall auch wieder rückgängig machen können. Dies gilt nicht nur für die Server, die vor der Migration selbstverständlich komplett gesichert werden müssen, sondern auch für die Clientrechner.

Funktionseinschränkungen in der Übergangsphase

In Unternehmen mit mehr als 50 Mitarbeitern werden die Anwender in der Regel abteilungsweise auf ein neues System umgestellt. In der Umstellungsphase, wenn ein Teil der Mitarbeiter bereits mit einem neuen, der Rest jedoch mit dem alten System arbeitet, kann es auch zu Problemen kommen. Ein Beispiel ist die Umstellung von Microsoft Schedule+ 1.0 auf Exchange Server mit Microsoft Outlook als Client. Die Outlook-Anwender müssen darauf geschult werden, in der Übergangszeit nur die Funktionen zu verwenden, die den Schedule+-Anwendern ebenfalls zur Verfügung stehen.

Die schrittweise Umstellung bietet auch den Vorteil, daß bei auftretenden Problemen die Umstellungsprozeduren für die nächsten Anwendergruppen optimiert werden können.

Wie das oben erwähnte Beispiel mit den neuen Netzwerkkarten zeigt, kann es auch in der Phase der Umsetzung dazu kommen, daß Abweichungen zum Pflichtenheft hingenommen werden müssen. Wie in den vorherigen Phasen sind die Abweichungen schriftlich zu begründen und genehmigen zu lassen.

Die Konfigurationseinstellungen der Server müssen dokumentiert werden, um nachprüfen zu können, ob sie mit den Definitionen der Feinplanung übereinstimmen. Dies ist in der Praxis nicht so einfach zu bewerkstelligen. Logon-Skripts können ausgedruckt werden. Andere Verwaltungstools wie auch die Microsoft Management Console verfügen nicht über eine Druckfunktion. Hier leisten Programme zum Erstellen von Screenshots sehr gute Dienste. Unter einem Screenshot versteht man das Speichern eines definierten Teils des Bildschirms in einer Grafikdatei. Die in diesem Buch enthaltenen Screenshots wurden mit dem Programm PaintShopPro erstellt. Daneben gibt es noch eine Fülle von Programmen anderer Hersteller, die ebenso gute Funktionen aufweisen.

1.4.6
Nachbetreuung

Motto der Nachbetreuung ist: „*Was ist noch zu tun?*"

Manche Probleme ergeben sich erst dann, wenn die ersten Anwender mit dem neuen System arbeiten. Unmittelbar nach der Umstellung ist also mit erhöhtem Supportbedarf zu rechnen. Dem muß durch Bereitstellung von mehr Personal Rechnung getragen werden. Wenn die auftretenden Probleme so groß sind, daß ein normaler Arbeitsablauf nicht gewährleistet ist, müssen die Supportmitarbeiter auch über Prozeduren verfügen, um die Umstellung wieder schnellstmöglich rückgängig zu machen.

In der Regel muß nach der Umstellung der Anwender auf ein neues System nach zwei bis drei Tagen wieder mehr oder weniger „Alltag" eingekehrt sein. Alle beobachteten Probleme müssen sauber protokolliert, analysiert und zur Optimierung der Umstellungsprozesse verwendet werden. Zur Protokollierung empfiehlt sich wiederum der Einsatz eines entsprechenden Formulars, welches die folgenden Elemente enthalten sollte:

- Bezeichnung der Abteilung/Benutzergruppe
- Beschreibung der aufgetretenen Probleme
- Maßnahmen zur Behebung
- Ergebnis
- Verfasser und Unterschrift

1.4.7
Abnahme des Projektes

Ein Projekt ist erst dann beendet, wenn eine formale Abnahme erfolgt ist. Dies ist ganz besonders wichtig, wenn externe Berater beteiligt sind. Mit der Abnahme wird belegt, daß der Auftrag ordnungsgemäß ausgeführt wurde. Dies ist im allgemeinen die Voraussetzung dafür, daß Fremdleistungen komplett bezahlt werden. Beide Seiten, sowohl Auftraggeber als auch Auftragnehmer, haben daher ein hohes Interesse an der ordnungsgemäßen Durchführung der Abnahme.

Abnahme-
protokoll

Bei der Abnahme wird das aus dem Projekt hervorgegangene Endprodukt – im vorliegenden Fall ein Windows 2000-Netzwerk – mit den im Pflichtenheft aufgeführten Anforderungen verglichen. Falls sich im Verlauf des Projektes bestimmte Spezifikationen als nicht realisierbar herausgestellt haben, muß für jede Abweichung eine schriftliche Genehmigung vorliegen. Von der Abnahme wird ein Protokoll angefertigt, welches beide Seiten – Auftraggeber und Auftragnehmer – unterzeichnen müssen.

1.5
Projektmanagement und Projektcontrolling

Der Projektleiter trägt die Gesamtverantwortung für das Projekt. Ihm obliegt die Verwaltung und Überwachung von:

- **Projektzeitplan und Aktivitäten**
- **Ressourcen:**
    - Mitglieder des Teams
    - Sonstige Mitarbeiter
    - Externe Berater
    - Rechner
    - Räume

- **Kosten:**
  - Internes Personal
  - Hard- und Software
  - Fremdleistungen
  - Mieten und Leasing
  - Reisekosten
  - Schulungen
  - Finanzierungskosten
  - Interne Dienstleistungen

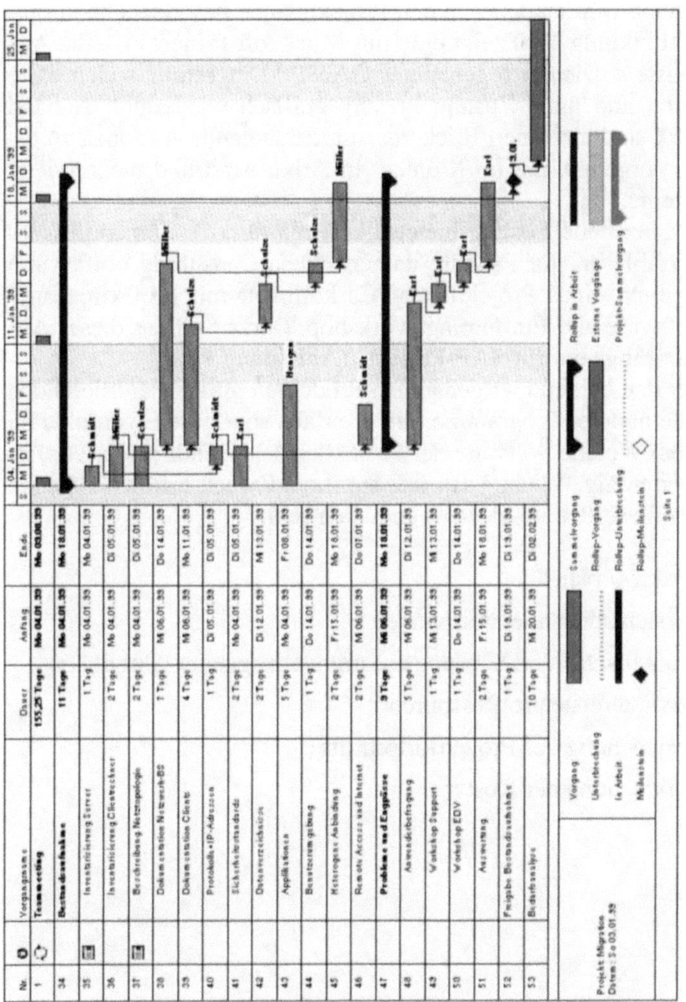

Abbildung 1.10:
Ein mit Microsoft Project erstellter Projektplan.

Zur Überwachung von Projekten wird heutzutage üblicherweise eine entsprechende Software eingesetzt. Die einzelnen Projektphasen werden in Aktivitäten aufgeteilt, die wiederum bestimmten Ressourcen zugewiesen sind.

Eine wichtige Rolle in Projekten spielen die sogenannten *Meilensteine*. Ein Meilenstein charakterisiert den Abschluß von thematisch zusammenhängenden Aktivitäten, die zum Teil parallel abgearbeitet werden. Meilensteine definieren häufig das Vorliegen eines bestimmten Dokumentes, beispielsweise der Bestandsaufnahme. Meilensteine bieten daher auch die Gelegenheit zu Zwischenberichten an das Management, welches den bisherigen Projektverlauf überprüft und weitere Aktionen genehmigt und entsprechendes Budget freigibt. Meilensteine werden daher in den Projektplänen besonders hervorgehoben. Abbildung 1.10 zeigt eine mit Microsoft Project erstellte Aktivitätenliste sowie ein sogenanntes GANTT-Diagramm, welches die Aktivitäten und ihren Zusammenhang grafisch wiedergibt. Anhand der Grafik sind auf einen Blick zusammenhängende Aktionen zu erkennen, Vorgänge, die im Moment in Arbeit sind und nicht zuletzt Meilensteine.

Eine ganz neue Lösung bietet die Firma Ordo Unternehmensberatung GmbH an. Ihr Produkt namens Meta-Consulting umfaßt die Bereitstellung eines Projektleiter-PCs komplett mit Projektmanagement-Software und Einführungsworkshop. Derzeit gibt es dieses Angebot allerdings nur für SAP-Projekte (Abbildung 1.11).

Außer den beiden hier genannten Produkten gibt es natürlich noch eine Fülle anderer Programme, die ebenfalls sehr gute Eigenschaften aufweisen. Welche Software der Projektleiter letztendlich einsetzt, ist eher zweitrangig. Wichtig ist, daß sie ihren Zweck erfüllt. Folgende Bestandteile sollten mindestens enthalten sein:

- Projektzeitplan
- Übersichtsplan aller Aktivitäten
- Automatische Verknüpfung zusammenhängender Aktivitäten
- Aktivitätenliste pro Ressource
- Überwachung des Projektfortschritts
- Überwachung der Kosten

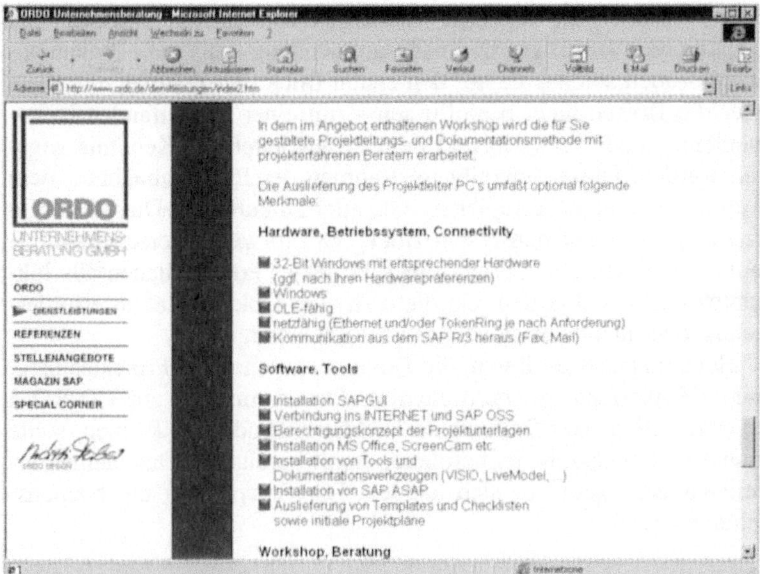

Abbildung 1.11: Neue Dienstleistung für Projekte: Bereitstellung eines Projektleiter-PCs.

1.6 Dokumentation

Die vorherigen Abschnitte enthielten bereits eine Reihe von Hinweisen auf die im Laufe eines Projektes zu erstellenden Dokumente:

- Bestandsaufnahme

- Pflichtenheft

- Grobplanung

- Feinplanung

- Zwischenberichte

- Besprechungsprotokolle

- Abnahmeprotokoll

- etc.

Grundsätzlich gilt: Alle Aktivitäten und Vereinbarungen, die einen Einfluß auf den Projektzeitplan, die Ziele oder die Kosten haben, müssen dokumentiert und dem Projektleiter vorgelegt werden! Sofern hierzu Absprachen zwischen einzelnen Teammitgliedern getroffen werden, müssen diese selbstverständlich vom Projektleiter formell genehmigt werden.

In Firmen mit strengen Sicherheitsvorschriften müssen alle schriftlichen Vorgänge, die im Zusammenhang mit einem Projekt anfallen – auch solche, die auf den ersten Blick den Zeitplan, die Ziele oder die Kosten nicht beeinflussen – mit einer fortlaufenden Dokumentennummer versehen und dem Projektleiter zur Kenntnis gegeben werden. Dieser übergibt im Rahmen der Projektabnahme dem Auftraggeber einen kompletten Satz aller Dokumente. Dieses Vorgehen mag zwar auf den ersten Blick sehr aufwendig erscheinen, erlaubt es jedoch, den Verlauf eines Projektes erforderlichenfalls lückenlos nachzuvollziehen. Ob diese Art der Dokumentation erforderlich ist oder nicht, entscheidet der Auftraggeber.

Heutzutage ist es üblich, die Dokumentation eines Projektes nicht nur in Papierform, sondern auch als Dateisammlung auf CD-ROM bereitzustellen. Um Dokumente leichter auffinden zu können, sollte man ein Namensschema befolgen, damit bereits am Dateinamen erkennbar ist, worum es sich handelt. Ein Beispiel für ein Namensschema wäre:

XXX-ttmmjj-YZ.DOC

wobei XXX ein Kürzel für die Art des Dokumentes ist (z.B. PRT für Protokoll), ttmmjj das Datum in der Form Tag – Monat – Jahr angibt und YZ für die Initialen des Verfassers steht.

1.7
Externe Berater

Viele Unternehmen arbeiten aufgrund der enormen Komplexität heutiger Netzwerke mit externen Beratern zusammen. Dies kann punktuell für ein bestimmtes Projekt erfolgen, sehr häufig werden jedoch auch Supportverträge mit entsprechenden Anbietern geschlossen.

Es muß zunächst einmal gewährleistet sein, daß die Berater über eine adäquate Qualifikation verfügen. Weitere wichtige Elemente bei der Zusammenarbeit sind das Einholen von Angeboten sowie der Abschluß von Verträgen.

1.7.1
Qualifikation externer Berater

Wie findet man einen qualifizierten Anbieter von Beratungs- und Supportleistungen? Wertvolle Anhaltspunkte hierfür liefert das Zertifizierungsprogramm von Microsoft. Es enthält Programme sowohl für Einzelpersonen als auch für Systemhäuser. Dabei können Prüfungen zu den Microsoft-Betriebssystemen oder den Anwendungsprogrammen abgelegt werden.

Eine Einzelperson kann folgende Zertifizierungen erlangen:

- **Microsoft Certified Product Specialist (MCPS)**: mindestens eine Prüfung im Bereich Betriebssysteme oder Anwendungen, beispielsweise Windows NT Server 4 oder Microsoft Word.

- **Microsoft Certified Systems Engineer (MCSE)**: sechs Prüfungen, davon vier aus dem Bereich Betriebssysteme und zwei Wahlfachprüfungen zu BackOffice-Produkten.

- **Microsoft Certified Professional + Internet (MCP+Internet)**: neun Prüfungen. Der Schwerpunkt liegt bei den Internet-Produkten von Microsoft.

- **Microsoft Certified Professional + Site Building (MCP+Site Building)**: zwei Prüfungen zu Web Design Tools oder Microsoft Site Server.

- **Microsoft Certified Solution Developer (MCSD)**: vier Prüfungen zu Software-Entwicklertools.

- **Microsoft Certified Trainer (MCT)**: nur MCTs dürfen Microsoft Official Curriculum-Kurse halten. Voraussetzung ist das Ablegen der jeweiligen Zertifizierungsprüfung und der Nachweis pädagogischer Befähigung.

- **Microsoft Certified Database Administrator (MCDBA)**: fünf Prüfungen zu Windows NT Server 4 und SQL Server.

Der Oberbegriff für alle persönlichen Zertifizierungen ist **Microsoft Certified Professional (MCP)**. Die obige Liste gibt den Stand im Januar 1999 wieder. Das Zertifizierungsprogramm hat sich in den letzten 12 Monaten jedoch deutlich ausgeweitet und es ist davon auszugehen, daß das Programm ständig um weitere Themen ergänzt werden wird. Aktuelle Informationen zum Zertifizierungsprogramm finden Sie auf der Internet-Seite von Microsoft unter www.eu.microsoft.com/train_cert.

Das Zertifizierungsprogramm für Systemhäuser besteht aus den folgenden Zertifizierungen:

- **Microsoft Certified Solution Provider (MCSP)**: Diese Unternehmen beschäftigen mindestens zwei MCPs.

- **Microsoft Certified Solution Provider Specialist**: Um diese Zertifizierung zu erreichen, müssen die betreffenden Systemhäuser MCSEs beschäftigen mit Zertifizierungen auf einem oder mehreren der folgenden Gebiete:

  - Internet/Intranet
  - Exchange Server
  - SQL Server
  - Systems Management Server
  - SNA Server

- **Microsoft Certified Solution Provider Partner**: Diesen Titel verleiht Microsoft an ausgewählte Solution Provider, die Mitarbeiter mit fundiertem Know-how (MCSEs oder MCSDs) beschäftigen und über Erfahrung mit komplexen Client/Server-Lösungen im Microsoft-Umfeld verfügen.

- **Authorized Training Center (ATC)**: Schulungsanbieter, die für die Durchführung der Microsoft Official Curriculum-Kurse zertifiziert sind. Diese Kurse werden ausschließlich von MCTs gehalten. Oft bieten auch ATCs Beratung und Unterstützung bei Projekten an.

- **Certified Technical Education Center (CTEC)**: Diese Schulungsanbieter beschäftigen mindestens zwei MCTs, die gleichzeitig entweder MCSE oder MCSD sein müssen. Auch hier wird häufig Projektberatung und Unterstützung durchgeführt.

Zertifizierte Berater zu beschäftigen empfiehlt sich nicht nur aufgrund der nachgewiesenen Qualifikation. Microsoft unterstützt seine Partner durch spezielle Programme wie Zugang zu kennwortgeschützten Internet-Seiten, Vorabversionen von neuen Produkten, ausführlichen Informationen zu Produktverbesserungen, spezielle Downloads etc. Von dem höheren Know-how profitiert dann letztendlich natürlich ebenfalls der Kunde.

Microsoft bietet übrigens bei der Suche nach dem richtigen Partner seine Unterstützung in Form einer Suchmaschine an (siehe Abbildung 1.12). Hier kann eine Suche nach den Kriterien Ort, Postleitzahl, Branche, Dienstleistungen und Autorisierungen durchgeführt werden.

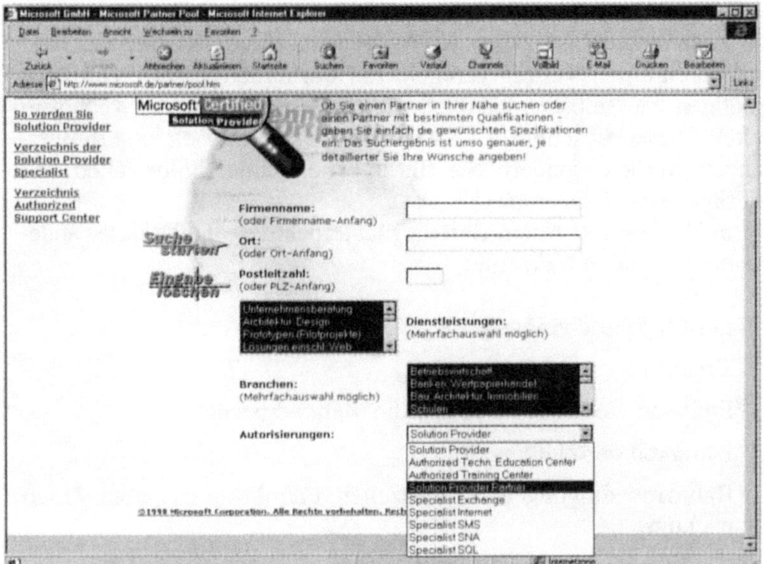

Abbildung 1.12: Suchmaschine von Microsoft zum Auffinden geeigneter zertifizierter Beratungsunternehmen.

1.7.2
Angebote

Vor der Vergabe eines Auftrags wird man üblicherweise von mehreren Beratungsunternehmen ein Angebot einholen. Das Angebot sollte vollständig und so detailliert wie möglich sein. Damit dies der Fall ist, benötigt der Anbieter jedoch schon recht genaue Informationen über das beabsichtigte Projekt. Viele Beratungsunternehmen führen aus diesem Grund einen (kostenlosen) Vorabtermin durch, bei dem sie die benötigten Informationen einholen.

Zwischen Auftraggeber und Auftragnehmer für ein Projekt gibt es ein klassisches Konfliktfeld. Der Auftraggeber möchte möglichst für sämtliche Leistungen ein Festangebot erhalten, damit er für die Kosten des Projektes größtmögliche Planungssicherheit erhält. Der Auftragnehmer hingegen würde am liebsten das komplette Projekt nach Aufwand abrechnen. Hier gilt es, einen für beide Seiten fairen Kompromiß zu finden.

Festangebot versus Angebot nach Aufwand

Häufig werden Angebote auch nur für bestimmte Projektphasen abgegeben. Sind diese abgeschlossen, verfügt der Auftragnehmer meist über bessere Planungsgrundlagen, um das Angebot für die nächste Phase zu erstellen.

Angebote nach Projektphasen

1.7.3
Verträge

Die Zusammenarbeit zwischen Auftraggeber und externem Berater
wird durch einen Vertrag geregelt. Zur Formulierung von Verträgen
benötigen Sie selbstverständlich die Unterstützung eines Rechtsan-
waltes. Dieser Abschnitt soll daher nicht als Rechtsberatung mißver-
standen werden, sondern Sie für die möglichen Stolperfallen von
Verträgen sensibilisieren.

Ein Vertrag mit einem Beratungsunternehmen enthält unter anderem die folgenden Elemente:

- Leistungsbeschreibung

- Termine

- Preise sowie der Hinweis auf die Mehrwertsteuer

- Fälligkeit der Zahlungen

- Rahmenbedingungen: Arbeitszeiten, Fahrtkosten, Spesen, Über-
  nachtung

- Qualifikation der Projektmitarbeiter

- Beschreibung der Dokumentation

- Haftungsfragen

- Gewährleistung

- Abnahmekriterien für die Leistung

- Rechte Dritter

- Vertraulichkeitsvereinbarung

Beachten Sie im Zusammenhang mit Verträgen auch, daß viele
Vertragspartner in einer Klausel darauf hinweisen, daß außer den
vertraglich fixierten Angaben zusätzlich ihre Allgemeinen Ge-
schäftsbedingungen gelten. Diesen sollten Sie daher ebenso gründlich
Aufmerksamkeit schenken.

Bei der Zusammenarbeit mit einem externen Berater sollte man
darauf dringen, für sämtliche Vertragsfragen einen festen Ansprechpartner sowie einen Vertreter genannt zu bekommen. Daneben muß
es einen Ansprechpartner für die fachlichen Projektfragen geben.
Häufig benennt das Beratungshaus einen eigenen Projektleiter, der
der direkte Gesprächspartner des Projektleiters des Auftraggebers ist.
Die Ansprechfunktionen sollten weder beim Auftraggeber noch beim
Auftragnehmer auf eine Person vereint sein. Eventuelle finanzielle
und terminliche Probleme können dann nämlich zunächst unabhängig

von fachlichen Fragen geregelt werden. So wird der Projektfortschritt
zunächst nicht zusätzlich belastet.

1.7.4
Schlußbemerkungen

In diesem Kapitel wurden die Grundlagen für Migrationsprojekte besprochen. Zunächst wurde der Begriff „Migration" definiert und die Erfolgsfaktoren für Projekte vorgestellt. Anschließend erhielten Sie einen allgemeinen Überblick über Projekt- und Teammanagement.

Die nächsten Abschnitte gaben einen kurzen Überblick über die Phasen, in welche man ein Migrationsprojekt aufteilen sollte.

Anschließend wurden Projektmanagement und -controlling, Dokumentation sowie Fragen der Zusammenarbeit mit externen Beratern behandelt.

Das nun folgende Kapitel befaßt sich ausführlich mit den neuen technischen Features von Windows 2000. Die in diesem Buch vorgestellten neuen Eigenschaften wurden mit der Vorversion „Beta 2" getestet. In Fällen, wo diese noch nicht den kompletten Funktionsumfang enthielt, wird darauf hingewiesen. Praktisch alle Features konnten in einer Testumgebung aus vier Rechnern überprüft werden. Wo dies nicht der Fall sein konnte, weil beispielsweise Treiber fehlten, wird der Leser darauf aufmerksam gemacht. Neben einer zwar detaillierten, aber dennoch leicht verständlichen Erklärung wird für jede neue Eigenschaft von Windows 2000 jeweils bewertet, ob und wie sich diese Eigenschaft auf die Verwaltung und die Performance des Netzwerks auswirken wird.

2 Windows 2000

2.1
Der Vorgänger: Windows NT 4

Die Einführung von Windows NT 4 bedeutete für Microsoft den Durchbruch bei Client/Server-Netzwerken, einem Marktsegment, das bis 1996 klar von Novell NetWare dominiert wurde. Der große Erfolg von Windows NT 4 ist auf die hervorragende Eignung als Applikationsserver für unternehmenskritische Anwendungen wie zum Beispiel SAP R/3 zurückzuführen. Nicht zu vergessen ist die Tatsache, daß Windows NT Server die Plattform für die Microsoft BackOffice-Produktlinie darstellt (Tabelle 2.1).

Komponente	Erklärung
Microsoft Windows NT Server 4.0	Server-Betriebssystem, Plattform für die BackOffice-Komponenten
Microsoft Exchange Server 5.5	Mail/Groupware-Server
Microsoft Proxy Server 2.0	Internet-Proxy und Firewall
Microsoft SNA Server 4.0	Gateway zu IBM-Mainframes
Microsoft SQL Server 7.0	Datenbankserver
Microsoft Site Server 3.0	Verwaltung und Suchmaschine für eine aus mehreren Servern bestehende umfangreiche Website
Microsoft Systems Management Server 2.0	Managementplattform zur Hard- und Software-Inventarisierung, Softwaredistribution, Netzwerkanalyse und Remote Troubleshooting

Tabelle 2.1:
Bestandteile von Microsoft BackOffice Server 4.0.

Leider brachte die Einführung von Windows NT 4 auch Probleme mit ins Netz, denn auf einigen Gebieten zeigte das Betriebssystem durchaus Schwächen:

- **Domänenkonzept**: Das veraltete Domänenkonzept ist wenig geeignet, größere Netze effizient zu managen. Es gibt außer Benutzer- und Gruppenkonten keine Möglichkeit der strukturierten Abbildung der Unternehmensorganisation, zudem ist die Domänendatenbank auf eine maximale Größe von 40 MB beschränkt, was etwa 27.000 Benutzern mit je einem Windows NT Workstation-Computer entspricht. Domänen können zwar über sogenannte Vertrauensbeziehungen („Trust Relationship") miteinander verknüpft werden. Diese erwiesen sich jedoch in der Praxis als instabil und schwer verwaltbar.

- **NetBIOS**: Alle Netzfunktionen von Windows NT 4 basieren auf NetBIOS. Jeder Rechner verfügt über einen eindeutigen NetBIOS-Namen. Will sich ein Benutzer an der Domäne anmelden, so muß eine Verbindung zu einem Domänencontroller hergestellt werden. Dies geschieht in der Regel über Broadcasts. In TCP/IP-Netzen werden jedoch Broadcasts nicht über Router weitergeleitet, so daß man sich hier mit einer statischen Datei namens LMHOSTS oder dem WINS-Dienst (Windows Internet Naming Service) behelfen muß, die beide eine Zuordnung der NetBIOS-Namen zu IP-Adressen vornehmen (Abbildung 2.2). Ein weiterer sehr broadcastintensiver Dienst ist der Computersuchdienst, der eine Liste aller Rechner aufbaut. Besonders große Schwierigkeiten gibt es aufgrund der Broadcastproblematik, wenn sich Windows NT-Netze über mehrere Standorte erstrecken, die über WAN miteinander verbunden sind, weil die Broad-casts jedesmal den Aufbau einer Wählverbindung zur Folge haben.

- **Benutzerumgebung**: Die Konfiguration der Benutzerumgebung mit serverbasierten Benutzerprofilen und Systemrichtlinien ist aufwendig und nicht aus einem Guß. Wie es besser geht, zeigte schon das Service Pack 4 für Windows NT 4, welches ein neues Tool namens „Security Configuration Manager" enthält. Dieses Tool ist auch Bestandteil von Windows 2000.

Windows NT 4 erreichte zwar hohe Installationszahlen, jedoch sind die NT 4-Domänen, trotz aller Bemühungen von Microsoft, die Gesamtkosten („Total Cost of Ownership", TCO) zu reduzieren, teurer und aufwendiger zu verwalten als die vorher installierten Systeme. Microsoft entschloß sich daher, mit Windows NT 5, welches im November 1998 in Windows 2000 umbenannt wurde, einen Schnitt zu machen und die Probleme von Windows NT 4 aus der Welt zu schaffen.

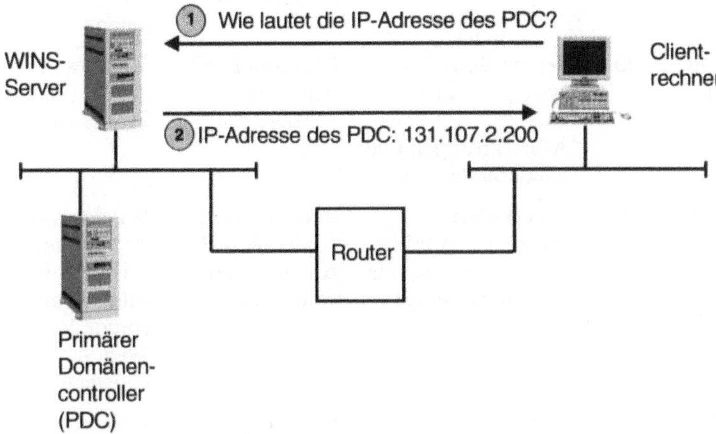

Abbildung 2.1: Die NetBIOS-Namensauflösung bei Windows NT 4 erfolgt im TCP/IP-Netz vorzugsweise mit Hilfe eines WINS-Servers.

2.2
Windows 2000: Eine neue Produktlinie

Windows 2000 ist nicht nur ein simples Upgrade von Windows NT 4, sondern bietet eine solche Fülle von neuen Eigenschaften, daß es angebracht ist, von einem völlig neuen Betriebssystem zu sprechen. Die augenfälligste Umstellung betrifft die Verzeichnisdienste, von Microsoft „Active Directory Services" genannt, die das veraltete und schlecht zu verwaltende Domänenkonzept ablösen. Daneben wurde jedoch auch im Bereich Sicherheit sehr viel getan, beispielsweise durch die Implementierung des Kerberos-Protokolls zur Authentisierung eines Benutzers oder durch die Möglichkeit, Verzeichnisse und Dateien verschlüsselt abzulegen („Encrypted File System"). Auch die Verwaltung der Clientrechner und der Benutzerumgebung wurde durch Techniken wie IntelliMirror und Group Policies sehr vereinfacht. Vor diesem Hintergrund ist sicher auch die von Microsoft im Oktober 1998 beschlossene Namensänderung zu sehen. Im Zuge der Namensänderung wurde gleichzeitig eine neue Produktstrategie eingeführt (Tabelle 2.2).

Produktname	Beschreibung	Plattformen	Vorgänger
Windows 2000 Professional	Desktop-Betriebssystem	Intel und DEC Alpha, bis 2 Prozessoren	Windows NT Workstation (bis 2 Prozessoren)
Windows 2000 Server	Server-Betriebssystem für kleine bis mittlere Firmen, Arbeitsgruppen und Niederlassungen	Intel und DEC Alpha, bis 2 Prozessoren	Windows NT Server (bis 4 Prozessoren)
Windows 2000 Advanced Server	Server-Betriebssystem als Applikationsserver und/oder Abteilungsserver	Intel und DEC Alpha bis 4 Prozessoren, Servercluster	Windows NT Server Enterprise Edition (bis 8 Prozessoren, 2-Wege-Cluster)
Windows 2000 Datacenter Server	Server-Betriebssystem für große Datenbanken und anspruchsvolle wissenschaftliche Anwendungen	Intel und DEC Alpha bis 16 Prozessoren, bis 64 GB RAM, Servercluster	Keiner

Soll Windows 2000 als Desktop-Betriebssystem eingeführt werden, so fällt die Wahl leicht, denn hier gibt es nur die Variante Windows 2000 Professional. Die Auswahl des Server-Betriebssystems hängt ganz wesentlich von der Anzahl der vom Server unterstützten Anwender und der Art der Anwendungen ab. Will man zusätzlich Skalierbarkeit und Ausfallsicherheit durch Clustersysteme realisieren, so kommen nur die Varianten Windows 2000 Advanced Server und Windows 2000 Datacenter Server in Frage. Bis zur endgültigen Einführung wird es sicher sowohl von Microsoft als auch von anderer Stelle Empfehlungen geben, welche Servervariante wann eingesetzt werden sollte.

Neben der Frage, welche Windows 2000-Variante für die eigene Umgebung am geeignetsten ist, müssen die neuen Features genau verstanden werden, damit das Migrationsprojekt richtig geplant werden kann. Im folgenden werden die projektrelevanten Neuheiten von Windows 2000 vorgestellt. Es wird außerdem darauf eingegangen, was bei einer Migration eines bestehenden Windows NT 4-Netzwerks zu beachten ist.

2.3
Verwaltung von Ressourcen

Dieser Abschnitt befaßt sich mit allen Aspekten der Verwaltung von Ressourcen in einem Windows 2000-Netzwerk, angefangen mit dem Active Directory über Dynamisches DNS, Freigabe- und NTFS (New Technology File System)-Berechtigungen, dem Distributed File System (DFS) und Encrypted File System (EFS) sowie dem Management von Applikationen und IntelliMirror. Es werden jeweils – sofern möglich – Vergleiche mit dem Vorgänger Windows NT 4 gezogen und die Implikationen für ein Windows 2000-Migrationsprojekt besprochen.

2.3.1
Das Active Directory

Die wichtigste Neuerung von Windows 2000 ist ohne Zweifel das Active Directory. Das Active Directory ist eine zum X.500-Standard kompatible Datenbank, in der alle Ressourcen eines Netzwerks – Benutzer, Gruppen, Computer, Drucker, Anwendungen, Sicherheitsrichtlinien usw. – zentral verwaltet werden können. Das Active Directory bildet im Idealfall die Struktur und die Arbeitsweise eines Unternehmens perfekt ab. Damit dies der Fall ist, sind weitreichende Kenntnisse der technischen Hintergründe und sehr sorgfältige Planung erforderlich.

Dieser Abschnitt beginnt mit einer Betrachtung der Windows NT 4-Domänen und leitet anschließend zur Struktur des Active Directory über.

2.3.1.1
Windows NT 4-Domänen

Windows NT 4-Netzwerke bestehen aus Verwaltungseinheiten, die mit dem Begriff „Domäne" bezeichnet werden. Eine Domäne ist eine Einheit, die aus Windows NT-Servern und -Workstations besteht (Abbildung 2.2). Die Domänendatenbank wird von speziellen NT-Servern, den sogenannten Domänencontrollern, verwaltet (mehr Informationen hierzu finden Sie im Abschnitt 2.3.1.5 „Replikation und Sites"). Ein Windows NT 4-Server kann als Domänencontroller oder als Member Server agieren. Member Server sind nicht an der Verwaltung der Domäne beteiligt. Sie stellen Datei- und Druckdienste oder Anwendungsdienste zur Verfügung. Bereits bei der Installation eines Windows NT 4-Servers muß die Rolle genau festgelegt werden. Eine spätere Änderung ist nicht möglich, sondern erfordert eine Neuinstallation. Jeder der an der Domäne beteiligten Computer hat ein Computerkonto und kann dadurch in begrenztem Umfang zentral verwaltet werden. Daneben gibt es Benutzer- und Gruppenkonten, jedoch keine Möglichkeit, diese hierarchisch zu strukturieren (Abbildung 2.3).

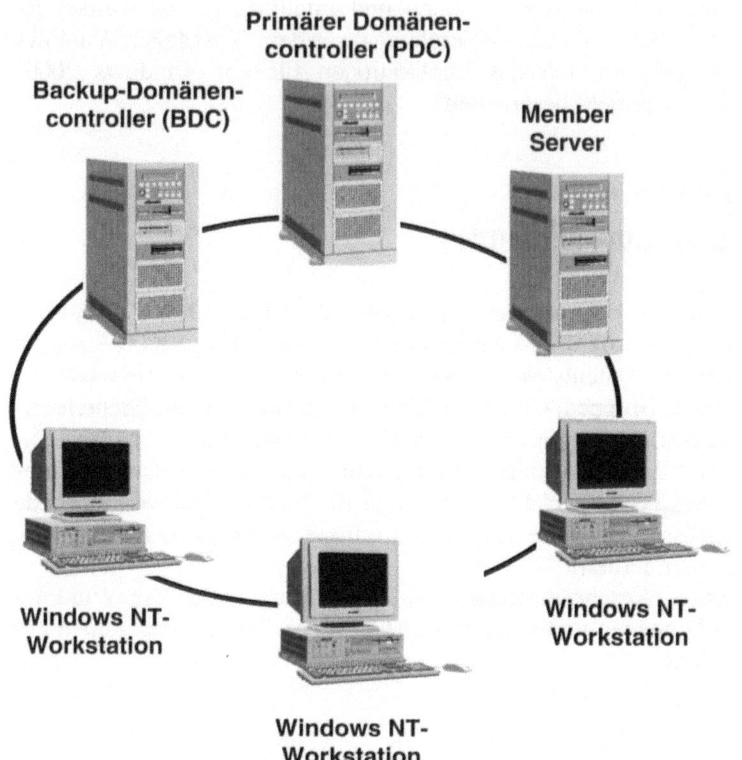

Abbildung 2.2: Eine Windows NT 4-Domäne ist eine Verwaltungseinheit aus Windows NT-Rechnern.

Eine besondere Rolle fällt dem Primären Domänencontroller (PDC) zu. Er besitzt die Masterkopie der Datenbank, die Backup-Domänencontroller (BCD) dagegen Nur-Lese-Kopien. Der PDC sammelt alle Änderungen und überträgt sie in regelmäßigen Abständen an die BDCs. Diesen Vorgang nennt man *Replikation*.

Windows NT-Workstations und Windows NT Member Server verfügen zusätzlich noch über lokale Benutzerdatenbanken. Diese lokalen Datenbanken spielen bei der Gruppenstrategie von Windows NT 4 eine Rolle (siehe Abschnitt 2.3.1.3 „Gruppen" in diesem Kapitel).

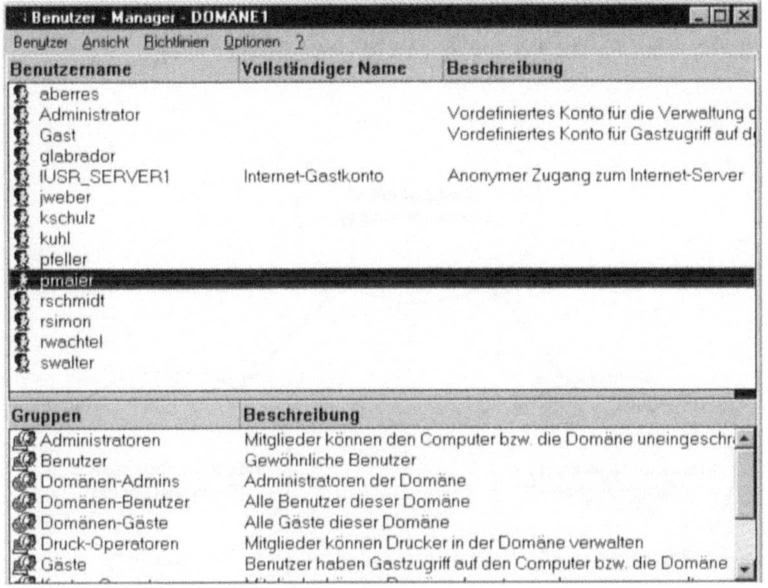

Abbildung 2.3: Bei Windows NT 4 werden alle Benutzer- und Gruppenkonten in einer einzelnen flachen Struktur verwaltet.

Die Verwaltung von Windows NT 4-Domänen ist jedoch nicht nur aufgrund der flachen Struktur sehr aufwendig. Große Probleme ergeben sich aus der Tatsache, daß die Domänendatenbank („Security Accounts Manager", SAM) in ihrer Größe aus Performancegründen auf 40 MB beschränkt ist. Wenn man berücksichtigt, daß ein Benutzerkonto 1 KByte belegt, ein Computerkonto 0,5 KByte und ein Gruppenkonto etwa 4 KByte, kann man sich leicht ausrechnen, daß bei einer Zahl von 27.000 Benutzern mit je einer Windows NT-Workstation die maximale Größe erreicht war:

Größenbeschränkung der Windows NT 4-Domänendatenbank

- 27.000 Benutzer entsprechen 27 MB

- 27.000 Computer entsprechen 13,5 MB

- Summe: 38,5 MB

Wenn sich eine Organisation über mehrere Standorte erstreckt, empfiehlt es sich, pro Standort eine eigene Domäne einzurichten. Die Synchronisation der Domänendatenbank ist alles andere als effizient: Ändert sich eine Eigenschaft eines Benutzerkontos, beispielsweise sein Kennwort, wird nämlich nicht nur die geänderte Eigenschaft, sondern der gesamte Datensatz vom PDC auf alle BDCs übertragen. Hinzu kommt, daß in der Standardeinstellung der PDC die SAM-Datenbank alle fünf Minuten auf Änderungen überprüft und diese dann den BDCs mitteilt, wodurch bei Wählleitungen dann jedesmal eine Verbindung aufgebaut wird. Die Konfiguration der

Replikation der Domänendatenbank

Replikation kann nur über das direkte Editieren der Registrierung erfolgen – ein für die Praxis äußerst unkomfortabler Weg!

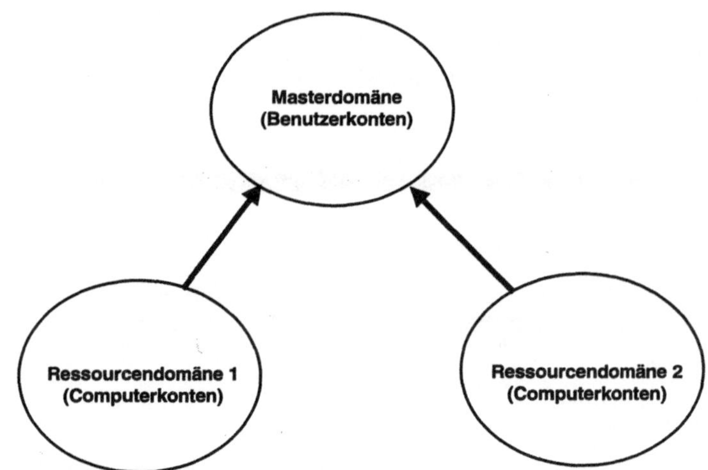

Besteht eine Organisation aus mehreren Domänen, mußten sie durch Vertrauensbeziehungen miteinander verknüpft werden (siehe Abbildung 2.4). Eine Vertrauensbeziehung stellt einen gesicherten Kanal zwischen zwei Domänen her, wodurch die Benutzer der einen Domäne auf die Ressourcen der anderen zugreifen konnten. Dies funktioniert allerdings nur in einer Richtung. Diejenige Domäne, welcher vertraut wird, kann die Ressourcen der vertrauenden Domäne verwenden. Der umgekehrte Weg ist nicht möglich, sondern erfordert das Einrichten einer Vertrauensbeziehung in die andere Richtung.

Microsoft empfiehlt für Organisationen mit mehreren Domänen drei Domänenmodelle.

Beim *Master-Domänenmodell* (siehe Abbildung 2.4) befinden sich alle Benutzerkonten in einer Domäne und alle Computerkonten (und damit auch die Ressourcen wie beispielsweise Datenverzeichnisse, Drucker, Anwendungen) in einer oder mehreren Ressourcendomänen. Jede der Ressourcendomänen vertraut der Masterdomäne. Dadurch können die in der Masterdomäne organisierten Benutzer auf die Ressourcen in den Ressourcendomänen zugreifen (sofern sie über geeignete Zugriffsberechtigungen verfügen).

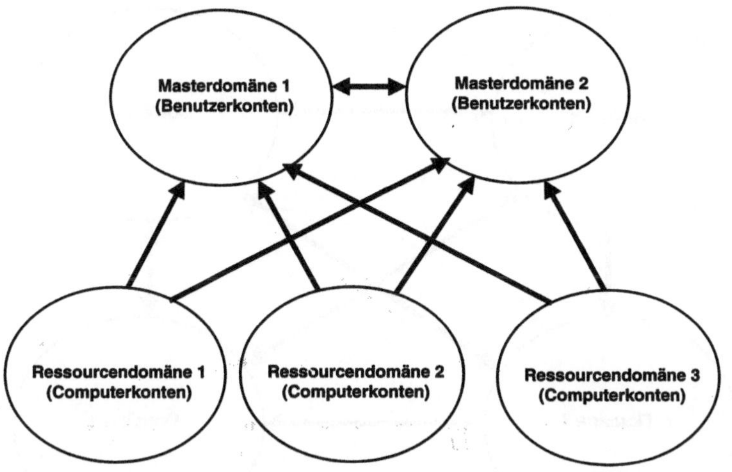

Abbildung 2.5: Beim Multi-Master-Domänen-Modell sind die Benutzerkonten in mehreren Masterdomänen organisiert.

Eine Erweiterung des Master-Domänenmodells stellt das sogenannte *Multi-Master-Domänenmodell* dar (siehe Abbildung 2.5). Die Benutzerkonten werden hierbei aufgrund der Größenbeschränkung für die SAM auf zwei bis mehrere Masterdomänen aufgeteilt. Zwischen den Masterdomänen sind zweiseitige Vertrauensbeziehungen eingerichtet. Jede der Ressourcendomänen vertraut wiederum jeder einzelnen Masterdomäne. Man sieht schon bei der relativ einfachen Organisation in Abbildung 2.5, die aus nur fünf Domänen besteht, daß dieses Modell sehr schnell unübersichtlich wird.

Das letzte Modell ist das sogenannte *vollständige Vertrauensmodell*. In diesem Modell sind alle Domänen gleichberechtigt, jede Domäne besitzt zweiseitige Vertrauensbeziehungen mit jeder anderen Domäne. Dieses Modell eignet sich allenfalls für Unternehmen, die andere Firmen aufkaufen oder eine stark dezentrale Struktur besitzen.

Wenn man sich die vorher geschilderten Probleme von Unternehmen mit mehreren Standorten vor Augen hält, wird schnell deutlich, daß insbesondere das Master- und das Multimaster-Domänenmodell das Problem der SAM-Replikation über WAN-Verbindungen nicht berücksichtigen. In der Praxis haben daher viele Unternehmen eine Abwandlung des vollständigen Vertrauensmodells eingeführt oder aber auf Vertrauensbeziehungen komplett verzichtet.

Multi-Master-Domänenmodell

Vollständiges Vertrauensmodell

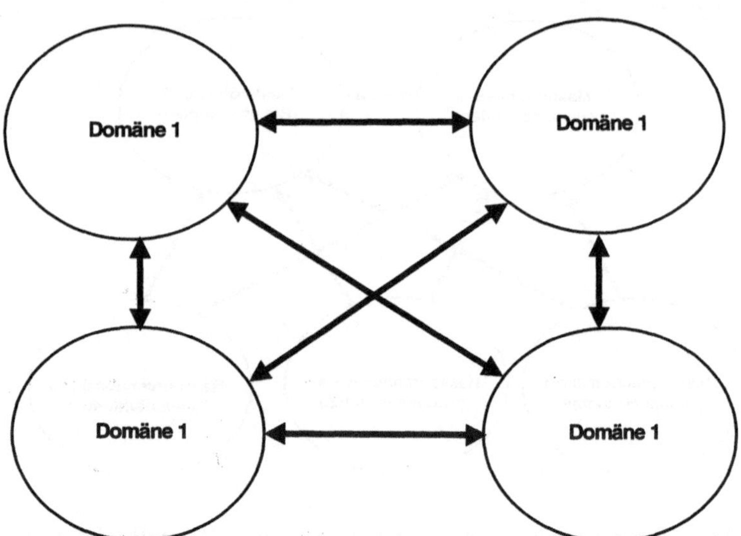

Abbildung 2.6: Beim vollständigen Vertrauensmodell bestehen zwischen allen beteiligten Domänen zweiseitige Vertrauensbeziehungen.

Zentrale Verwaltung von Domänen ohne Vertrauensbeziehung

Mit einem Trick kann auch eine zentrale Verwaltung von Domänen, zwischen denen keine Vertrauensbeziehungen existieren, realisiert werden. Windows NT 4 verhält sich nämlich in einigen Situationen immer noch wie ein Peer-to-Peer-Netzwerk-Betriebssystem, was man sich hier zunutze machen kann. Richtet man nämlich in jeder Domäne ein Administratorkonto mit gleichem Namen und identischem Kennwort ein, kann man sich mit den Verwaltungstools von Windows NT 4 (u.a. Benutzermanager und Servermanager) auch mit den PDCs anderer Domänen verbinden, weil das Betriebssystem beim Zugriff über das Netz nur den Benutzernamen und das Kennwort, nicht jedoch den Domänennamen auswertet. Dies funktioniert jedoch nur, wenn zwischen den beteiligten Domänen keine Vertrauensbeziehungen existieren.

Fazit

Wenn ein Unternehmen gezwungen ist, entweder aufgrund der SAM-Größenbeschränkung oder wegen WAN-Verbindungen mehrere Domänen einzurichten, ist die Verwaltung ohne Zweifel sehr aufwendig. Dieses Problem hat man bei Microsoft klar erkannt und für Windows 2000 einen neuen hierarchisch aufgebauten Verzeichnisdienst entwickelt, das sogenannte Active Directory. In den folgenden Abschnitten werden die technischen Grundlagen des Active Directory ausführlich besprochen. Kapitel 3 wiederum wird Ihnen die Grundlagen für die Planung der Struktur vorstellen.

Die Struktur des Active Directory

Ein Windows 2000-Netzwerk wird ebenfalls durch eine Datenbank verwaltet, dem sogenannten „Active Directory". Windows 2000-Server, die Kopien des Active Directory verwalten, werden wie bei Windows NT 4 „Domänencontroller" genannt. Die Windows 2000-Domänen haben jedoch eine völlig andere Struktur als die Windows NT 4-Domänen. Windows 2000-Server, die keine Kopie des Active Directory verwalten, werden entsprechend mit dem Begriff „Member Server" bezeichnet. Im Gegensatz zu Windows NT 4 kann aber bei einem Windows 2000-Server die ursprüngliche Rolle geändert werden. Mit dem Programm „DCPROMO.EXE" wird ein Active Directory entweder installiert oder entfernt (siehe Abbildung 2.7). Wenn man bei Windows NT 4 die Rolle des Servers ändern wollte, so war eine Neuinstallation erforderlich.

Das Active Directory besteht aus einer oder mehreren Domänen (siehe Abbildung 2.8). Hierbei handelt es sich allerdings nicht um die bekannten Windows NT 4-Domänen mit ihrer flachen Struktur, sondern um hierarchisch aufgebaute Datenstrukturen. Die Domänen im Active Directory werden wie Internet-Domänen benannt. Gültige Namen sind beispielsweise „novell.de", „altavista.digital.com" oder „germany.eu.microsoft.com". Diese Namengebung bezeichnet man auch als „Domain Name System (DNS)". Die DNS-Domänennamen können inklusive der Punkte bis zu 63 Zeichen lang sein. Bei den Namen von Windows 2000-Domänen sind zwar auch Unicode-Zeichen erlaubt, jedoch sollte man sich aus Gründen der Interoperabilität mit anderen Systemen an die Internet-Namenskonvention halten, die in den RFCs 1034 und 1035 beschrieben ist. Demnach dürfen Domänennamen die Zeichen A-Z, a-z, 0-9 und den Bindestrich enthalten.

Windows 2000-Domänen

Abbildung 2.7: Mit dem Programm DCPROMO.EXE wird auf einem Windows 2000-Server entweder ein Active Directory installiert oder ein bestehendes entfernt.

Organisational Unit (OU)

Innerhalb der Domäne können weitere Strukturen angelegt werden, die sogenannten „Organisational Units (OUs)". Die OUs wiederum enthalten entweder weitere OUs oder Objekte (siehe Abbildung 2.9). Organisational Units werden häufig auch als *Container* bezeichnet. Dieser Begriff kennzeichnet in hierarchisch aufgebauten Datenbanken diejenigen Strukturen, die weitere Unterobjekte enthalten können. Strukturen wie beispielsweise Benutzer, Gruppen, Drucker usw., die selbst keine weiteren Objekte enthalten können, sind sogenannte „*Leaf Objects*" (leaf (engl.): Blatt). Auch dieser Name deutet an, daß dieser Objekttyp wie die Blätter von Bäumen sozusagen das Ende einer Verzweigung markieren.

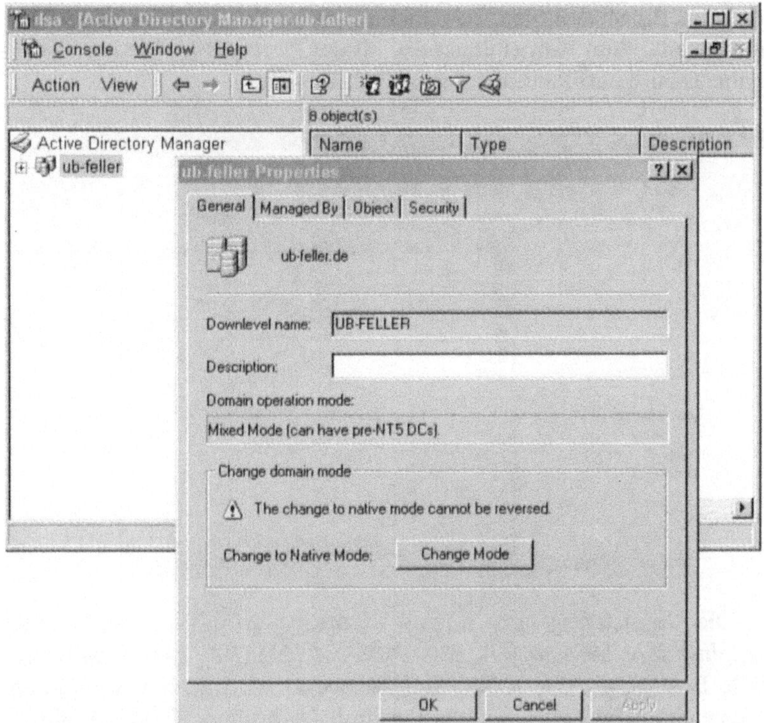

Abbildung 2.8:
Eine Windows
2000-Domäne ist
eine hierarchi-
sche Datenbank,
die gemäß Inter-
net-Namenskon-
vention benannt
wird.

Jedes Objekt innerhalb des Active Directory erhält eine Bezeichnung („Active Directory Canonical Name"), die neben dem Namen
des Objektes auch seine Position innerhalb des Verzeichnisbaumes
angibt. Bei Benutzern wird mit dem Anmeldenamen des Benutzers
begonnen, gefolgt von den OUs in umgekehrter Reihenfolge sowie
dem Domänennamen. Die Benutzerin „Celine Dion" in Abbildung
2.10, die den Anmeldenamen DionC besitzt, hat folgenden Active
Directory Canonical Name:

Namengebung

„DionC/Consulting/Hagenbach/ub-feller.de"

Der Active Directory Canonical Name darf maximal 255 Zeichen
lang sein. Daneben generiert das System noch einen RFC-822-Na-
men der Form

„DionC@ub-feller.de"

Dieser Name gibt die Mail-Adresse des Benutzers an. Der Anmeldenamen der Benutzer (auch „User Principal Name", UPN, genannt) muß daher innerhalb einer Domäne einzigartig sein. Es dür-

fen zum Beispiel in der Domäne „ub-feller.de" keine weiteren Benutzer mit dem Anmeldenamen „DionC" angelegt werden, sonst käme es zu Konflikten bei den RFC-822-Namen.

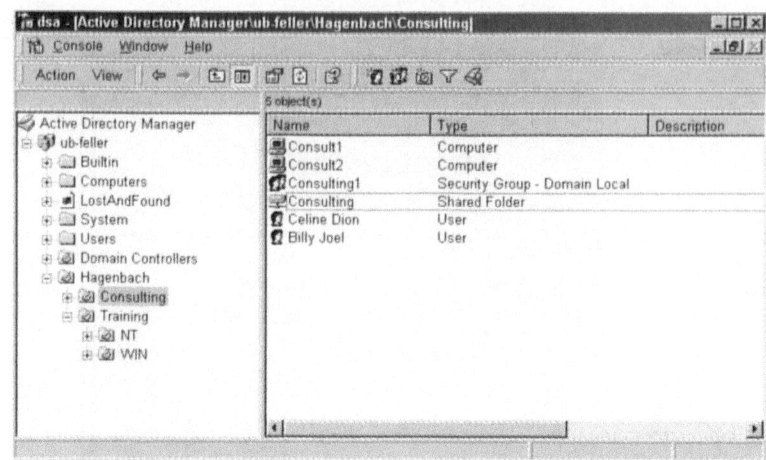

Abbildung 2.9: Eine Domäne kann als Unterstrukturen sogenannte Organisational Units (OUs) enthalten, in denen sich weitere OUs oder Objekte befinden.

Active Directory und LDAP

Die Anmeldung am Active Directory erfolgt mit Hilfe des *„Lightweight Directory Access Protocol (LDAP)"*. LDAP ist ebenfalls Bestandteil des X.500-Standards und wird auch von anderen Verzeichnisdiensten unterstützt. Damit ist prinzipiell die Möglichkeit einer Interaktion mit anderen Verzeichnisdiensten gegeben (siehe hierzu auch Abschnitt 2.3.1.7 „Interoperabilität mit anderen Verzeichnisdiensten" in diesem Kapitel).

Objekte und Schema

Die Objekte im Active Directory stellen die Ressourcen des Windows 2000-Netzes dar. Es gibt eine große Auswahl von Objekttypen, darunter Benutzer, Gruppen, Computer, freigegebene Verzeichnisse und Drucker. Jeder Objekttyp ist durch ganz bestimmte Attribute gekennzeichnet – Informationen, die die Art des Objektes definieren (siehe Abbildung 2.10). Der Objekttyp „Benutzer" besitzt beispielsweise das Attribut „Telefonnummer", welches der Objekttyp Computer nicht besitzt. Dieser wiederum hat als ein nur ihn kennzeichnendes Attribut die Eigenschaft „Betriebssystem". Die Gesamtheit aller Objekttypen und ihrer Attribute bezeichnet man als „Schema". Im Bedarfsfall kann das Schema des Active Directory um zusätzliche Objekte und Attribute erweitert werden (siehe Abbildung 2.11).

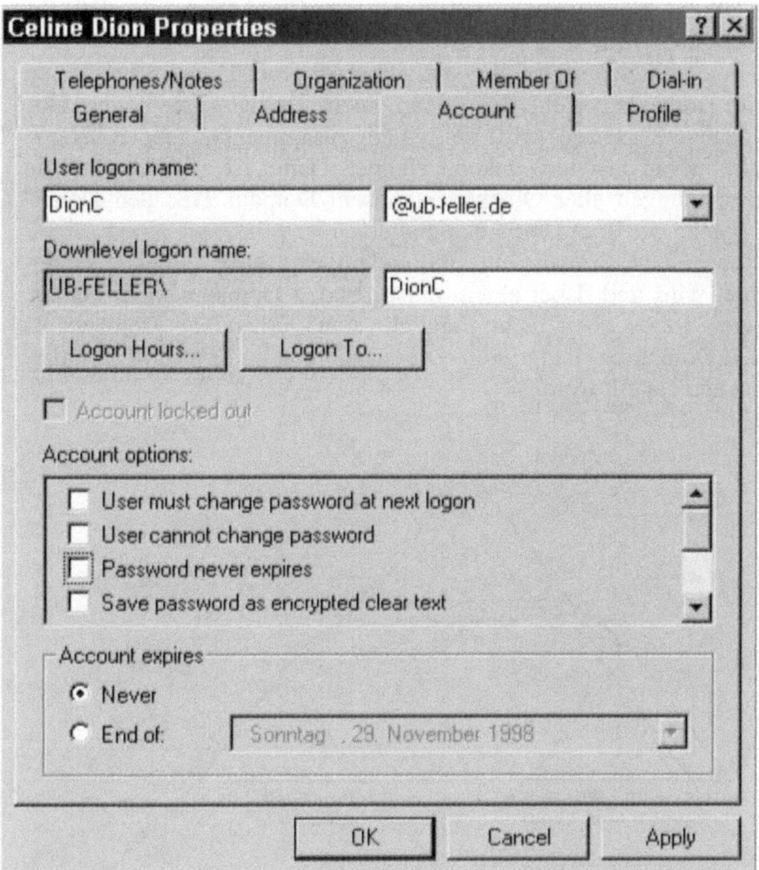

Abbildung 2.10: Jeder Objekttyp innerhalb des Active Directory besitzt ganz bestimmte vordefinierte Eigenschaften.

Abbildung 2.11: Das Schema des Active Directory kann um zusätzliche Objekte und Attribute ergänzt werden.

Neben der Struktur von OUs innerhalb einer Domäne können auch unterhalb der obersten Domäne des Active Directory („Root Domain") eine oder mehrere „Child Domains" angesiedelt werden (Abbildung 2.12). Die Namenskonvention erfolgt auch hier analog des Internet-Namensschemas, indem der Hauptdomäne der Name

Child Domain

der Unterdomäne vorangestellt wird. Jede Child Domain enthält ihrerseits eine Struktur aus OUs.

Eine Verzeichnisstruktur, die aus einer Root Domain und deren Child Domains besteht, nennt man einen „Domain Tree" oder „Domänenbaum". Dieser wird von einem zusammenhängenden „Name Space" (Namensraum) gekennzeichnet. Damit ist gemeint, daß die Bezeichnungen aller Objekte in diesem Domain Tree den Domänennamen der Root Domain enthalten.

Eine Child Domain entsteht, indem eine neue Domäne eingerichtet wird und dabei einem existierenden Domänenbaum beitritt. Derzeit ist es noch nicht möglich, eine vorhandene Domäne als Child Domain zu integrieren. Diese muß erst entfernt und anschließend neu erstellt werden.

Abbildung 2.12: Unterhalb der Hauptdomäne („Root Domain") können im Active Directory weitere Unterdomänen angesiedelt werden.

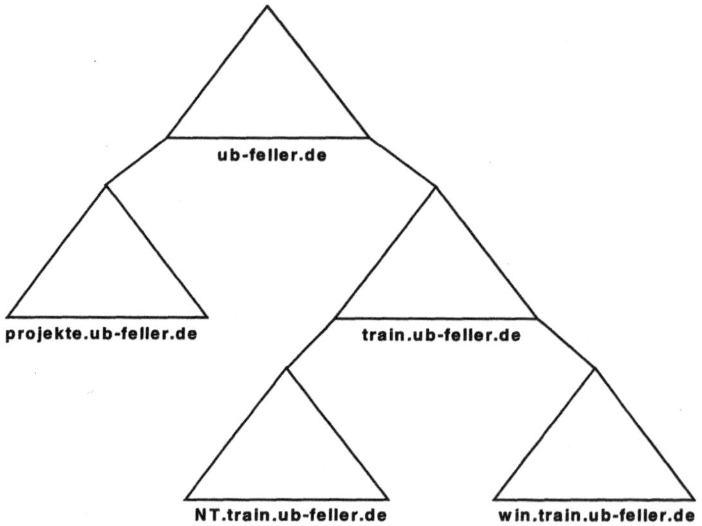

Transitive Vertrauensbeziehungen

Wird einem Domänenbaum eine Child Domain hinzugefügt, entsteht gleichzeitig eine zweiseitige transitive Vertrauensbeziehung mit der nächsthöheren Domäne. In Abbildung 2.12 hat die Domäne NT.train.ub-feller.de eine Vertrauensbeziehung zu train.ub-feller.de. Damit besteht automatisch ebenfalls eine Vertrauensbeziehung zu allen anderen Domänen des Domänenbaumes. Damit ist gewährleistet, daß Benutzer aller Domänen in jeder der übrigen Domänen auf Ressourcen zugreifen können (sofern sie hierfür über geeignete Berechtigungen verfügen; siehe Abschnitt 2.3.4 „Verwaltung von Dateien und Verzeichnissen").

Das Einrichten von Child Domains hat allerdings seinen Preis, denn für jede Domäne muß mindestens ein Windows 2000-Server als Domänencontroller eingerichtet sein. Zur Abbildung der Firmenorganisation sind OUs im allgemeinen vorzuziehen. Es gibt jedoch auch Situationen, in denen sich die Einrichtung mehrerer Domänen empfiehlt:

- **Langsame WAN-Verbindungen**: Die Einrichtung einer separaten Domäne in einem Standort empfiehlt sich, wenn dieser lediglich über eine langsame WAN-Verbindung an die Zentrale angebunden ist. Um den Abgleich der Domänendatenbank zwischen Domänencontrollern (siehe Abschnitt 2.3.1.5 „Replikation und Sites") über die WAN-Verbindung möglichst gering zu halten, sollte der Standort mit einer eigenen Child Domain konfiguriert werden.

- **Organisatorische Gründe**: Wenn ein größerer Firmenbereich die Verwaltung seiner Ressourcen selbst durchführen soll, dann sollte ebenfalls an die Einrichtung einer eigenen Domäne gedacht werden.

Im Active Directory können auch zwei oder mehrere Domänenbäume zu einer gemeinsamen Organisationsstruktur namens „Forest" zusammengefügt werden (Abbildung 2.13). Dabei entstehen transitive Vertrauensbeziehungen zwischen den Root Domains. Die Domänenbäume innerhalb eines Forests besitzen keinen gemeinsamen Namensraum. Die Vertrauensbeziehungen haben jedoch die gleichen Auswirkungen wie Beziehungen innerhalb eines einzelnen Domänenbaumes. Benutzer, die in einer der Domänen ein Konto haben, können Ressourcen aus jeder der anderen Domänen nutzen.

Das Zusammenfügen von Domänenbäumen zu einem Forest bietet sich insbesondere dann an, wenn ein Unternehmen aus mehreren organisatorisch nur lose zusammenhängenden Teilbereichen besteht, die eigene Domänennamen besitzen. Auch für Firmenzusammenschlüsse, bei denen die einzelnen Einheiten ihre Domänennamen behalten sollen, empfiehlt sich die Zusammenfassung zu einem Forest. In der Version Beta 2 von Windows 2000 war es allerdings noch nicht möglich, zwei existierende Domänenbäume zu einem gemeinsamen Forest zusammenzufügen. Bei der Installation wird nämlich außer der Domäne gleichzeitig auch ein eigener Forest angelegt. Daher muß eine der Domänen neu erstellt werden, um sie zu einem existierenden Forest hinzuzufügen. Bis zur Markteinführung von Windows 2000 soll dies jedoch behoben werden.

Abbildung 2.13: Ein Forest besteht aus zwei oder mehreren Domänenbäumen. Die Root Domains sind über transitive Vertrauensbeziehungen miteinander verbunden.

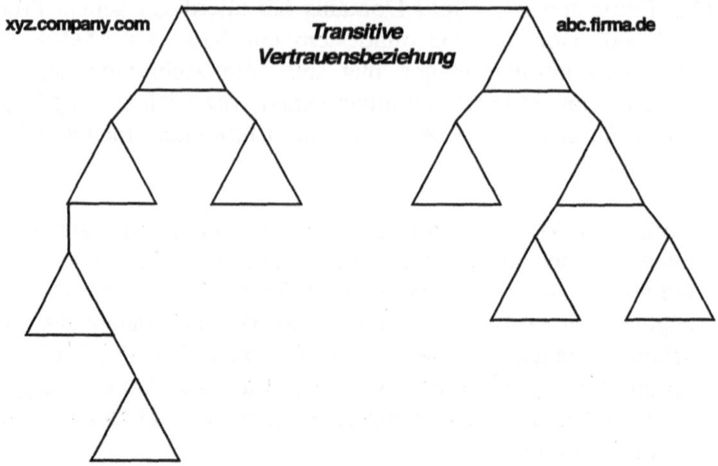

Global Catalog

Innerhalb eines Forests wird ein sogenannter *Global Catalog* angelegt. Der Global Catalog enthält einen Auszug aus dem Active Directory und dient der Lokalisierung von Objekten im Verzeichnisbaum. Es werden nur ausgewählte Attribute der Objekte in den Global Catalog aufgenommen, um die Suche innerhalb des Active Directory zu erleichtern. Der Global Catalog wird ausführlich in Abschnitt 2.3.1.5 „Replikation und Sites" besprochen.

Einseitige Vertrauensbeziehungen

Außer den zweiseitigen transitiven Vertrauensbeziehungen gibt es bei Windows 2000 genauso wie bei Windows NT 4 die Möglichkeit, einseitige Vertrauensbeziehungen einzurichten (siehe Abbildung 2.14). Bei einseitigen Vertrauensbeziehungen können die Benutzer aus den vertrauten Domänen auf die Ressourcen der vertrauenden Domäne zugreifen. Umgekehrt gilt dies jedoch nicht: Die Benutzer der vertrauenden Domänen haben keinen Zugriff auf die Ressourcen der vertrauten Domäne.

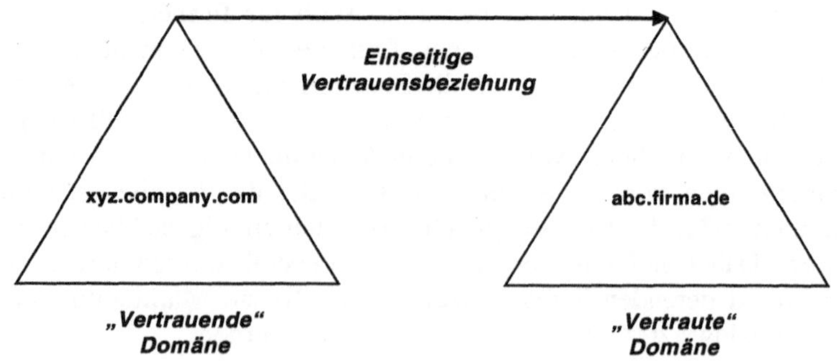

Abbildung 2.14: Zwischen Windows 2000-Domänen können auch einseitige Vertrauensbeziehungen eingerichtet werden.

Die Einrichtung solcher einseitiger Vertrauensbeziehungen empfiehlt sich dann, wenn es zwischen den Domänen nur lose oder gar
keine organisatorischen Beziehungen gibt, jedoch für eine bestimmte Zeit – vielleicht im Rahmen eines gemeinsamen Projektes –
Ressourcen zusammen verwendet werden sollen. Durch einseitige
Vertrauensbeziehungen könnten beispielsweise die Benutzer eines
Kunden oder eines Partnerunternehmens an das eigene Unternehmen
angebunden werden, um Zugriff auf ausgewählte Informationen zu
erhalten.

Das Active Directory bietet im Gegensatz zur flachen Windows   Fazit
NT 4-Domäne unendliche Möglichkeiten, die Organisation und Arbeitsweise einer Firma abzubilden. Sehr gute technische Kenntnisse
und sorgfältige Planung sind unerläßlich, um eine effiziente Struktur
zu entwickeln.

2.3.1.3
Gruppen

Gruppen sind spezielle Objekte, mit denen Benutzerkonten zusammengefaßt werden. Anstatt einzelnen Benutzern Berechtigungen auf
Ressourcen zu erteilen oder Sicherheitsrichtlinien zuzuordnen, werden zur Erleichterung der Administration Gruppen verwendet. Windows 2000 beinhaltet ein sehr kompliziertes Gruppenkonzept, welches der gesonderten Betrachtung bedarf. Als Einstieg wird das
Gruppenkonzept des Vorgängers Windows NT 4 kurz vorgestellt.

Bei Windows NT 4 gibt es zwei Arten von Gruppen: Gruppen bei
                                                     Windows NT 4

- **Lokale Gruppen**: Diese Gruppen sind in ihrem Geltungsbereich auf denjenigen Windows NT 4-Rechner beschränkt, auf
  dem sie erstellt werden. Sie dienen der Zuweisung von Berechtigungen auf Ressourcen.

- **Globale Gruppen**: Globale Gruppen können nur innerhalb einer Domäne erstellt werden. Sie haben auf allen Windows NT-
  Rechnern Gültigkeit, die zu der Domäne gehören.

Als Regel für die Zuteilung von Berechtigungen auf Ressourcen
hat Microsoft das Acronym **AGLP** gebildet:

- **A = Account**: Für jeden Benutzer wird ein Benutzerkonto
  („Account") in der Domänendatenbank angelegt.

- **G = Global Group**: Die Benutzerkonten werden entsprechend ihrer Sicherheitsanforderungen in globale Gruppen aufgenommen.

- **L = Local Group**: In der Benutzerdatenbank des Rechners, auf dem sich die Ressource (Verzeichnis oder Drucker) befindet, wird eine lokale Gruppe erstellt. Die globale Gruppe, die die Benutzerkonten enthält, wird zum Mitglied dieser lokalen Gruppe gemacht.

- **P = Permissions**: Die lokale Gruppe erhält Berechtigungen („Permissions") für die Ressource, beispielsweise die Berechtigung „Ändern" für ein Datenverzeichnis.

Die Benutzer erben diese Berechtigungen, weil sie Mitglied einer globalen Gruppe sind, die ihrerseits Mitglied der lokalen Gruppe ist, die über die Berechtigungen verfügt. Abbildung 2.15 veranschaulicht diesen Sachverhalt.

Folgende Regeln gelten bei Windows NT 4 für die Verschachtelung von Gruppen:

- Es können nur globale Gruppen Mitglied in lokalen Gruppen werden. Alle anderen Möglichkeiten (lokal in lokal, global in global und lokal in global) sind nicht zulässig.

- Es gibt nur eine Ebene der Verschachtelung von Gruppen. Eine Gruppe, die bereits eine andere Gruppe zum Mitglied hat, kann selbst nicht Mitglied einer dritten Gruppe werden.

Abbildung 2.15:
Vergabe von Berechtigungen bei Windows NT 4 durch Verschachtelung von Gruppen.

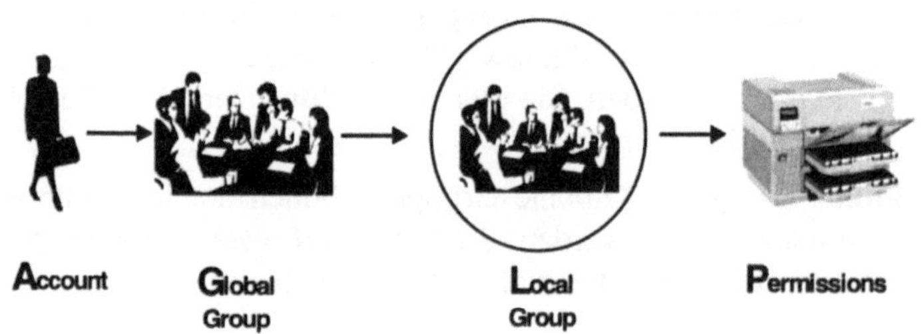

Bei Windows 2000 gibt es mehr als nur zwei Arten von Gruppen. Gruppen werden unterschieden nach:

- **Geltungsbereich**: Damit wird angegeben, wo innerhalb des Windows 2000-Netzwerks diese Gruppe gültig ist. Bei der Erstellung der Gruppe muß der Geltungsbereich ausgewählt werden (Abbildung 2.16). Es gibt universelle, globale und lokale Domänengruppen (Tabelle 2.3).

- **Typ**: Als Typ kann entweder „Security" oder „Distribution" gewählt werden. „Security" bezeichnet Gruppen, denen Berechtigungen zugeteilt werden können, während „Distribution" für rein funktionale Gruppen vorgesehen ist, beispielsweise für Empfänger von E-Mail. Distribution-Gruppen sind für Anwendungen vorgesehen. Windows 2000 verwendet nur Security-Gruppen.

In Abbildung 2.16 ist der Geltungsbereich „Universal" grau unterlegt, steht also nicht als Auswahl zur Verfügung. Dies ist der Fall, solange sich das Active Directory im sogenannten „mixed mode" befindet (siehe hierzu auch Abbildung 2.8). Der „mixed mode" oder gemischte Modus ist die Standardeinstellung und gestattet die Integration von Windows NT 4-Domänen in das Active Directory (mehr dazu finden Sie im Abschnitt 2.3.1.7 „Interoperabilität mit anderen Verzeichnisdiensten" in diesem Kapitel). Das Active Directory kann in „native mode" umgewandelt werden, wenn keine Windows NT 4-Domänen integriert werden müssen. Die Umwandlung vom gemischten in den nativen Modus ist allerdings nicht reversibel. Im nativen Modus wird der Gruppentyp „Universal" unterstützt. Außerdem kann der Geltungsbereich und der Typ einer Gruppe geändert werden, was im gemischten Modus nicht der Fall ist.

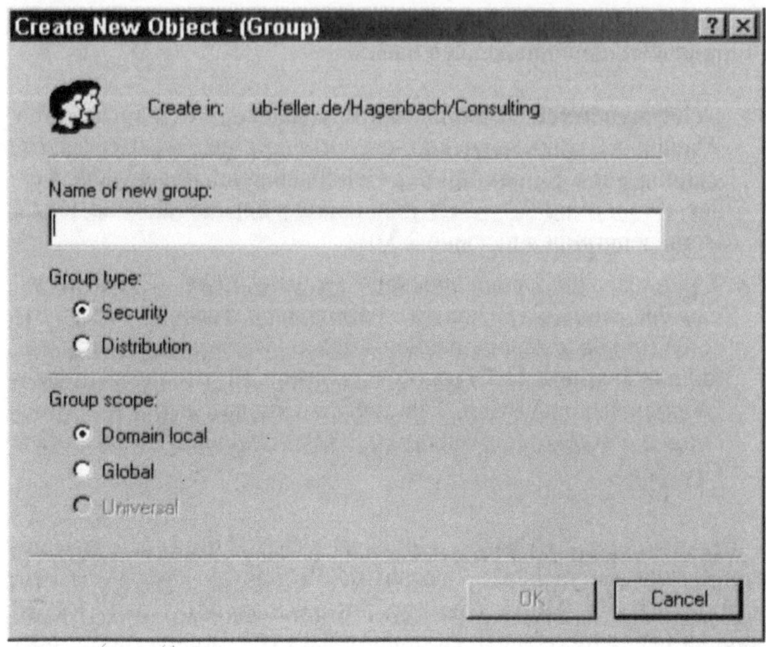

Im *gemischten* Modus kann es bei den Mitgliedschaften von Gruppen in anderen Gruppen nur eine Verschachtelungsebene geben. Das bedeutet, daß eine Gruppe, die bereits eine andere Gruppe zum Mitglied besitzt, nicht selbst Mitglied einer dritten Gruppe sein kann. Dies ist deshalb der Fall, weil im gemischten Modus auch Windows NT 4-Domänen integriert werden können, die ihrerseits nur eine Verschachtelungsebene unterstützen. Im *nativen* Modus sind jedoch theoretisch unbegrenzt viele Verschachtelungen möglich. Einerseits wird dadurch im Einzelfall die Zuweisung von Berechtigungen möglicherweise erleichtert, andererseits wird es mit jeder zusätzlichen Verschachtelungsstufe schwieriger, die effektiven Berechtigungen eines Benutzers nachzuvollziehen und im Problemfall die Fehlerursache festzustellen. Es empfiehlt sich daher, nur eine Ebene der Verschachtelung zu realisieren.

Geltungsbereich	Beschreibung	kann als Mitglied enthalten	kann Mitglied werden in
Universal Group (universelle Gruppe)	kann in jeder Domäne innerhalb des Forests Berechtigungen auf Ressourcen erhalten	Benutzer, universelle und globale Gruppen aller Domänen des Forests	universellen Gruppen und lokalen Domänengruppen aller Domänen des Forests
Global Group (globale Gruppe)	kann in jeder Domäne innerhalb des Forests Berechtigungen auf Ressourcen erhalten	nur Benutzer und globale Gruppen der eigenen Domäne	universellen Gruppen, globalen Gruppen der eigenen und lokalen Domänengruppen aller Domänen des Forests
Domain Local Group (lokale Domänengruppe)	kann nur in der eigenen Domäne Berechtigungen auf Ressourcen erhalten	Benutzer, universelle und globale Gruppen aller Domänen des Forests sowie lokale Domänengruppen der eigenen Domäne	lokalen Gruppen der eigenen Domäne

Im gemischten Modus können Gruppen nicht umgewandelt werden. Im nativen Modus kann der Gruppentyp jederzeit von „Security" nach „Distribution" umgewandelt werden und umgekehrt. Bei der Umwandlung nach „Distribution" darf jedoch nicht außer acht gelassen werden, daß die betroffene Gruppe dann sämtliche ihr zugeteilten Berechtigungen verliert, weil Distribution-Gruppen nur für die Zusammenfassung von Benutzern nach funktionalen Gesichtspunkten vorgesehen sind und keine Berechtigungen auf Ressourcen erhalten können.

Hinsichtlich der Umwandlung des Geltungsbereichs einer Gruppe gibt es die in Tabelle 2.4 aufgeführten Möglichkeiten.

Geltungsbereich	kann umgewandelt werden zu	Bemerkung
Global Group	Universal Group	nur möglich, wenn die Global Group nicht Mitglied einer anderen Global Group ist
Domain Local Group	Universal Group	nur möglich, wenn die Domain Local Group keine anderen Domain Local Groups enthält

Universal Groups können nicht umgewandelt werden. Ebenso ist eine Umwandlung von globalen zu lokalen Domänengruppen und umgekehrt nicht möglich.

Die Wahl der Gruppenart – Universal, Global oder Domain Local – hat auch einen erheblichen Einfluß auf den Synchronisationsverkehr zwischen den Domänencontrollern:

- **Universal Groups**: Sowohl der Gruppenname als auch die Mitgliederliste werden in den Global Catalog aufgenommen.

- **Global und Domain Local Groups**: Es wird jeweils nur der Gruppenname in den Global Catalog aufgenommen.

Universal Groups sind zwar innerhalb eines Forests mit mehreren Domänenbäumen sehr praktisch, weil sie in jeder Domäne Berechtigungen erhalten können, erzeugen jedoch wesentlich mehr Synchronisationsverkehr. Sie sollten daher nur verwendet werden, wenn zwischen den Domänen schnelle LAN-Verbindungen existieren und sich die Mitgliederliste selten ändert.

Als Gruppenstrategie wird für Windows 2000-Netze ein ähnliches Vorgehen wie bei Windows NT 4 empfohlen (siehe Abbildung 2.17). Benutzerkonten werden zu Global Groups zusammengefaßt, diese wiederum Mitglied in Domain Local Groups, welche Berechtigungen für Ressourcen erhalten.

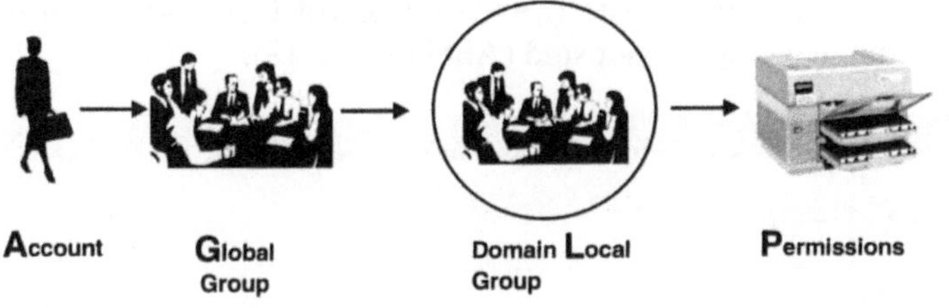

Diese Strategie ist bei Änderungen von Berechtigungen sehr flexibel. Sollen weitere Benutzer oder globale Gruppen bestimmte Berechtigungen erhalten, müssen lediglich Gruppenmitgliedschaften in den Global oder den Domain Local Groups, nicht aber die Berechtigungen für die Ressource selbst angepaßt werden. Der Replikationsverkehr wird bei der Änderung der Gruppenmitgliedschaften nicht beeinflußt, weil die Mitgliederlisten nicht Bestandteil des Global Catalog sind.

Es gibt noch eine weitere Gruppenart bei Windows 2000-Rechnern, die sogenannten *lokalen Gruppen*. Diese existieren jedoch nicht innerhalb einer Domäne, sondern nur in den lokalen Benutzerdatenbanken von Windows 2000 Professional-Rechnern und Windows 2000-Servern, die als Member Server konfiguriert sind. (Domänencontroller haben keine lokale Benutzerdatenbank. Beim Installieren des Active Directory wird diese gelöscht). Lokale Gruppen gelten im Gegensatz zu den Domain Local Groups nur auf demjenigen Rechner, auf dem sie angelegt wurden. Sie sollten jedoch nur verwendet werden, wenn ein Windows 2000-Rechner an einem Peer-to-Peer-Netz teilnimmt und es erforderlich ist, Zugriffsberechtigungen zu erteilen. Im Zusammenhang mit dem Active Directory sollte der Gebrauch von lokalen Gruppen unterbleiben.

Die Gruppenstrategie von Windows 2000 scheint zwar auf den ersten Blick etwas kompliziert, bietet jedoch ein hohes Maß an Flexibilität. Hält man sich an die Regel „AGLP", so können Berechtigungen für neue Benutzer oder Gruppen durch einfaches Ändern von Gruppenmitgliedschaften erteilt werden. Die Gruppenstrategie muß sauber geplant und dokumentiert werden.

Lokale Gruppen

Fazit

2.3.1.4
Verwaltung des Active Directory

Alle Objekte und Ressourcen von Windows 2000 sind mit Berechtigungen versehen. Dies gilt für das NTFS-Dateisystem und Drucker, aber auch für das Active Directory. Eine Domäne als Ganzes, aber auch alle darin enthaltenen Organisational Units und Objekte besitzen eine Zugriffskontrollliste („Access Control List", ACL), in der Berechtigungen eingetragen sind (Abbildung 2.18).

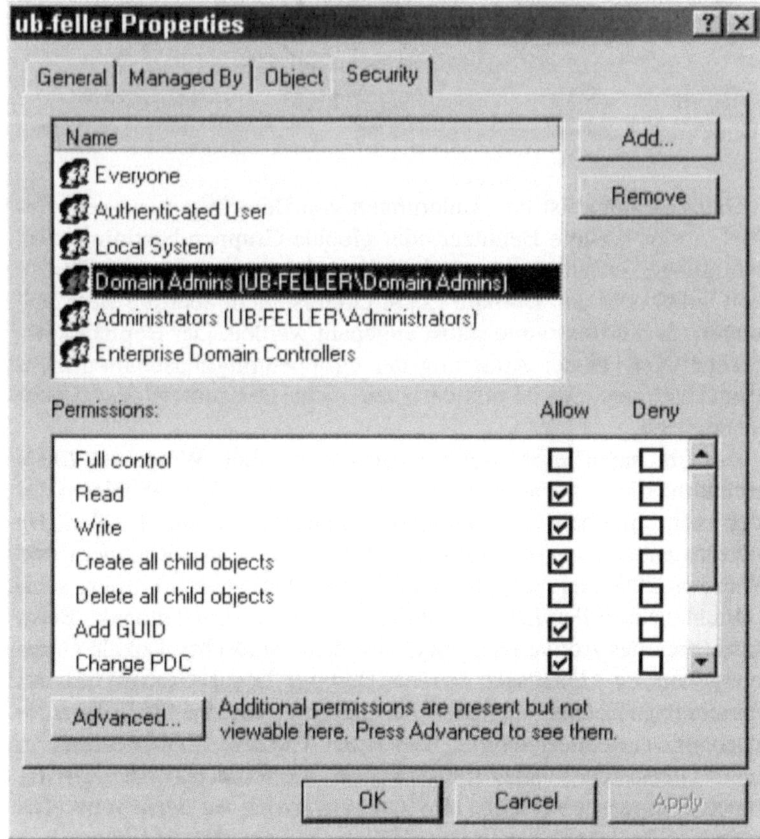

Unmittelbar nachdem eine Domäne neu angelegt wurde, verfügen nur Mitglieder der globalen Gruppe „Domänen-Admins" und der lokalen Domänengruppe „Administratoren" über ausreichende Berechtigungen, um die Domäne verwalten zu können. Das Active Directory erlaubt jedoch die Delegation von Verwaltungsaufgaben an andere Benutzer oder Gruppen. Es sind dabei verschiedene Vorgehensweisen möglich:

■ **Delegation von Teilaufgaben**: Es können ganz bestimmte Teilaufgaben, beispielsweise das Verwalten der Drucker, delegiert werden.

- **Delegation ganzer OUs:** Es können auch für ganze Organisational Units die Verwaltungsaufgaben komplett delegiert werden.

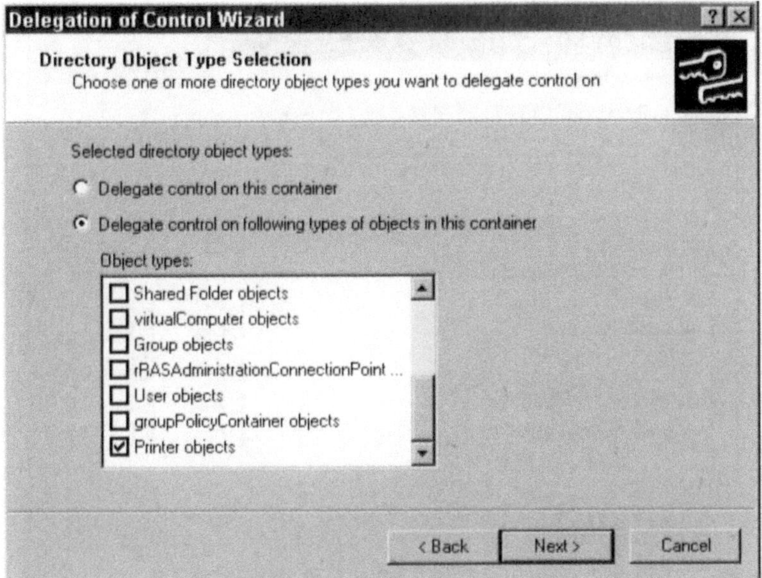

Abbildung 2.19: Mit dem Assistenten „Delegation of Control" können bestimmte Objekte und Attribute zur Verwaltung delegiert werden.

Am einfachsten wird die Delegation von Verwaltungsaufgaben mit Hilfe des Assistenten „Delegation of Control" erledigt (Abbildung 2.19). Zunächst werden die Benutzer oder Gruppen ausgewählt, an die Verwaltungsaufgaben delegiert werden sollen. Anschließend werden die Objekte ausgesucht, die von ihnen verwaltet werden sollen. Zum Schluß kann auch festgelegt werden, welche Attribute der ausgewählten Objekte verwaltet werden dürfen. Der Assistent fügt anschließend den Zugriffskontrollisten der Active-Directory-Objekte entsprechende Einträge hinzu.

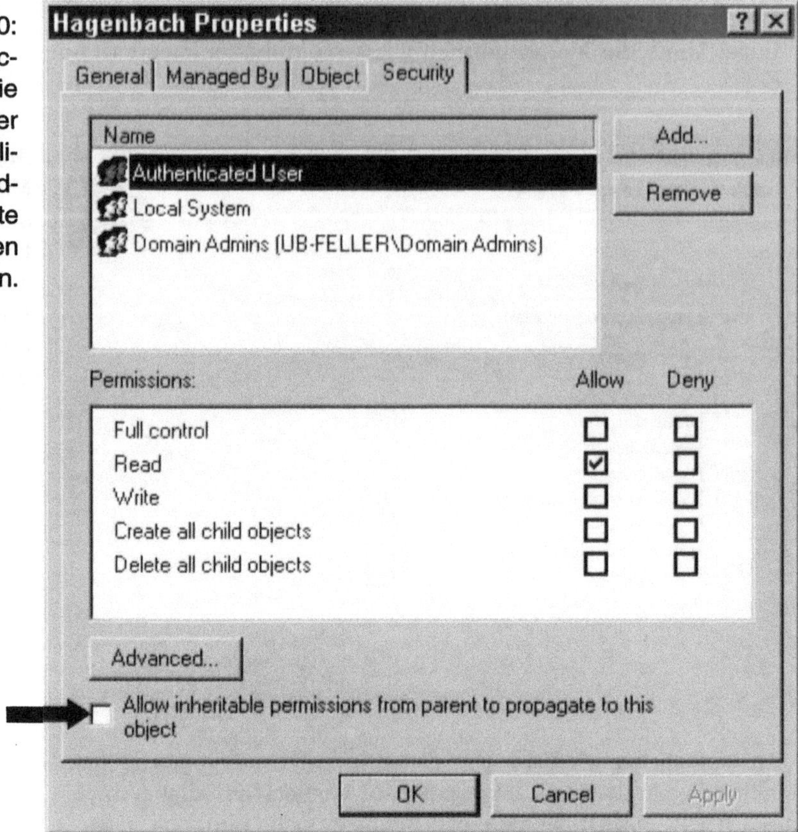

Vererbung von Berechtigungen

Wenn die Kontrolle für eine bestimmte OU delegiert wird, kann diese weiterhin auch von den Administratoren und Domänen-Admins verwaltet werden. Dies ist der Fall, weil alle OUs die Berechtigungen aller darüberliegenden Strukturen – übergeordneter OUs und der Domäne selbst – erben. Es gibt jedoch Firmen, in denen Teilbereiche die Verwaltung komplett eigenständig durchführen sollen. Wenn diese Teilbereiche als Organisational Units innerhalb einer Domäne repräsentiert werden, muß gewährleistet sein, daß die Administratoren und Domänen-Admins keinen Zugriff mehr besitzen. Dazu kann die Vererbung der Berechtigungen der übergeordneten Strukturen verhindert werden, indem die Standardeinstellung „Allow inheritable permissions from parent to propagate to this object" entfernt wird (siehe Abbildung 2.20).

Delegation durch Bildung eigener Domänen

Eine andere Möglichkeit, einer Teilorganisation die Verwaltung komplett zu übertragen, besteht darin, für diese eine eigene Domäne zu erstellen. Dies kann eine Unterdomäne sein (siehe Abbildung 2.12) oder eine neue Domäne mit eigenem Namensraum (Abbildung

2.13), jedoch im gleichen Forest. Es entstehen zwar jeweils transitive Vertrauensbeziehungen, dennoch können Domänen-Admins und Administratoren immer nur die eigene Domäne verwalten, denn die Zugriffskontrollisten werden weder auf Child Domains noch auf andere Domänen innerhalb eines Forests vererbt. Die Teilorganisation wäre also mit einer eigenen Domäne von Anfang an autark, ohne daß die Verwaltungsaufgaben explizit delegiert werden müßten.

Nachteil dieses Verfahrens ist jedoch, daß für eine eigene Domäne auch ein eigener Domänencontroller benötigt wird. Aus Sicherheitsgründen sollten sogar besser immer mindestens zwei Domänencontroller eingerichtet werden. Es entstehen also zusätzliche Kosten. Gibt es nicht noch andere zwingende Gründe wie beispielsweise eine langsame WAN-Verbindung, sollten keine zusätzlichen Domänen erstellt werden.

Im Active Directory können Verwaltungsaufgaben mit einem Assistenten auf komfortable Weise delegiert werden. Die Delegation kann auf einzelne Objekte und/oder einzelne Attribute beschränkt werden. Eine OU kann auch völlig autark verwaltet werden, indem die Vererbung der Zugriffslisten der übergeordneten Objekte blokkiert wird.

2.3.1.5
Replikation und Sites

Damit das Active Directory seinen Zweck erfüllt, müssen die beteiligten Domänencontroller alle auf dem gleichen Stand sein. Änderungen im Active Directory, beispielsweise ein neues Benutzerkonto oder ein geändertes Kennwort, müssen auf alle Domänencontroller übertragen werden. Diesen Vorgang bezeichnet man als *Replikation*.

In der Windows NT 4-Domäne ist die Replikation sehr unkompliziert. Es gibt in jeder Domäne einen Server, der die Masterkopie der Domänendatenbank verwaltet. Dieser Server ist der primäre Domänencontroller (PDC). Der PDC kann von Backup-Domänencontrollern (BDCs) unterstützt werden. Diese verwalten eine Kopie der Domänendatenbank und können daher ebenfalls Benutzeranmeldungen entgegennehmen. Änderungen der Datenbank werden jedoch ausschließlich in die Masterkopie des PDC geschrieben und von dort aus in regelmäßigen Abständen zu den BDCs repliziert (Abbildung 2.21). Ein solches Konzept bezeichnet man als *Single-Master-Replikation*.

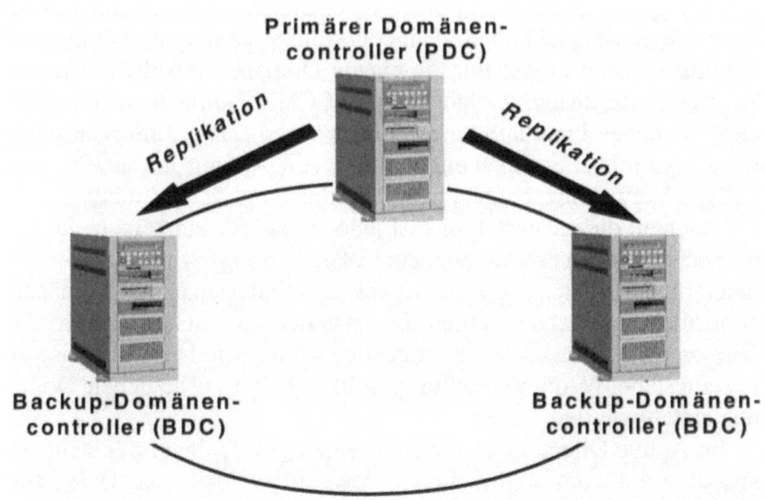

Abbildung 2.21: In Windows NT 4-Domänen gibt es eine einfache Single-Master-Replikation, indem der PDC alle Änderungen sammelt und auf die BDCs repliziert.

Bei diesem Konzept werden alle Änderungen ausschließlich beim PDC gesammelt. Daher können niemals Versionskonflikte auftreten. Es muß auch nicht wie bei anderen Verzeichnisdiensten (zum Beispiel NDS von Novell NetWare) die Zeit zwischen den Controllern absolut synchron gehalten werden. Alle Änderungen erhalten vom PDC eine Versionsnummer, anhand derer die BDCs feststellen können, ob sie die Änderungen bereits in ihre Kopie der Datenbank übertragen haben oder nicht.

Nachteile der Replikation bei Windows NT 4

Dieses System hat den entscheidenden Nachteil eines „Single Point of Failure". Wenn der PDC ausfällt, können an der Domänendatenbank keine Änderungen mehr durchgeführt werden. Es muß in diesem Fall einer der BDCs manuell zum PDC „hochgestuft" werden. Ein weiterer Nachteil ist, daß bei der Replikation immer komplette Datensätze und nicht nur die geänderten Eigenschaften übertragen werden. Hat sich beispielsweise der Nachname eines Benutzers geändert, wurde nicht nur der geänderte Nachname, sondern auch alle übrigen Eigenschaften wie Vorname, Login-Name, Kennwort usw. neu übertragen.

Multi-Master-Replikation bei Windows 2000

Auch bei Windows 2000 gibt es spezielle Server, die Kopien der Domänendatenbank verwalten. Sie werden ebenfalls als „Domänencontroller" bezeichnet. Jeder Domänencontroller sammelt Änderungen an der Datenbank und überträgt diese an die übrigen Domänencontroller. Dies bezeichnet man als *Multi-Master-Replikation*.

Wie funktioniert nun die Replikation bei Windows 2000? Die Eigenschaften aller Objekte der Domänendatenbank erhalten eine sogenannte „Update Sequence Number" (USN). Wird eine Eigenschaft verändert (zum Beispiel die Telefonnummer eines Benutzers), so trägt der Domänencontroller (DC) die neue Information in seine Kopie der Datenbank ein und erhöht die USN der Eigenschaft um 1. Die USNs werden von jedem DC separat verwaltet. Die gleiche Eigenschaft in der Datenbank hat also auf den DCs unterschiedliche USNs. Zusätzlich zu den eigenen USNs werden auch die USNs der anderen Domänencontroller verwaltet, die diese der letzten Änderungsmitteilung für die Eigenschaft übertragen hatten (siehe Abbildung 2.22).

Wenn ein Domänencontroller eine Eigenschaft verändert hat, teilt er den anderen DCs mit, daß er Änderungen durchgeführt hat und liefert gleichzeitig seine USN. In Abbildung 2.22 hat der DC1 der Eigenschaft „Telefonnummer von BenutzerA" die USN 35 zugeordnet. Die letzte USN, die er von DC2 erhalten hat, war 45, während DC3 als letzte USN 22 mitgeteilt hat. Wenn DC1 im obigen Beispiel von DC2 eine Änderungsmitteilung mit der USN 48 erhält, fordert er alle Änderungen an, die er noch nicht erhalten hat, also diejenigen mit den USNs 46, 47 und 48 und erhöht seine eigene USN auf 38. Wenn DC3 hingegen eine USN von 22 mitteilt, fordert DC1 von dort keine Änderung an, weil er diese bereits erhalten hat.

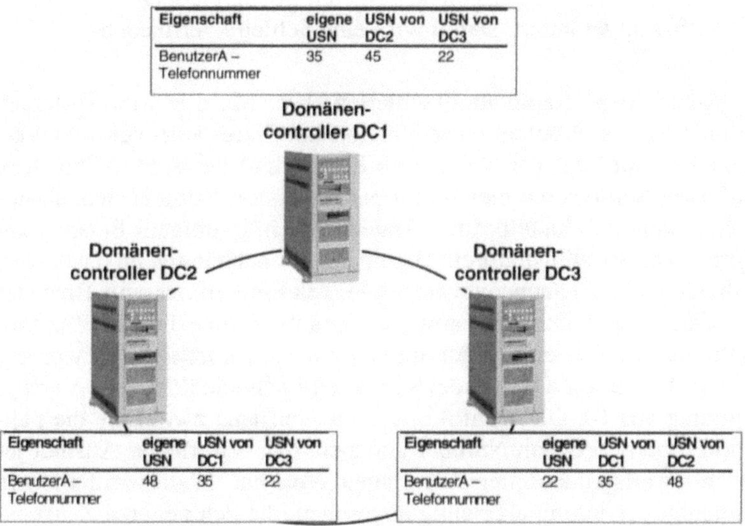

Abbildung 2.22: Jeder Windows 2000-Domänencontroller verwaltet für die Eigenschaften der Objekte eine eigene Update Sequence Number sowie die USNs der übrigen DCs.

Bei diesem Verfahren gibt es theoretisch die Gefahr, daß sich Replikationsschleifen bilden: DC1 teilt nun nämlich DC3 mit, daß er Änderungen erhalten hat und liefert eine USN von 38. DC3 müßte die Änderungen mit den USNs 36-38 anfordern und seine eigene USN auf 25 erhöhen. DC3 wiederum würde dann DC1 mitteilen, daß er Änderungen hat, dieser müßte sie anfordern, seine eigene

Vermeidung von Replikationsschleifen

USN wiederum um drei erhöhen usw. Dies wird aber vermieden, weil zusätzlich zur USN eine zweite Zahl verwaltet wird, der sogenannte *„Up to Date-Vektor"*. Der Up-to-Date-Vektor gibt an, auf welchem Server die Änderung durch Benutzereingriff erfolgt war und beinhaltet eine Versionsnummer für die Änderung, die sogenannte *„Property Version Number"*. Wird eine Eigenschaft an einem Server durch Benutzereingriff geändert, so erhöht dieser Server nicht nur seine USN, sondern auch die Property Version Number um 1. Auf das obige Beispiel angewendet bedeutet dies:

- Die Eigenschaft „Telefonnummer von BenutzerA" wird auf Server DC2 geändert. Dieser erhöht seine USN auf 48 und schreibt folgenden Up-to-Date-Vektor: „DC2 - 9".

- Diese Änderung wird an DC1 und DC3 übertragen. Beide erhöhen ihre USNs und schreiben als Up-to-Date-Vektor „DC2-9".

- DC1 teilt DC3 mit, daß er Änderungen erhalten hat. Er liefert eine USN von 38. DC3 fordert die Änderungen an und stellt fest, daß der Up-to-Date-Vektor „DC2-9" der gleiche ist. Die Eigenschaft wird daraufhin nicht aktualisiert. DC3 erhöht lediglich die von DC1 erhaltene USN auf 38, läßt jedoch seine eigene USN unverändert. Damit wird eine Schleife vermieden.

Vermeidung von Versionskonflikten

Außer den Replikationsschleifen bei Multi-Master-Systemen kann noch das Problem eines Versionskonfliktes auftreten. Ein Versionskonflikt liegt vor, wenn eine Eigenschaft des Active Directory auf zwei Servern die gleiche Property Version Number, jedoch unterschiedliche Inhalte besitzt. Angenommen, in obigem Beispiel ändern zwei Administratoren voneinander unabhängig an zwei verschiedenen Domänencontrollern die Telefonnummer von Benutzer A. Einer der Administratoren gibt irrtümlich eine falsche Telefonnummer ein. Die erste Änderung ist auf DC1 durchgeführt worden, die andere auf DC2. Beide Server erhöhen die Property Version Number auf 10. Der Konflikt tritt auf, weil jetzt zwei DCs die gleiche Property Version Number angeben, das betreffende Attribut jedoch jeweils einen unterschiedlichen Wert hat. In diesem Fall wird diejenige Änderung als richtig angesehen, die den neueren *Zeitstempel* hat. Dies ist der einzige Fall, bei dem für die Replikation Zeitstempel ausgewertet werden. Sollten auch die Zeitstempel identisch sein, wird die geänderte Eigenschaft jeweils binär kopiert und die *Puffergröße* verglichen. Diejenige Eigenschaft mit dem größeren Puffer wird als die richtige angesehen. Es muß jedoch betont werden, daß alle Aktivitäten in bezug auf Versionskonflikte aufgezeichnet werden und der Administrator die Option erhält, den verworfenen Wert zu übernehmen.

Im Gegensatz zu Windows NT 4 werden bei Windows 2000 nur die geänderten Informationen und nicht ganze Datensätze übertragen. Ist ein Windows 2000-Netz mit seinem Active Directory erst einmal eingerichtet, dann hat die Datenbank im allgemeinen einen einigermaßen stabilen Zustand erreicht. In diesem Fall kann davon ausgegangen werden, daß der Replikationsverkehr im Verhältnis zum Verkehr, der durch Abfragen im Active Directory verursacht wird, relativ gering ist. Muß der Replikationsverkehr jedoch über eine langsame WAN-Verbindung transportiert werden, kann er einen durchaus erheblichen Anteil der verfügbaren Bandbreite konsumieren. Für den Fall, daß sich eine Domäne über mehrere Standorte erstreckt, die durch langsame Leitungen miteinander verbunden sind, empfiehlt es sich, die Replikation entsprechend der physikalischen Gegebenheiten der Verbindungen zu konfigurieren. Bei Windows 2000 werden hierzu sogenannte *Sites* eingerichtet.

Unter dem Begriff „Site" versteht man eine physikalische Netzstruktur mit schnellen und zuverlässigen Verbindungen. Die Site steht nicht in Relation zum Active Directory. Sie umfaßt eine *physikalische* Struktur, während das Active Directory eine *logische* Struktur definiert. Im allgemeinen besteht eine Site aus einem oder mehreren IP-Subnetzen. Wenn der erste Domänencontroller installiert ist, richtet das Betriebssystem gleichzeitig eine erste Site ein, die sogenannte „*Default First Site*". Alle weiteren Domänencontroller werden bereits bei der Installation automatisch in diese erste Site integriert. Innerhalb der Site erzeugt ein Prozeß namens *Knowledge Consistency Checker (KCC)* automatisch eine Replikationstopologie zwischen allen Domänencontrollern (Abbildung 2.23). Der Knowledge Consistency Checker arbeitet mit zwei Randbedingungen:

- Jeder Domänencontroller besitzt aus Gründen der Ausfallsicherheit Replikationsverbindungen mit *mindestens zwei* anderen Domänencontrollern.

- Die Replikation einer Änderung muß nach *maximal drei* Stationen alle Domänencontroller innerhalb der Site erreicht haben.

Der KCC überwacht permanent die Replikation und prüft, ob sie effizient abläuft. Wird ein Domänencontroller hinzugefügt oder entfernt, so rekonfiguriert der KCC automatisch die Replikationstopologie. Wenn es erforderlich ist, kann die automatische Konfiguration durch den KCC auch abgeschaltet und die Replikation statt dessen

manuell konfiguriert werden. Wenn beispielsweise die Standardzahl
von höchstens drei Stationen reduziert werden soll, damit Änderungen schneller auf alle Domänencontroller übertragen werden, wird
man zusätzliche Replikationsverbindungen einrichten.

Das Betriebssystem fügt standardmäßig jeden Domänencontroller
der ersten Site hinzu. Dies ist so lange kein Nachteil, wie das Netzwerk nur aus schnellen und zuverlässigen LAN-Verbindungen besteht. Gibt es jedoch zwischen den Domänencontrollern einer Domäne WAN-Verbindungen, empfiehlt es sich, manuell separate Sites
zu erstellen.

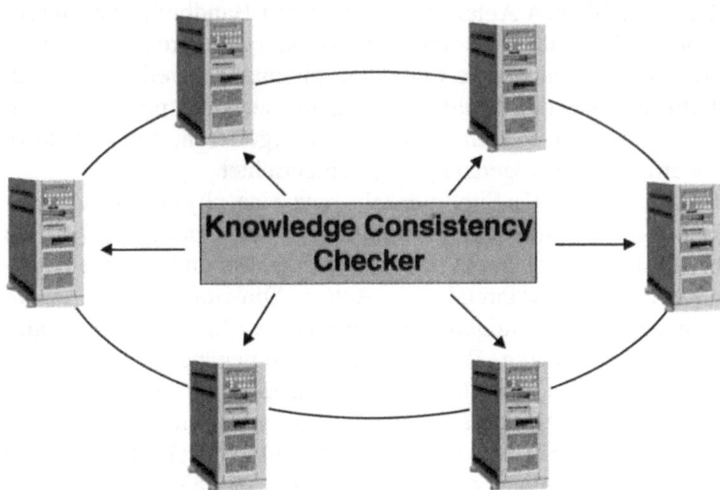

Microsoft definiert eine Site als einen „Bereich mit schnellen und
zuverlässigen Verbindungen". Im allgemeinen versteht man darunter
ein oder mehrere IP-Subnetze, die über schnelle LAN-Verbindungen
miteinander kommunizieren. Was als schnelle Verbindung betrachtet wird, hängt nicht nur von der absoluten Geschwindigkeit ab, sondern auch ganz wesentlich von der noch verfügbaren Bandbreite.
Eine Standleitung von 1 MBit/s mag auf den ersten Blick als eine
schnelle und zuverlässige Verbindung angesehen werden. Ist diese
Verbindung jedoch schon ohne Replikationsverkehr zu über 90%
ausgelastet, relativiert sich diese Betrachtungsweise sehr schnell.
Wenn sich eine Domäne über zwei oder mehrere Standorte mit
WAN-Verbindungen erstreckt, sollte man im allgemeinen jeden
Standort als eigene Site konfigurieren (Abbildung 2.24). Da eine
Site der Anpassung des Replikationsverkehrs zwischen Domänencontrollern dient, kann eine neue Site nur dann eingerichtet werden,
wenn sich dort mindestens ein Domänencontroller befindet. Es ist

nicht möglich, beispielsweise ein kleines Regionalbüro, in dem sich ausschließlich Windows 2000 Professional-Workstations befinden, als eigene Site einzurichten.

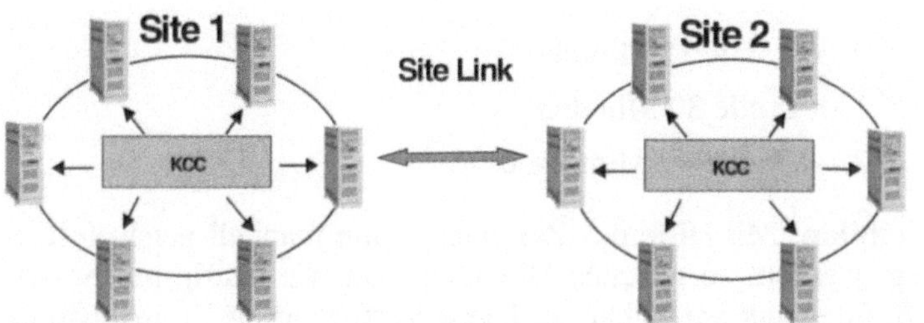

Abbildung 2.24: Zwischen Domänencontrollern in verschiedenen Sites findet ebenfalls eine Replikation statt.

Zwischen Domänencontrollern der gleichen Domäne, die in verschiedenen Sites stehen, muß eine Replikationsverbindung eingerichtet werden, die mit „Site Link" bezeichnet wird. Es handelt sich hierbei um eine *physikalische* Verbindung. Die *logischen* Replikationsverbindungen zwischen den Domänencontrollern in den verbundenen Sites hingegen werden wiederum vom Knowledge Consistency Checker eingerichtet, der auch die Replikation innerhalb einer Site steuert.

Abhängig von der Art der Verbindung kann der Site Link nach verschiedenen Gesichtspunkten konfiguriert werden:

- **Beteiligte Sites**: An einem Site Link sind mindestens zwei Sites beteiligt. Werden mehr als zwei Sites angegeben, so werden de facto von jeder zu jeder anderen Site Zweier-Verbindungen eingerichtet. Bei drei beteiligten Sites A, B und C gibt es die Verbindungen A-B, A-C und B-C, bei vier beteiligten Sites schon sechs Verbindungen usw. Für typische langsame WAN-Verbindungen sollten nach einer Empfehlung von Microsoft pro Link nur zwei Sites beteiligt sein. Ein Site Link mit mehreren Sites empfiehlt sich nur bei sehr schnellen Leitungen wie beispielsweise einem ATM-Backbone, welches mehrere Gebäudekomplexe auf einem größeren Gelände miteinander verbindet.

- **Art des Transports**: Es kann TCP/IP oder SMTP (Simple Mail Transfer Protocol) gewählt werden. (Anmerkung: SMTP war zum Zeitpunkt der Erstellung dieses Buches in der Version Beta 2 von Windows 2000 noch nicht implementiert.)

- **Kosten des Site Link**: Dieser Wert ist ein Maß dafür, wie teuer ein Site Link ist. Es können Zahlen zwischen 0 und 9999999999 eingegeben werden. Je höher die Zahl, desto teurer ist der Link. Existieren zwischen zwei Sites mehrere Site Links, verwendet das Betriebssystem bevorzugt den Link mit den niedrigsten Kosten. Die Zahl für die Kostenangabe beeinflußt außerdem die Frequenz der Replikation, wenn diese vom Knowledge Consistency Checker automatisch konfiguriert wird:

- 0 - < 1: alle 15 Minuten
- 1 -< 2: alle 30 Minuten
- 2 - < 3: alle 45 Minuten usw.

- **Zeitplan**: Mit Hilfe des Zeitplanes kann manuell genau festgelegt werden, zu welchen Uhrzeiten und wie häufig pro Stunde ein Site Link verfügbar ist. Diese Verfügbarkeit ist unabhängig von den Einstellungen für die Replikation.

Die Standardeinstellungen für neue Site Links sind Kosten = 12 und Zeitplan = viermal pro Stunde, 24 Stunden am Tag.

Wie bereits weiter oben erwähnt, betreffen die Einstellungen für die Site Links nur die Verfügbarkeit der physikalischen Verbindung zwischen den Sites. Die Replikationstopologie selbst jedoch, d.h. die logische Verbindung, wird auch zwischen den Sites automatisch vom Knowledge Consistency Checker erstellt, kann jedoch ebenfalls manuell konfiguriert werden.

Die Einrichtung von Sites beeinflußt jedoch nicht nur die Replikation, sondern auch den Anmeldevorgang der Benutzer am Active Directory. Windows 2000 versucht stets, eine Verbindung zu einem Domänencontroller in derjenigen Site aufzubauen, in der sich der Rechner des Benutzers befindet. Wenn die Organisation auch über Sites in Standorten verfügt, die über WAN-Verbindungen angeschlossen sind, sollte man es vermeiden, an einem einzelnen Standort mehrere Sites einzurichten. Ist nämlich in der Site einer Workstation gerade kein Domänencontroller verfügbar, wird eine Verbindung *zu einem beliebigen anderen Domänencontroller* aufgebaut. Dieser muß sich nicht notwendigerweise am gleichen Standort befinden, so daß hier die große Gefahr besteht, daß Wahlverbindungen aufgebaut oder Standleitungen unnötigerweise mit Anmeldeverkehr belastet werden. Ist dagegen der komplette Standort als eine Site definiert, wird ein anderer Domänencontroller am gleichen Standort angesprochen.

Wie bereits weiter oben in diesem Kapitel erwähnt, wird ein Auszug aus dem Active Directory angelegt, der als *Global Catalog* bezeichnet wird. Er enthält sämtliche Objekte aller im Active Directory enthaltenen Domänen, jedoch nur ausgewählte Eigenschaften dieser Objekte. In Abschnitt 2.3.1.3 „Gruppen" wurde darauf hingewiesen, daß von Global und Domain Local Groups nur der Gruppenname, nicht aber die Mitgliederliste in den Global Catalog aufgenommen wird, während bei Universal Groups außer dem Gruppennamen auch die Mitglieder aufgeführt sind. Der Global Catalog wird von speziellen Servern verwaltet, den *Global Catalog Servern*. Standardmäßig ist nur der erste Domänencontroller in einer Domäne als Global Catalog Server konfiguriert. Besteht das Active Directory aus mehreren Domänen, sollte in jeder Site mindestens ein Domänencontroller als Global Catalog Server konfiguriert sein, damit das Durchsuchen aller Domänen reibungslos funktioniert (siehe Abbildung 2.25).

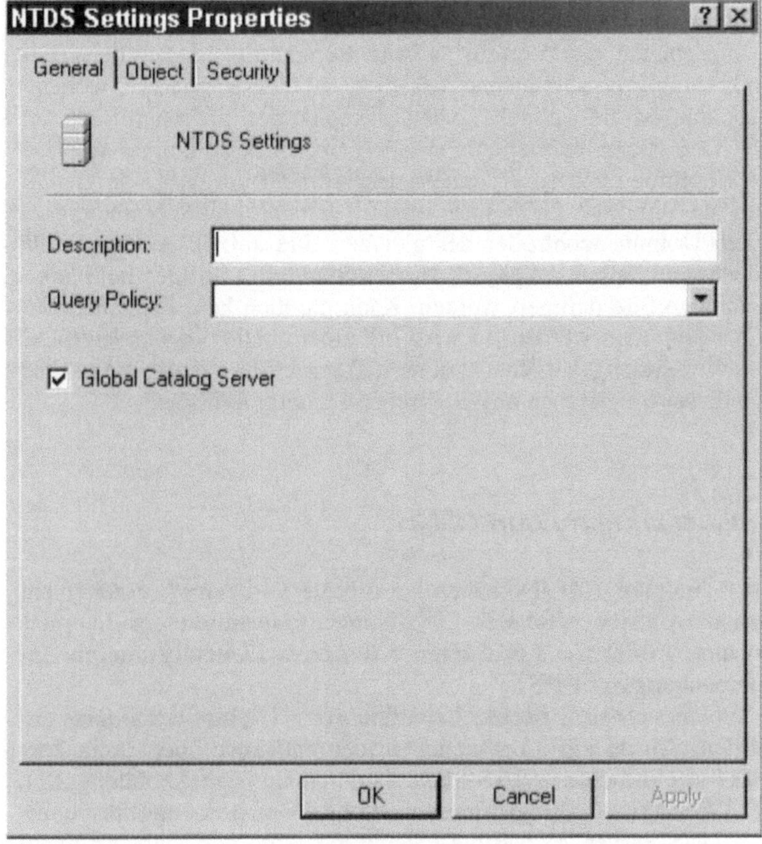

Die Einrichtung von Sites hat eine Reihe von Vorteilen:

Vorteile von
Sites

- Es kann festgelegt werden, wann und wie oft die Replikation erfolgen soll.

- Die Replikation zwischen Sites ist gegenüber der Replikation innerhalb einer Site um 10 – 12% komprimiert.

- Die Anmeldevorgänge der Benutzer laufen schneller ab.

Die richtige Planung und Konfiguration der Replikation ist in Organisationen, die sich über mehrere physikalische Standorte erstrekken, unerläßlich für eine reibungslose Funktion des Active Directory. Als Faustregel sollte gelten, daß pro Standort mindestens ein Domänencontroller erstellt werden sollte, der gleichzeitig als Global Catalog Server konfiguriert wird. Wenn ein Standort jedoch nur über wenige Workstations verfügt, muß sorgfältig abgewogen werden, ob in diesem Fall wirklich ein eigener Domänencontroller erforderlich ist oder ob statt dessen die wenigen Benutzeranmeldungen nicht über Wahlleitungen erfolgen können.

Sites bieten den Vorteil, daß die Replikation hinsichtlich Zeitpunkt und Frequenz genau gesteuert werden kann. Ein weiterer Pluspunkt ist die Tatsache, daß die Replikation zwischen Sites um 10 – 12% gegenüber derjenigen innerhalb von Sites komprimiert ist. Sites optimieren darüber hinaus den Anmeldevorgang von Benutzern, da Windows 2000 automatisch versucht, eine Verbindung zu einem Domänencontroller der gleichen Site aufzubauen. Es sollte jedoch innerhalb eines physikalischen Standortes im Idealfall nur eine einzige Site definiert werden. Kann nämlich kein Domänencontroller gefunden werden, so wird mit einem beliebigen anderen DC eine Verbindung aufgebaut, ohne daß garantiert werden kann, daß sich dieser im gleichen physikalischen Standort befindet.

2.3.1.6
Active Directory und DNS

Die Windows 2000-Domänen im Active Directory werden nicht umsonst entsprechend der DNS-Namenskonvention des Internets benannt. In der Tat funktioniert das Active Directory nur im Zusammenhang mit DNS.

Wollte sich ein Benutzer bei Windows NT 4 an der Domäne anmelden, wurde ein Domänencontroller entweder über Broadcasts oder mit Hilfe eines WINS-Servers gefunden (siehe Abbildung 2.1). Bei Windows 2000 registrieren sich alle Domänencontroller bei einem DNS-Server, so daß die Clients mit Hilfe von DNS-Anfragen die Adressen der Domänencontroller erhalten und sich anschließend per LDAP-Protokoll am Active Directory anmelden können (siehe Abbildung 2.26). LDAP („Lightweight Directory Access Protocol") ist ein auf dem X.500-Standard basierendes Protokoll zur Anmeldung bei Verzeichnisdiensten. Hierzu wurde der in Windows 2000 enthaltene Microsoft DNS-Server um einige Funktionen erweitert. Im Gegensatz zum herkömmlichen DNS-Server unterstützt er beispielsweise dynamische Registrierungen und Einträge des Typs SRV (Server), unter dem sich die Windows 2000-Domänen-con-troller registrieren. Im Abschnitt 2.3.2 „Dynamisches DNS" werden die neuen Eigenschaften ausführlich besprochen.

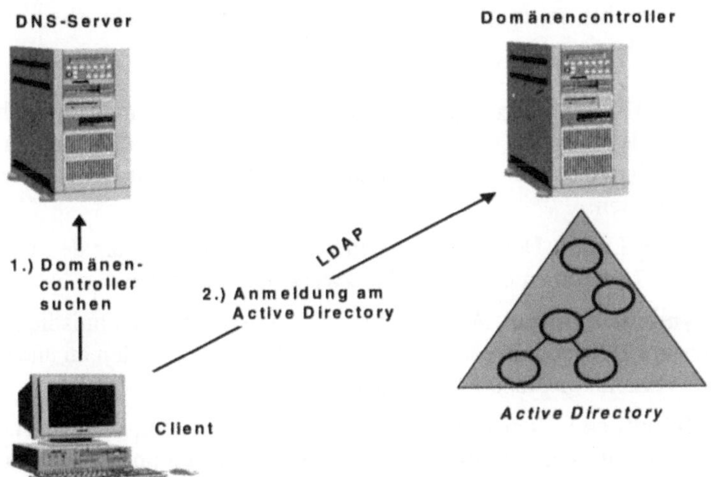

Die Anmeldung am Active Directory funktioniert nur, wenn sich die Domänencontroller bei einem DNS-Server registrieren konnten. Bei der Installation des Active Directory mit dem Programm DCPROMO wird daher zunächst nach einem DNS-Server gesucht. Ist keiner vorhanden, wird zur Installation aufgefordert. Dabei besteht die Möglichkeit, entweder einen Standard-DNS-Server zu erstellen, der über Textdateien konfiguriert wird, oder einen in das Active Directory integrierten DNS-Server zu installieren. Der im Active Directory integrierte DNS-Server wird als Container im Active Directory angelegt. Dies hat den Vorteil, daß die DNS-Einträge zusammen mit den übrigen Objekten auf alle Domänencontroller repliziert werden. Detaillierte Informationen hierzu finden Sie im Abschnitt 2.3.2 „Dynamisches DNS".

2.3.1.7
Interoperabilität mit anderen Verzeichnisdiensten

In diesem Abschnitt wird die Integration des Active Directory mit den Verzeichnisdiensten von Windows NT 4 und Novell NetWare betrachtet. Zusammen deckten diese beiden Betriebssysteme 1997 annähernd 2/3 des Marktes für Server-Betriebssysteme ab (Quelle: IDC-Studie von 1998). Andere Betriebssysteme mit Verzeichnisdiensten wie beispielsweise OS/2 und Banyan Vines spielten nur eine sehr untergeordnete Rolle. Microsoft hat daher bei Windows 2000 – neben der Integration des Vorgängers Windows NT 4 – das Hauptaugenmerk auf die Anbindung von Novell NetWare gerichtet.

Interoperabilität zwischen Verzeichnisdiensten besteht aus folgenden Teilaufgaben:

- **Zugriffsberechtigungen auf Ressourcen**: Es muß möglich sein, den Benutzer- und Gruppenkonten des jeweils anderen Verzeichnisdienstes Berechtigungen auf die eigenen Ressourcen zu erteilen.

- **Single Login**: Der Benutzer soll sich nur einmal anmelden und dann Ressourcen überall im Netzwerk nutzen können.

- **Synchronisation**: Änderungen in einem Verzeichnisdienst (zum Beispiel ein geändertes Benutzerkennwort) sollen an andere Verzeichnisdienste weitergegeben werden.

- **Einheitliche Verwaltung**: Es sollte möglich sein, einheitliche Tools zur Verwaltung aller beteiligten Verzeichnisdienste zu verwenden.

Die Integration von Windows NT 4-Domänen ist denkbar einfach. Zwischen der Windows NT 4- und einer Windows 2000-Domäne wird eine zweiseitige Vertrauensbeziehung eingerichtet. Danach können in der Windows 2000-Domäne Zugriffsberechtigungen für die Windows NT 4-Benutzerkonten erteilt werden und umgekehrt. Für die Benutzer ändert sich nichts, denn sie melden sich wie gewohnt an ihrer eigenen Domäne an. Eine Synchronisation der Verzeichnisdienste ist nicht erforderlich.

Eine einheitliche Verwaltung ist nicht gegeben. Mit dem Programm „Benutzermanager für Domänen" von Windows NT 4 kann man zwar die Gruppenkonten innerhalb der Windows 2000-Domäne verwalten, nicht aber die Benutzerkonten. Voraussetzung ist natürlich, daß der entsprechende Benutzer von NT 4 Mitglied der Gruppe „Administratoren" der Windows 2000-Domäne ist. Mit den Tools von Windows 2000 können die Benutzerkonten der Windows NT 4-Domäne nicht verwaltet werden. Hierzu kann aber der Benutzermanager für Domänen auf einem Windows 2000-Rechner installiert werden.

Zweiseitige Vertrauensbeziehungen sind zwar für Windows 2000-Domänen transitiv, jedoch nicht für Windows NT 4-Domänen. Dies hat Konsequenzen, wenn eine NT 4-Domäne in einen Windows 2000-Domänenbaum integriert werden soll. Die zweiseitige Vertrauensbeziehung mit der Root Domain wirkt sich nicht auf die

Child Domains aus, obwohl diese wiederum über transitive Trustbeziehungen mit ihrer Root Domain verfügen (siehe Abbildung 2.27). Es müssen vielmehr im Bedarfsfall mit jeder einzelnen Child Domain Vertrauensbeziehungen eingerichtet werden.

Wenn eine Root Domain über eine Vertrauensbeziehung mit einer NT 4-Domäne verfügte, war es unter der Windows 2000-Version Beta 2 übrigens nicht möglich, eine Child Domain hinzuzufügen. Die Vertrauensbeziehung mit der NT 4-Domäne mußte beendet und nach der Installation der Child Domain wieder neu etabliert werden.

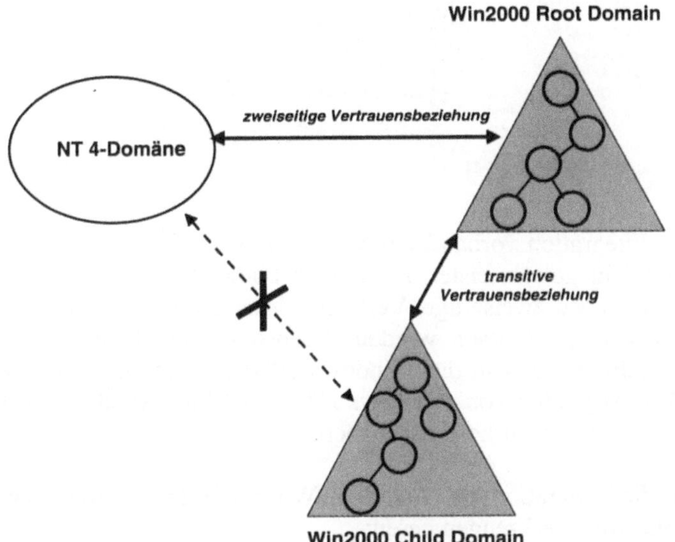

Abbildung 2.27: Eine Windows NT 4-Domäne unterstützt keine transitiven Vertrauensbeziehungen. Es müssen daher gegebenenfalls zu jeder einzelnen Win2000-Domäne innerhalb eines Domänenbaumes explizite Vertrauensbeziehungen eingerichtet werden.

Windows NT 4-Clients – Windows 95, Windows 98 oder Windows NT 4 Workstation – können direkt ins Active Directory integriert werden, weil Windows 2000-Server auch die NT-LanManager-Authentisierung unterstützen (eine Gegenüberstellung der NT-LM- und der Kerberos-Authentisierung finden Sie in Abschnitt 2.4.1 „Kerberos-Authentisierung"). Ist eine große Anzahl von NT 4-Clients zu migrieren, kann dies in kleineren Teilschritten erfolgen, indem die vorhandenen Clients zunächst an das Active Directory angebunden und dann nach und nach migriert werden. Wenn alle Clients innerhalb der gesamten Organisation umgestellt sind, sollte bei den Windows 2000-Servern die NT-LM-Authentisierung aus Sicherheitsgründen ausgeschaltet werden, indem per Group Policies der Dienst „Net Logon" auf allen Domänencontrollern deaktiviert wird (siehe Abbildung 2.28).

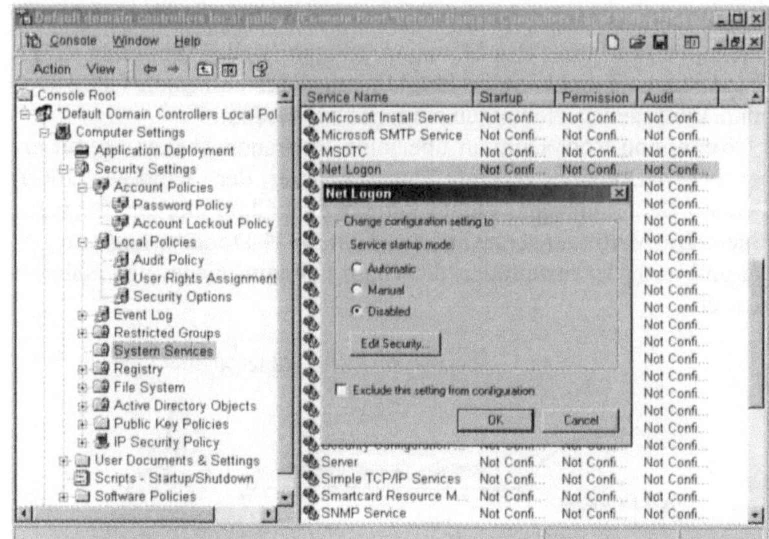

Fazit

Die Integration vorhandener Windows NT 4-Domänen ist in jeder Hinsicht gewährleistet. Es können komplette Windows NT 4-Domänen über zweiseitige Vertrauensbeziehungen an das Active Directory angeschlossen werden. Ebenso können Clientcomputer von Windows NT 4 in die Windows 2000-Domäne integriert werden. Die Migration von Windows NT 4 zu Windows 2000 wird in Abschnitt 2.6 ausführlich besprochen.

Novell NetWare-Integration

Für die Integration mit Novell NetWare stellt Microsoft eine ganze Reihe von Werkzeugen bereit:

- **Client Service for NetWare (CSNW)**: Ein Dienst für Windows 2000 Professional-Rechner, mit dessen Hilfe die Anmeldung bei den NDS (Netware Directory Services) und der Zugriff auf Datei- und Druckdienste erfolgen kann. Der Dienst erfordert jedoch – genau wie sein Vorgänger bei Windows NT 4 – die Installation des IPX/SPX-Protokolls. Ferner gibt es keine automatische Synchronisation zwischen Windows 2000- und NDS-Kennwort.

- **Gateway Service for NetWare (GSNW)**: Ein Dienst für die Windows 2000-Servervarianten, mit dessen Hilfe ein Gateway zu einem NetWare-Server eingerichtet werden kann (siehe Abbildung 2.29). Die Clients greifen über den Windows 2000-Server auf die NetWare-Ressourcen zu. Diese Ressourcen liegen für die Clients scheinbar auf dem Windows 2000-Server, während dieser in Wirklichkeit alle Anfragen an den NetWare-

Server weiterleitet. Auch dieser Dienst erfordert das IPX/SPX-Protokoll.

- **File and Print Services for NetWare (FPNW):** Der FPNW-Dienst ist ein separates Produkt, mit dessen Hilfe sich ein Windows 2000-Server im Netz wie ein NetWare-Server bekanntgibt. Die NetWare-Clients können sich dort genauso wie bei einem Novell-Server anmelden.

- **Directory Service Migration Tool:** Dieses Programm ist Bestandteil von Windows 2000 und dafür vorgesehen, die Struktur und Objekte eines NDS-Verzeichnisbaumes in das Active Directory zu integrieren.

- **Active Directory Connector for NDS:** Microsoft hat dieses Zusatzprogramm angekündigt, welches die Synchronisation zwischen NDS und Active Directory bewerkstelligen soll. Dabei werden Änderungen vom Active Directory in die NDS übertragen. Der umgekehrte Weg ist nicht möglich.

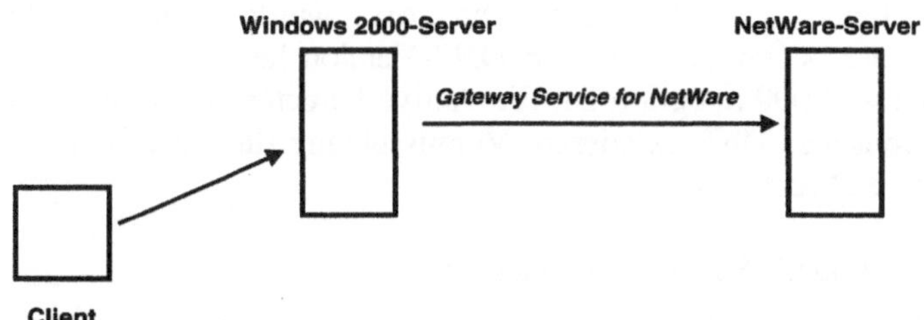

Abbildung 2.29: Mit Hilfe des Gateway Service for NetWare können Windows-Clients über einen Windows 2000-Server auf die Ressourcen eines NetWare-Servers zugreifen.

Die bereitgestellten Tools erlauben eine Integration der Novell NDS mit dem Active Directory. Es wäre jedoch wünschenswert, über einen vernünftig funktionierenden Synchronisationsagenten zu verfügen, um ein vielleicht schon länger bestehendes und inzwischen ausgereiftes Novell-Netzwerk parallel zum Active Directory weiterzuführen. Bereits für Windows NT 4 hat auch Novell eine eigene Reihe von Zusatzprogrammen entwickelt, beispielsweise den „Novell Workstation Manager" oder „NDS for NT". Wer vor der Aufgabe steht, ein Novell NDS-Netz und ein Microsoft Active Directory zu integrieren, sollte die Entwicklungen bis zur endgültigen Markteinführung von Windows 2000 genau beobachten und für das eigene Netzwerk eine sorgfältige Entscheidung treffen.

Fazit

Neben den Netzwerk-Betriebssystemen verfügen Anwendungen wie Microsoft Exchange oder Lotus Notes über Verzeichnisdienste. Während Microsoft für das eigene Produkt Exchange eine nahtlose Integration in das Active Directory angekündigt hat, ist dies für die

Verzeichnisdienste anderer Hersteller noch eine vollkommen offene Frage.

Windows 2000 stellt eine neue Schnittstelle namens „ADSI (Active Directory Service Interface)" zur Verfügung. Mit Hilfe dieser Schnittstelle sollen Anwendungen geschrieben werden, die alle in einem Netzwerk befindlichen Verzeichnisdienste – Novell NDS, Microsoft Exchange, Lotus Notes, Active Directory – nutzen können. Derzeit sind aber weder die Technologie der Verzeichnisdienste noch die Replikationsstandards so weit entwickelt, daß eine Integration verschiedener Hersteller ohne weiteres möglich wäre. Eine Arbeitsgruppe der IETF (Internet Engineering Task Force) arbeitet jedoch an einem LDAP-basierenden Replikationsstandard für Verzeichnisdienste.

2.3.2
Dynamisches DNS

Im Abschnitt 2.3.1 „Das Active Directory" wurde bereits die Bedeutung der neuen dynamischen DNS-Version hervorgehoben, die in Windows 2000 integriert ist. Ein Active Directory kann nicht ohne dynamisches DNS existieren. Voraussetzung für die Installation des Active Directory ist:

- daß ein DNS-Server vorhanden ist,

- daß er dynamische Updates unterstützt und

- daß er mit einer Zone konfiguriert ist, die den gleichen Namen wie die zu installierende Domäne im Active Directory trägt.

Die Funktionalität von DNS kann in diesem Buch nicht komplett besprochen werden. Hierzu sei auf entsprechende Lehrbücher oder die RFCs („Request for Comment") verwiesen, die im Internet beispielsweise unter http://www.faqs.org/rfcs abgerufen werden können.

In den folgenden Abschnitten werden zunächst die Eigenschaften der dynamischen DNS-Version vorgestellt, anschließend wird die Replikation der DNS-Datenbank sowie die Integration von DNS in das Active Directory besprochen und zuletzt die Zusammenhänge zwischen DNS und der ebenfalls neuen DHCP-Version von Windows 2000 erläutert.

Die klassischen DNS-Server, die zu vielen Tausenden die Funktion des Internets sicherstellen, wurden für die Zusammenarbeit mit dem Active Directory um eine Reihe von Eigenschaften erweitert:

- **Dynamische Updates (RFC 2136)**: Während bei klassischen DNS-Servern die Einträge manuell erstellt und gepflegt werden müssen, geben sich die Clients bei Windows 2000 dem DNS-Server selbst bekannt. Voraussetzung hierfür ist ein entsprechender DNS-Resolver.

- **Secure Dynamic Updates (RFC 2137)**: Client-Anmeldungen können über das „Secure DNS-Protocol" erfolgen. Die DNS-Server können so konfiguriert werden, daß sie nur noch Meldungen akzeptieren, die Secure DNS Update Protocol verwenden (Secure Dynamic Updates waren jedoch in Windows 2000 Beta 2 noch nicht implementiert).

- **Neue Einträge**: *SRV (Service)* steht für die Kerberos- und LDAP-Server, die die Anmeldung am Active Directory entgegennehmen. *HINFO (Host Information)* enthält den CPU-Typ und die Betriebssystemversion des Rechners und dient einer rudimentären Archivierung.

- **Incremental Zone Transfer**: Es werden zu den sekundären DNS-Servern nur die geänderten Einträge transferiert und nicht mehr komplette Zonendateien wie beim klassischen DNS. Dadurch wird die Replikation optimiert.

- **Unicode-Unterstützung**: In Domänennamen können auch Unicode-Zeichen verwendet werden. Dies ist nicht zu empfehlen, wenn eine Interaktion mit klassischen DNS-Servern erfolgen muß, beispielsweise beim Anschluß an das Internet.

- **Integration von WINS und DHCP**: Schon der bei Windows NT 4 mitgelieferte DNS-Server konnte eine Anfrage an einen WINS-Server weiterleiten, um die Namensauflösung von Clients zu bewerkstelligen, die sich beim WINS-Server registrieren. Der neue Windows 2000-DNS-Server arbeitet darüber hinaus mit dem DHCP-Server zusammen. Der DHCP-Server kann nämlich den DNS-Namen von DHCP-Clients, deren DNS-Resolver keine dynamischen Updates unterstützt, an deren Stelle beim DNS-Server registrieren.

- **Integration mit dem Active Directory**: DNS kann in das Active Directory integriert werden. Dies hat den Vorteil, daß danach jeder Domänencontroller dynamische Updates entgegennehmen kann und die DNS-Datenbank zusammen mit dem Active Directory repliziert wird.

Trotz der Erweiterungen sind Windows 2000-DNS-Server vollständig kompatibel zu klassischen DNS und können daher mit anderen DNS-Servern kommunizieren, beispielsweise für iterative DNS-Abfragen.

2.3.2.2
DNS-Replikation

Die DNS-Datenbank sollte aus Sicherheitsgründen auf mehrere DNS-Server repliziert werden. Der erste DNS-Server ist der sogenannte primäre DNS-Server. Er nimmt alle dynamischen Updates entgegen und gibt diese weiter an die sekundären DNS-Server. Im Gegensatz zum klassischen DNS werden jeweils nur die geänderten Datensätze übertragen und nicht jedesmal die gesamte Zonendatei.

Standard-DNS-Server haben den ganz entscheidenden Nachteil, daß die Replikation eine Single-Master-Replikation ist. Fällt der primäre DNS-Server aus, kann sich kein Client mehr dynamisch registrieren, da hierfür nur der primäre Server zuständig ist.

Active Directory-integriertes DNS

Dieses Problem besteht nicht, wenn der DNS-Server in das Active Directory integriert ist. Die gesamte DNS-Zonendatei wird dabei in die Active-Directory-Datenbank übernommen. Dabei muß jedoch abgeschätzt werden, wie groß das zusätzliche Replikationsaufkommen ist, wobei Microsoft die Aussage getroffen hat, daß die DNS-Replikation im Active Directory schneller und zuverlässiger als die klassische Replikation abläuft. Ein weiterer Vorteil der Integration besteht darin, daß jeder Domänencontroller als primärer DNS-Server agiert und dynamische Updates entgegennehmen kann. DNS profitiert dabei von der Multi-Master-Replikation des Active Directory.

Wenn eine Organisation Sites definiert hat, ist es wegen der engen Integration von Active Directory und DNS äußerst ratsam, an jeder Site neben einem Domänencontroller und einem Global Catalog Server auch mindestens einen DNS-Server zu installieren.

Dynamisches DNS und WINS

Besteht ein Netzwerk nur noch aus Rechnern, die dynamische Updates unterstützen, wird außer DNS kein anderer Namensdienst mehr benötigt. WINS-Server müssen im Windows 2000-Netz nur so lange bereitgestellt werden, bis alle älteren Clients abgelöst sind. Sobald dies der Fall ist, können die WINS-Server entfernt werden.

2.3.2.3
Integration DNS und DHCP

Das Dynamic Host Configuration Protocol (DHCP) dient zur automatischen Zuweisung von IP-Adressen. Ein Windows 2000-Server, auf welchem der DHCP-Serverdienst installiert wurde, verwaltet einen oder mehrere IP-Adressbereiche. Rechner, die als DHCP-Clients konfiguriert sind, suchen per Broadcast einen DHCP-Server und erhalten von diesem die komplette TCP/IP-Konfiguration (siehe Abbildung 2.30).

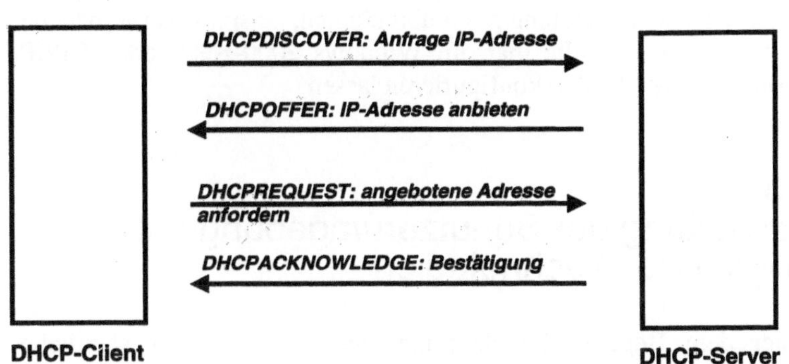

Abbildung 2.30: Der DHCP-Prozeß.

DHCP wurde bei Windows 2000 um einige Funktionen erweitert. Mit dem dritten Datenpaket, dem DHCPREQUEST, teilt der Client seinen Namen mit. Ältere DHCP-Clients wie beispielsweise Windows NT 4 oder Windows 95 liefern ihren NetBIOS-Namen. Daran erkennt der DHCP-Server, daß der Client nicht in der Lage ist, sich selbst beim DNS-Server eintragen zu lassen. Der DHCP-Server übernimmt diese Aufgabe für den Client (wenn er entsprechend konfiguriert wurde), indem er dem NetBIOS-Namen den Domänennamen hinzufügt, um so einen vollständigen Domänennamen („Fully Qualified Domain Name", FQDN) zu erzeugen, und diesen für den Client beim DNS-Server registrieren läßt. Es wird nicht nur der HOST-Eintrag (Typ „A"), sondern auch der korrespondierende Pointer („PTR")-Eintrag in der Reverse Lookup Zone des DNS-Servers registriert.

Windows 2000 Professional-Workstations dagegen teilen ihren vollständigen Domänennamen mit, also beispielsweise STATION1.MICROSOFT.COM. Daran erkennt der DHCP-Server, daß dieser Client seinen Namen selbst beim DNS-Server registrieren lassen kann. Der DHCP-Server veranlaßt jedoch weiterhin die Eintra-

Neue Funktionen von DHCP

gung des Pointers. Ferner kann der DHCP-Server den DNS-Server veranlassen, die Pointer-Einträge für abgelaufene Leases zu löschen.

Fazit   Die Integration von DNS und DHCP wird die Verwaltung der TCP/IP-Einstellungen im Netzwerk wesentlich vereinfachen. Ältere Clients, die ihren Namen noch nicht bei DNS registrieren lassen, können so ebenfalls von den Vorteilen des dynamischen DNS profitieren. Es ist an dieser Stelle wichtig zu erwähnen, daß bei der Installation von Windows 2000 TCP/IP standardmäßig mit automatischer Konfiguration per DHCP installiert wird. Wenn nicht gravierender Gründe dagegen sprechen (Anwendungen, bei denen die IP-Adresse von Clientrechnern eingetragen werden muß, damit die Benutzer auf die Anwendung zugreifen können, beispielsweise manche SNA-Gateways), sollte man im Windows 2000-Netzwerk TCP/IP automatisch per DHCP konfigurieren lassen.

2.3.3
Verwaltung der Benutzerumgebung mit IntelliMirror-Technologien

Unter dem Begriff „Benutzerumgebung" werden hier sämtliche Elemente verstanden, die die Arbeitsumgebung der Benutzer definieren. Im einzelnen handelt es sich um die folgenden Teilbereiche:

- **Desktop**: Der Benutzer soll sich an jedem Rechner innerhalb der Organisation anmelden können und überall seine gewohnte Arbeitsoberfläche mit seinen persönlichen Einstellungen vorfinden.

- **Dokumente**: Die vom Benutzer benötigten Dateien sollen ihm folgen, d.h., sie sollen an jedem Rechner zur Verfügung stehen, an dem er gerade arbeitet. Dies soll so effizient wie möglich ablaufen. Für den Fall, daß ein Datenserver ausfällt, soll mit Offline-Kopien der Dateien gearbeitet werden, die später mit dem Original synchronisiert werden.

- **Applikationen**: Alle erforderlichen Applikationen sollten jederzeit zur Verfügung stehen. Es soll Mechanismen geben, um neue Anwendungen oder Updates problemlos verfügbar zu machen.

- **Sicherheit und hohe Verfügbarkeit**: Die Arbeitsumgebung soll sicher, robust und ständig verfügbar sein. Hierzu sollen Betriebssystemfunktionen, die bei Fehlbedienung zu Supporteinsätzen führen können, deaktivierbar sein (Beispiel: Netzlaufwerke verbinden und trennen).

Unter Windows NT 4 ist die Konfiguration der Benutzerumgebung eine der größten Herausforderungen für die Administratoren. Es gibt zwar die Möglichkeit, die Funktionalität des Betriebssystems mit den sogenannten „Systemrichtlinien" einzuschränken, jedoch war die Konfiguration umständlich und fehlerbehaftet. Mit jedem neuen Service Pack wurden die Systemrichtlinien zwar um einige Features erweitert, das Hauptproblem blieb jedoch ungelöst. Die Systemrichtlinien veränderten nämlich dauerhaft Einträge in der Registrierung. Es genügte also vollkommen, eine Systemrichtlinie nur ein einziges Mal anzuwenden. Auch wenn man sie danach wieder löschte, blieben die Änderungen am Benutzerprofil dennoch bestehen.

Viele der Probleme mit den Windows NT 4-Systemrichtlinien scheinen bei Windows 2000 gelöst worden zu sein. Microsoft hat hierzu ein Toolset namens *„IntelliMirror"* entwickelt, welches die Administrationsbereiche Desktop-, Dokumenten- und Softwaremanagement abdeckt. *IntelliMirror* ist eine Kombination aus

- serverbasierten Benutzerprofilen,
- Group Policies,
- Offline-Verzeichnissen und
- Disk Quotas.

Ursprünglich war als Bestandteil von IntelliMirror auch die komplette Spiegelung von Clientrechnern vorgesehen, um bei Massen-Rollouts oder im Falle von Problemen das komplette Betriebssystem schnell neu installieren zu können. Dieses Vorhaben wurde zunächst nicht realisiert, da es zu großen Perfomanceproblemen im Netzwerk geführt hätte. Die IntelliMirror-Technologie ist aber auch ohne Client-Spiegelung eine sehr beeindruckende Sammlung von Werkzeugen, mit denen viele Probleme von Windows NT 4 aus der Welt geschafft werden.

2.3.3.1
Serverbasierte Benutzerprofile

Wie beim Vorgänger Windows NT 4 erhält jeder Benutzer auch bei Windows 2000 ein sogenanntes Benutzerprofil, welches seine komplette Arbeitsumgebung definiert. Das Benutzerprofil besteht aus einer Ordnerstruktur und einer Datei namens NTUSER.DAT, die den benutzerspezifischen Teil der Registrierung – die Struktur HKey_Current_User – repräsentiert (Abbildung 2.31). Es wird im Ordner Profiles unterhalb des Verzeichnisses mit den Systemdateien gespeichert.

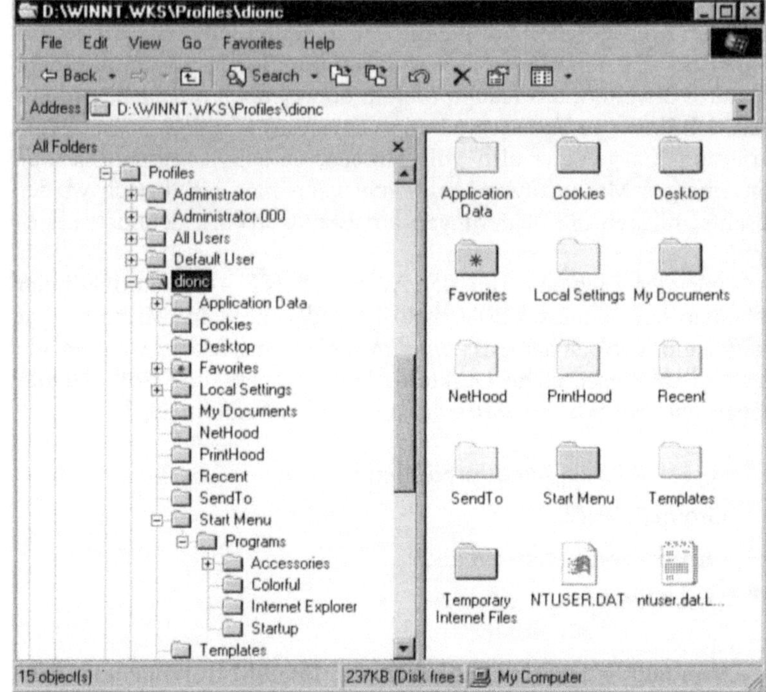

Abbildung 2.31:
Ein Benutzerprofil besteht aus einer Ordnerstruktur und einer Registrierungsdatei namens NTUSER.DAT.

In der Datei NTUSER.DAT sind alle benutzerspezifischen Registrierungseinstellungen hinterlegt, beispielsweise Farbschema, Hintergrundbild, Geschwindigkeit des Mauszeiger usw. Hier werden auch die mit Group Policies definierbaren Beschränkungen (zum Beispiel die Option „Deaktivieren der Programme zum Bearbeiten der Registrierung") eingetragen.

Die Ordnerstruktur des Benutzerprofils definiert den Aufbau und die Inhalte bestimmter Systemordner. Gegenüber Windows NT 4 sind einige Ordner hinzugekommen. Tabelle 2.5 erklärt die Bedeutung der einzelnen Verzeichnisse. Ordner, die gegenüber Windows NT 4 hinzukamen, sind mit einem * gekennzeichnet.

All Users

Die Benutzeroberfläche wird nicht nur mit Hilfe der persönlichen Einstellungen des Benutzers aufgebaut, sondern enthält auch Elemente, die für jeden Benutzer hinzugefügt werden. Diese sind im

Profil „All Users" hinterlegt (siehe Abbildung 2.32). Im Profil „All Users" befindet sich unter anderem die Programmgruppe „Administrative Tools" mit Verwaltungsprogramme wie beispielsweise dem „Computermanagement". Da man mit diesem und anderen Verwaltungsprogrammen aus Unkenntnis sehr viel Schaden anrichten kann, bieten Group Policies unter anderem die Möglichkeit, die allgemeinen Programmgruppen zu entfernen (siehe Abschnitt 2.3.3.2 „Group Policies").

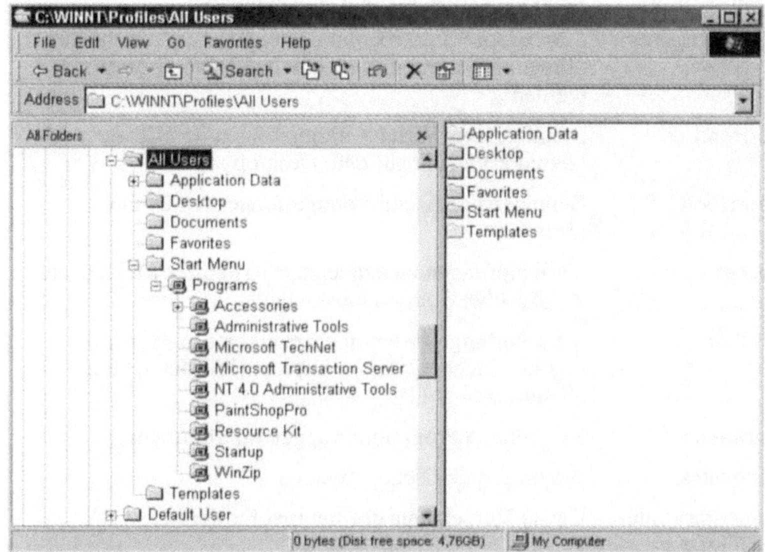

Abbildung 2.32: Das Profil „All Users".

Damit die Benutzerprofile an jedem Rechner innerhalb der Organisation zur Verfügung stehen, wird in den Benutzereigenschaften ein Pfad für das Benutzerprofil zu einem freigegebenen Ordner auf einem Netzwerkserver angegeben. Man spricht dann von „serverbasierten Benutzerprofilen" (Microsoft verwendet den Ausdruck „Roaming Profiles"). Das serverbasierte Profil wird beim ersten Anmeldevorgang des Benutzers an einem Rechner komplett heruntergeladen und lokal gespeichert. Bei der Abmeldung wird die Serverkopie aktualisiert. Bei jeder weiteren Anmeldung wird die lokal zwischengespeicherte Kopie mit der serverbasierten Version verglichen und nur die neueren Dateien heruntergeladen. Dies ist eine erhebliche Verbesserung gegenüber Windows NT 4, da hier nur die Versionen der Datei NTUSER.DAT verglichen wurde und im Bedarfsfall das Benutzerprofil immer *komplett* heruntergeladen wurde.

Serverbasierte Benutzerprofile

Ordner	Bedeutung
Application Data	Anwendungsspezifische Daten, z.B. persönliches Adreßbuch, Quick-Launch-Leiste, Benutzerzertifikate
Cookies *	Aus dem Internet oder Intranet bezogene Cookies
Desktop	Benutzerspezifische Verknüpfungen auf dem Desktop
Favorites	Alle Favoriten (Internet, Favoriten-Ordner bei Anwendungen etc.)
Local Settings *	Länderspezifische Spracheinstellungen
My Documents	Standardordner für Dokumente. Kann vom Benutzer über eine Verknüpfung auf dem Desktop geöffnet werden
NetHood	Benutzerspezifische Verknüpfungen im Ordner „My Network Places" auf dem Desktop
PrintHood	Benutzerspezifische Verknüpfungen im Ordner „Printers"
Recent	Verknüpfungen zu den letzten 10 geöffneten Dateien. Zugriff über Start – Documents
Send To	Verknüpfungen werden angezeigt im rechten Kontextmenü einer Datei im Explorer im Menüpunkt „Send To"
Startmenu	Persönliche Programmgruppen im Startmenü
Templates	Benutzerspezifische Vorlagen
Temporary Internet Files *	Cache-Verzeichnis des Internet Explorers

* gegenüber Windows NT 4 hinzugekommen

Benutzerprofile von Windows 2000 können vor allem aufgrund der Ordner „My Documents" und „Temporary Internet Files" eine beträchtliche Größe erreichen und dann beim Herunterladen einiges an Netzbelastung verursachen. Es gibt daher in den Group Policies eine Vielzahl von Möglichkeiten, um nicht nur die Größe von Benutzerprofilen zu beschränken, sondern auch den Netzverkehr zu optimieren, indem einzelne Ordner aus dem Profil umgeleitet werden. Dies empfiehlt sich ganz besonders für den Ordner „My Documents".

2.3.3.2
Group Policies

Zur Konfiguration der Benutzerumgebung wird beim Vorgänger Windows NT 4 eine sogenannte Systemrichtlinie erstellt. Die Systemrichtlinie kann für Computer, Benutzer oder Gruppen (Abbildung 2.33) konfiguriert werden. Die benutzerspezifischen Einstellungen wurden in den benutzerspezifischen Teil der Registrierung (HKey_Current_User, entspricht der Datei NTUSER.DAT im Benutzerprofil) geschrieben, computerspezifische Beschränkungen hingegen werden in den computerspezifischen Teil der Registrierung (HKey_Local_Machine) desjenigen Rechners übertragen, an dem sich der Benutzer angemeldet hat.

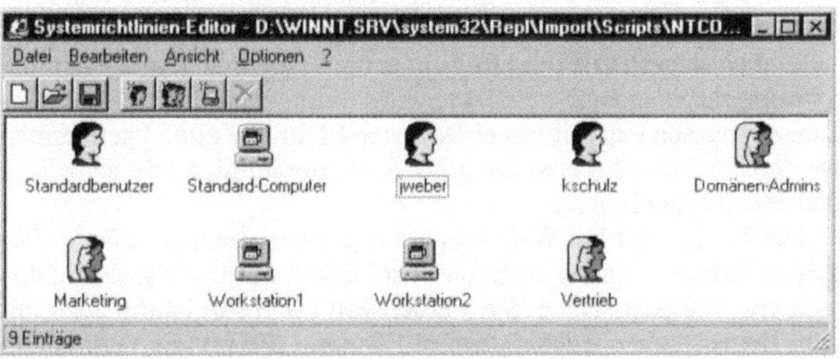

Abbildung 2.33:
Bei Windows NT 4 wird die Benutzerumgebung mit Hilfe von Systemrichtlinien konfiguriert.

Die vom Administrator vorgenommenen Einstellungen werden in einer Datei (Standardname „NTCONFIG.POL") im Verzeichnis %systemroot%\system32\Repl\Import\Scripts aller Windows NT 4-Domänencontroller gespeichert. Dieses Verzeichnis ist eines der wichtigsten Systemverzeichnisse. Dort werden Systemrichtlinien (und Anmeldeskripte) hinterlegt. Die Windows NT-Clientrechner verbinden sich nämlich während jedes Anmeldevorgangs eines Benutzers an einer Domäne dorthin und überprüfen, ob eine Systemrichtlinie vorhanden ist. Diese wird bei der Anmeldung eines Benutzers auf seinen Rechner heruntergeladen und die Einstellungen in die Registrierung übertragen (siehe Abbildung 2.34).

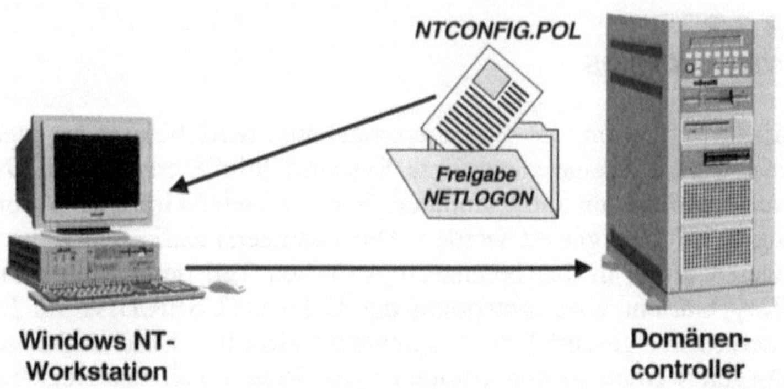

Eines der größten Probleme der Systemrichtlinien von Windows NT 4 ist die Tatsache, daß einmal übertragene Konfigurationseinstellungen dauerhaft in der Registrierung verbleiben, auch wenn die Systemrichtliniendatei gelöscht wird. Einmal definierte Beschränkungen müssen explizit mit einer neuen Richtlinie zurückgenommen werden, so daß die Verwaltung der Systemrichtlinien sehr schwierig und zeitaufwendig war.

Group Policies und Zero Administration Windows (ZAW)

Der Nachfolger bei Windows 2000, die sogenannten „*Group Policies*", haben nur noch entfernte Ähnlichkeit mit den Systemrichtlinien von Windows NT 4. Sie werden von Microsoft häufig auch mit dem Begriff „*Zero Administration Windows (ZAW)*" in Verbindung gebracht. ZAW ist eine Initiative von Microsoft zur Reduzierung der Verwaltungskosten eines Netzwerks („Total Cost of Ownership", TCO). Die Group Policies sind zwar ebenfalls ein Satz von Konfigurationseinstellungen, jedoch in der Funktionalität wesentlich umfangreicher als die Systemrichtlinien (siehe Abbildung 2.35).

Wie bei den Systemrichtlinien von Windows NT 4 gibt es computer- und benutzerspezifische Einstellungen. Diese beiden Hauptbereiche bestehen jeweils aus den folgenden Unterbereichen:

- **Application Deployment**: Zuweisung von Anwendungen, die bei der Anmeldung des Benutzers automatisch installiert werden.

- **Security Settings**: Kennworteinstellungen, Systemrechte, Einschränkung des Zugriffs auf Verzeichnisse und die Registrierung, Zertifikate und vieles andere mehr.

- **User Documents and Settings**: Umleitung von Ordnern des Benutzerprofils auf freigegebene Serververzeichnisse, Dateien zum Profil hinzufügen (zum Beispiel ein Telefonverzeichnis in den Ordner „My Documents").

- **Scripts**: An- und Abmeldeskripte

- **Software Policies**: Einschränkungen der Funktionalität des Betriebssystems. Beinhalten größtenteils die Systemrichtlinien von Windows NT 4.

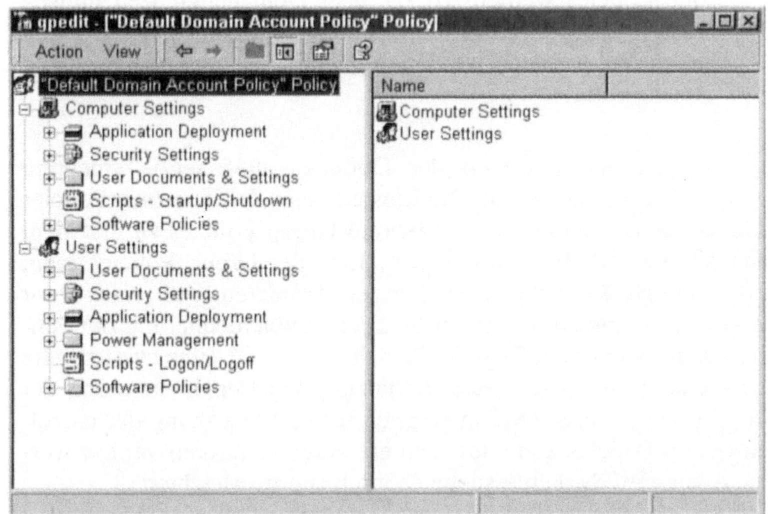

Abbildung 2.35:
Group Policies
bei Windows
2000.

Schon diese kurze Aufzählung macht deutlich, wie sehr der Funktionsumfang der Systemrichtlinien von Windows NT 4 erweitert wurde. Die Teilbereiche werden daher weiter unten in diesem Kapitel (Abschnitte 2.3.3.2.1 bis 2.3.3.2.4) näher untersucht. Zunächst jedoch wird die Frage geklärt, wie die Group Policies angewendet werden.

Group Policies beinhalten im Gegensatz zu Systemrichtlinien nur zwei Objekte: „*Computer*" und „*User*". Es können keine spezifischen Objekte für bestimmte Computer, Benutzer oder Gruppen definiert werden. Der Geltungsbereich einer Group Policy wird festgelegt, indem diese einer bestimmten Ebene im Active Directory zugewiesen wird. Group Policies können im Active Directory assoziiert werden:

Geltungsbereich
von Group
Policies

- Auf der Ebene einer *Domäne*

- Auf der Ebene einer *Organisational Unit*

- Auf der Ebene einer *Site*

Group Policies, die einer Site assoziiert werden, gelten für alle Computerkonten, die sich in dieser Site befinden, unabhängig von ihrer Domänenzugehörigkeit und für alle Benutzer, die sich innerhalb dieser Site am Active Directory anmelden.

Group Policies werden auf untergeordnete Strukturen weitervererbt und gelten für alle Benutzer, Gruppen oder Computer, die in der
Domäne oder der Organisational Unit und in den Unterstrukturen
enthalten sind. Es gibt allerdings eine Ausnahme:

- Group Policies werden *NICHT* über Domänengrenzen hinweg
  vererbt. Das bedeutet: Group Policies, die einer Root Domain
  zugewiesen werden, werden nicht auf untergeordnete Child
  Domains vererbt.

In Abbildung 2.36 sind der Domäne „ub-feller.de" mehrere
Group Policies zugewiesen. Die Einstellungen der einzelnen Policies
addieren sich in diesem Fall. Mehrere Group Policies zu erstellen,
kann die Verwaltung vereinfachen: Eine der Group Policies kann
ausschließlich Sicherheitseinstellungen definieren, eine andere nur
die An- und Abmeldeskripts usw. Diese Implementierung bezeichnet man auch mit dem Begriff „Schichtenmodell". Eine ausführliche
Besprechung der Strategien zur Planung und Implementierung der
Group Policies finden Sie in Kapitel 3. Die Verwaltung der einzelnen Group Policies kann auf mehrere Administratoren verteilt werden. Auch wird die Fehlersuche dadurch enorm erleichtert.

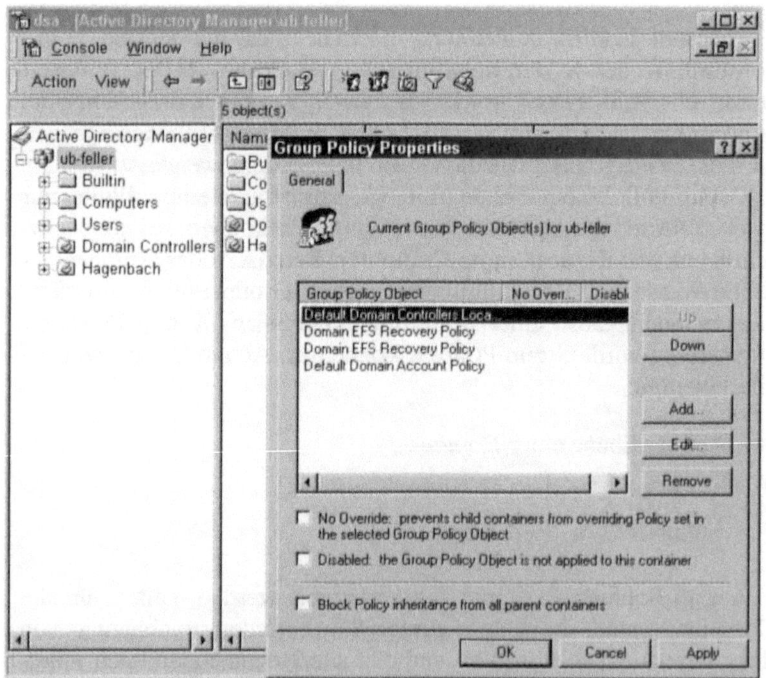

Abbildung 2.36:
Group Policies
werden im Active
Directory mit
ganzen Domä-
nen oder einzel-
nen OUs asso-
ziiert.

Group Policies werden nicht von übergeordneten Domänen auf untergeordnete vererbt. Es ist jedoch möglich, eine Group Policy *aus einer anderen Domäne* zuzuweisen, also zum Beispiel einer untergeordneten Domäne eine Group Policy aus der übergeordneten Domäne oder umgekehrt. Dieses Verfahren wird jedoch von Microsoft nicht empfohlen, weil das Laden der Group Policy dann viel langsamer abläuft.

In der Standardeinstellung werden die Group Policies der oberen Hierarchieebenen auf alle untergeordneten Strukturen vererbt. Sind für untergeordnete Container ebenfalls Policies definiert, dann addieren sich deren Einstellungen zu denjenigen der übergeordneten Policies. Fall sie sich allerdings widersprechen, gelten für den Benutzer immer die Einstellungen derjenigen Group Policy, die ihm in der Hierarchie am nächsten ist.

Die Vererbung von Group Policies kann auf vielfältige Weise beeinflußt werden:

- **„Block policy inheritance from all parent containers"** verhindert, daß die Group Policies von übergeordneten Containern angewendet werden.

- **„No override"** wiederum forciert die Anwendung einer Policy in den untergeordneten Containern. Diese Einstellung kann nicht durch „Block policy inheritance ..." überschrieben werden.

- **„Disabled"**: Die Group Policy wird auf dieser Ebene nicht angewendet, bleibt jedoch in der Liste bestehen.

Die Vererbung sollte jedoch nur in begründeten Ausnahmefällen forciert oder blockiert werden, denn in sehr umfangreichen Active Directories mit vielen Hierarchieebenen wird dadurch eine Fehlersuche zusätzlich erschwert.

Weiterhin gelten für Group Policies folgende Regeln:

- Computereinstellungen werden beim Hochfahren des Rechners angewendet.

- User-Einstellungen werden beim Anmeldevorgang des Benutzers angewendet.

- Computereinstellungen überschreiben im Konfliktfall die Benutzereinstellungen. Man sollte darauf achten, daß keine Konfliktfälle entstehen, da die Fehlersuche in diesem Falle sehr schwierig ist.

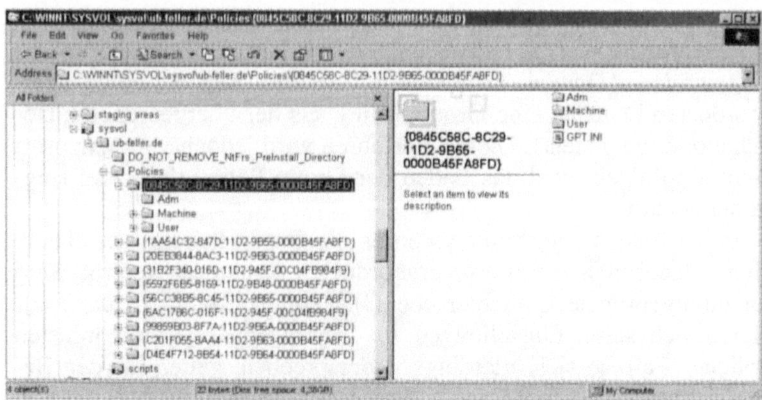

Speicherort von
Group Policies

Die Group Policies von Windows 2000 werden im Verzeichnis %systemroot%\SYSVOL\sysvol hinterlegt, welches auch unter dem Namen SYSVOL freigegeben ist (siehe Abbildung 2.37). Darin befindet sich ein Verzeichnis, welches den Namen der Domäne trägt (in Abbildung 2.37 handelt es sich um die Domäne UB-FELLER.DE). Im Unterverzeichnis Policies wiederum wird jede Group Policy als Ordnerstruktur abgelegt.

Keine Kompati-
bilität zwischen
Group Policies
und NT 4-
Systemricht-
linien

Bei der schrittweisen Migration von Windows NT 4 zu Windows 2000 wird man übergangsweise gemischte Umgebungen vorfinden. Dabei muß berücksichtigt werden, daß NT 4-Systemrichtlinien und Windows 2000-Group-Policies nicht kompatibel zueinander sind:

- Windows NT 4-Clients können sich zwar an einer Windows 2000-Domäne anmelden, laden jedoch die Group Policies nicht herunter.

- Windows 2000-Clients können sich auch an einer Windows NT 4-Domäne anmelden und laden dabei die NT 4-Systemrichtlinien herunter.

Windows NT-
Clients im Win-
dows 2000-Netz

Müssen Windows NT 4-Clients in ein Windows 2000-Netzwerk integriert werden, kann man ihnen jedoch weiterhin Systemrichtlinien zur Verfügung stellen. Windows 2000 enthält nämlich auch den NT 4-Systemrichtlinieneditor POLEDIT.EXE, um eine Systemrichtliniendatei zu erstellen oder eine vorhandene zu bearbeiten. Windows 2000-Domänencontroller besitzen ebenfalls eine Freigabe namens NETLOGON, in welcher die NT 4-Systemrichtliniendatei NTCONFIG.POL abgespeichert wird. Es handelt sich hierbei um das Verzeichnis

%systemroot%\SYSVOL\sysvol\<Domänenname>\scripts.

Bei Windows 2000-Domänencontrollern existiert dieses Verzeichnis einzig und allein aus Kompatibilitätsgründen zu älteren Clients, um diesen Systemrichtlinien und Anmeldeskripte zur Verfügung zu stellen. Windows NT 4-Clients laden dann beim Anmeldevorgang des Benutzers von einem Windows 2000-Domänencontroller die Systemrichtliniendatei herunter.

Wird bei der Migration der umgekehrte Weg beschritten, also Windows 2000-Clients in ein Windows NT 4-Netzwerk integriert, so erhalten diese die Windows NT 4-Systemrichtlinien und übertragen die Beschränkungen in die lokale Registrierung.

2.3.3.2.1 Application Deployment

Die Installation neuer beziehungsweise die Aktualisierung bestehender Anwendungen ist unter Windows NT 4 mit großem Aufwand verbunden. Häufig kann zwar ein Skript zur automatischen Installation geschrieben werden, jedoch erfordern viele Anwendungen, daß das Setup von einem Benutzer mit administrativen Rechten ausgeführt wird. Dies bedeutet also, daß sich ein Administrator an der Konsole des Clientrechners anmelden mußte, um das Installationsskript zu starten. Nur zusammen mit dem Systems Management Server (SMS) oder ähnlichen Programmen von Drittanbietern (beispielsweise NetInstall von NetSupport GmbH), bei denen die Installation als Windows NT-Dienst durchgeführt wird und damit unabhängig vom angemeldeten Benutzer ist, war die Aufgabe vernünftig zu bewältigen.

Microsoft hat in Windows 2000 einen Dienst namens „Microsoft Software Installer (MSI)" integriert, der auf SMS-Technologie basiert. Für jede zu installierende Anwendung muß ein „Package" definiert werden, welches sowohl die Setup-Instruktionen als auch die benötigten Dateien und Komponenten enthält. Anwendungen müssen allerdings extra für MSI geschrieben sein. Zusammen mit der Version Beta 2 von Windows 2000 gab es bereits zwei Tools – ebenfalls in Beta-Version – für MSI:

- Von **InstallShield** wird ein Toolset zum Schreiben MSI-kompatibler Anwendungen entwickelt.

- **Seagate Software** wird eine Version von **WinInstall** bereitstellen, die für nicht MSI-kompatible Anwendungen MSI-Packages erzeugt. Das Programm erstellt zwei Schnappschüsse des Systems, einen vor und einen nach der Installation der Software, und bildet aus der Differenz ein MSI-Package. Eine Vorversion dieses Programms war auf der Beta-2-CD-ROM von Windows 2000 zu finden.

Bei der Zuweisung von MSI-Paketen besteht die Wahl zwischen drei Möglichkeiten (siehe Abbildung 2.38):

- **Published**: Die Anwendung wird im Startmenü angezeigt, jedoch erst dann installiert, wenn sie der Benutzer zum ersten Mal aufruft.

- **Assigned**: Die Anwendung wird bei der nächsten Benutzeranmeldung automatisch installiert.

- **Disabled**: Die Anwendung kann vom Benutzer nicht installiert werden.

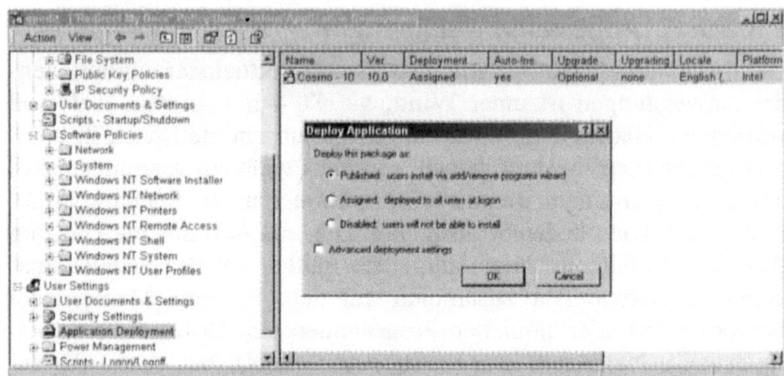

Abbildung 2.38: Zuweisung von Anwendungen mit Hilfe von Group Policies.

Soll zu einem späteren Zeitpunkt eine Anwendung aktualisiert werden, wird ein entsprechendes MSI-Package hinzugefügt. Das System erkennt automatisch, daß es sich um ein Upgrade handelt und öffnet ein entsprechendes Dialogfenster (Abbildung 2.39).

Die automatische Installation von Anwendungen bedeutet natürlich eine enorme Arbeitserleichterung für den Administrator. Da Microsoft schon frühzeitig die Schnittstellen offengelegt hat, ist zu erwarten, daß es mit der Markteinführung von Windows 2000 genügend MSI-kompatible Anwendungen geben wird. Für diejenigen Applikationen, die MSI noch nicht unterstützen, müssen jedoch funktionierende Tools wie WinInstall von Seagate Software bereitgestellt werden, die eine Anpassung ermöglichen.

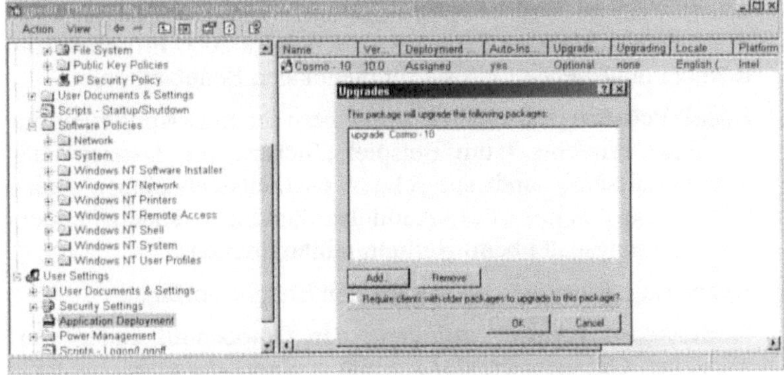

Abbildung 2.39: Auch die Aktualisierung von Anwendungen soll durch Group Policies problemlos ablaufen

2.3.3.2.2 Security Settings

Die Sicherheitseinstellungen, die mit Group Policies definiert werden können, sind außerordentlich umfangreich und vielfältig (siehe Abbildung 2.40).

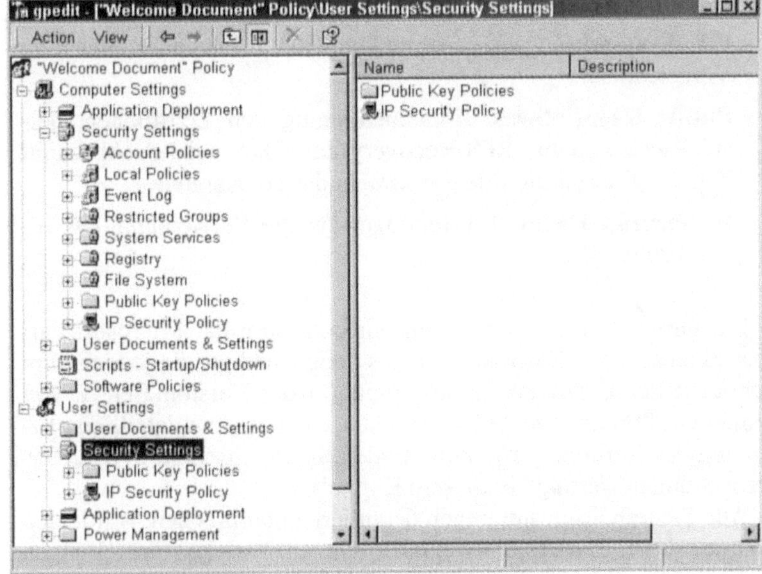

Abbildung 2.40: Group Policies bieten sehr umfangreiche Einstellungsmöglichkeiten zum Themenbereich „Sicherheit".

Es gibt Einstellungen für die folgenden Bereiche:

- **Account Policies**: Einstellungen bezüglich der Benutzerkennwörter und Festlegungen, wann ein Benutzerkonto gesperrt werden soll. Wird die Policy auf Domänencontroller angewen-

det, wirkt sie sich für alle Anmeldungen an dieser Domäne aus.
Wird sie auf Member Server oder Windows 2000 Professional-
Rechner angewendet, gilt sie für die lokalen Benutzerkonten.

- **Local Policies**: Einschalten der Überwachung, Konfiguration
  der Benutzerrechte (zum Beispiel „Sichern von Dateien und
  Verzeichnissen") und spezielle Sicherheitsmaßnahmen (beispielsweise „Name des Administratorkontos ändern" oder
  „Auslagerungsdatei beim Herunterfahren löschen").

- **Event Log**: Einstellungen der lokalen Ereignisanzeige.

- **Restricted Groups**: Festlegung der Gruppenmitglieder von
  speziellen Gruppen wie der Administratoren, die über vorgegebene Systemrechte verfügen.

- **System Services**: Konfiguration der Systemdienste (Startver-
  halten, Zugriffskontrolle, Überwachung). Es ist beispielsweise
  sinnvoll, den Dienst „Routing and Remote Access" auf allen
  Rechnern außer den dafür vorgesehenen RAS-Servern zu sperren, damit auf Clientrechnern kein DFÜ-Netzwerk installiert
  werden kann.

- **Registry**: Zugriffsbeschränkungen für die lokale Registrierung.

- **File System**: Zugriffsbeschränkungen für lokale Dateien und
  Verzeichnisse.

- **Public Key Policies**: Implementierung von Zertifikaten, beispielsweise dem EFS-Recovery-Zertifikat (siehe Abschnitt
  2.3.4.3 „Encrypting File System" in diesem Kapitel).

- **IP Security Policy**: Einstellungen für die Verwendung des IP-
  Sec-Protokolls.

Für Group Policies von Domänencontrollern hat Microsoft darüber hinaus noch „Kerberos Policies" angekündigt, die jedoch zum
Zeitpunkt der Erstellung dieses Buchs in der Version Beta 2 von
Windows 2000 noch nicht implementiert waren (eine detaillierte Erklärung des Kerberos-Protokolls finden Sie in Abschnitt 2.4.1 „Kerberos-Authentisierung" in diesem Kapitel).

Alle Sicherheitseinstellungen detailliert zu besprechen, würde den
Rahmen dieses Buches bei weitem sprengen. Welche Einstellungen
in einer Organisation im einzelnen vorgenommen werden sollten,
hängt von deren allgemeinen Sicherheitsrichtlinien ab. Es gibt jedoch eine Fülle von Gesichtspunkten, die berücksichtigt werden
müssen.

Viele Supporteinsätze sind darauf zurückzuführen, daß Anwender versehentlich Programm- oder Betriebssystemdateien löschen. Es mag daher für den Administrator sehr verlockend sein, mit Hilfe von Group Policies den Zugriff auf die Registrierung und das Dateisystem der Clientrechner so weit wie möglich einzuschränken, beispielsweise so, daß die Anwender nur Lesezugriff erhalten. Leider gibt es eine Menge von Anwendungen, die im laufenden Betrieb Betriebssystemdateien öffnen und verändern oder Einträge in die Registrierung schreiben. Sind die Zugriffsberechtigungen zu restriktiv gesetzt, funktionieren diese Anwendungen nicht mehr, wenn sie von den Benutzern gestartet werden. Wenn also per Sicherheitseinstellungen der Zugriff auf das lokale Dateisystem oder die Registrierung eingeschränkt werden soll, sollten alle vorgenommenen Einstellungen sorgfältig und ausführlich mit allen Anwendungen getestet werden.

Pradeep Rajurs, ein Mitarbeiter von Microsoft, hat bei seinem Vortrag „Writing Clean Applications for Windows 98 and Windows NT 5.0" anläßlich der TechEd 1998 in Nizza angekündigt, daß für Windows NT 5.0/ Windows 2000 geschriebene Anwendungen so konzipiert sein müssen, daß sie bei der Installation keine Systemdateien austauschen und im laufenden Betrieb nicht mehr in das Systemverzeichnis schreiben (eine Forderung, die derzeit selbst Microsoft Office 97 nicht einhält). Wenn alle Anwendungen diese Forderungen einhalten, kann das lokale Dateisystem mit sehr restriktiven Zugriffsberechtigungen belegt und die Zahl der Supporteinsätze wegen gelöschter System- oder Programmdateien praktisch auf Null heruntergeschraubt werden.

2.3.3.2.3 User Documents and Settings

Mit den Einstellungen von „User Documents and Settings" können einige der Profilordner von „All Users" (Computer Policy) bzw. des gerade angemeldeten Benutzers auf ein freigegebenes Verzeichnis im Netzwerk umgeleitet werden (siehe Abbildung 2.41). Außerdem kann der Administrator in die Profilordner zusätzliche Verzeichnisse oder Dateien stellen, beispielsweise jedem Benutzer eine Liste mit Telefonnummern in seinen Ordner „My Documents".

Das Umleiten der Profilordner ist bei serverbasierten Benutzerprofilen unbedingt zu empfehlen. Es erfüllt zwei Zwecke:

- **Verringerung des Netzverkehrs**: Statt umfangreiche Ordner wie „My Documents" bei jedem Anmeldevorgang herunterzuladen, wird lediglich eine Netzwerkverbindung hergestellt.

- **Erleichtertes Backup**: Sind die wichtigen Profilordner aller Benutzer an einer zentralen Stelle im Netzwerk gespeichert, können sie leichter gesichert und im Fehlerfall wiederhergestellt werden.

Üblicherweise wird man insbesondere den Ordner „My Documents" („Eigene Dateien") auf ein freigegebenes Verzeichnis umleiten. In diesem Ordner werden alle Office-Dokumente, jedoch auch Dateien, die mit anderen Anwendungen erstellt werden, standardmäßig abgespeichert. Durch das Umleiten vermeidet man ein Herunterladen der Dateien, wenn ein Benutzer mit einem serverbasierten Profil sich einmal an einem anderen Rechner als dem gewohnten anmeldet. Trotzdem stehen ihm alle Dateien zur Verfügung. Zudem können die Dateien wesentlich einfacher regelmäßig gesichert werden.

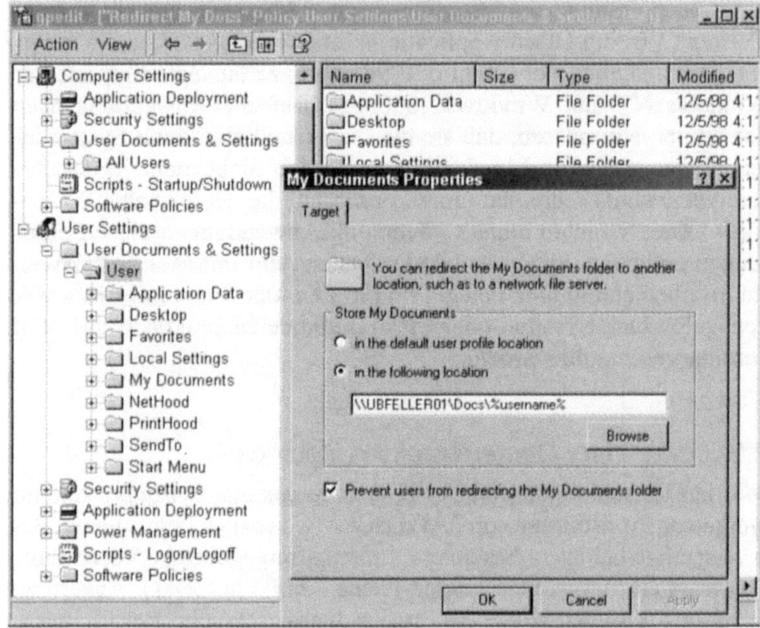

Abbildung 2.41: Mit Group Policies können einige Profilordner auf ein freigegebenes Verzeichnis im Netzwerk umgeleitet werden.

2.3.3.2.4 Software Policies

Bei den Einstellungen der Software Policies handelt es sich im wesentlichen um die bekannten Windows NT 4-Systemrichtlinien, die in ihrer Funktion allerdings noch erweitert wurden, beispielsweise hinsichtlich des Software-Installer-Dienstes und der Benutzerprofile.

Gegenüber den Windows NT 4-Systemrichtlinien gibt es jedoch eine sehr erfreuliche Verbesserung: Restriktionen des Betriebssystems wie beispielsweise das Deaktivieren von Programmen zur Bearbeitung der Registrierung, werden nicht mehr permanent in das Benutzerprofil übernommen. Sie können also wieder rückgängig gemacht werden, indem einfach die entsprechende Group Policy entfernt wird. Versuche mit der Version Beta 2 von Windows 2000 haben gezeigt, daß dies jedoch bisher nicht für alle Einstellungen unter „Software Policies" zu gelten scheint. So wird beispielsweise ein geändertes Desktop-Farbschema nicht auf Windows-Standard zurückgesetzt, sondern verbleibt im Benutzerprofil. Wird eine Group Policy also gelöscht, sollte man unbedingt genau prüfen, ob damit auch wirklich alle Restriktionen entfernt wurden.

Sehr empfehlenswert ist die Einstellung „Exclude directories in roaming profile" (siehe Abbildung 2.42). Der Ordner „Temporary Internet Files" sollte unbedingt von der Übertragung über das Netzwerk ausgeschlossen werden, da er in der Standardeinstellung des Internet-Explorer 3% des Festplattenplatzes belegt, was bei einer heutzutage gängigen 4,1-GByte-Festplatte immerhin bis zu 123 MB ausmacht.

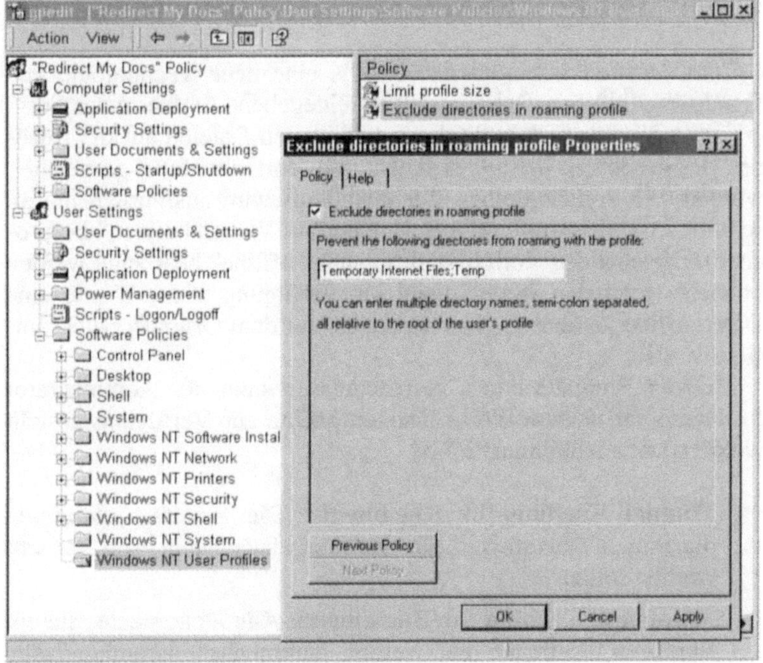

Abbildung 2.42: Der Ordner „Temporary Internet Files" sollte bei serverbasierten Benutzerprofilen von der Übertragung über das Netzwerk ausgeschlossen werden.

2.3.3.2.5   Regeln für Group Policies

Bei der Konfiguration der Group Policies sollte man die folgenden
Regeln beachten:

- Möglichst wenig Policies erstellen. Je mehr Policies abzuarbeiten sind, desto länger dauert der Anmeldevorgang der Benutzer.

- Die Vererbung der Group Policies sollte weder blockiert („Block Inheritance") noch erzwungen werden („No Override").

- Konflikte zwischen Computer- und User-Einstellungen sind unbedingt zu vermeiden. Computereinstellungen haben immer Vorrang vor User-Einstellungen, was die Fehlersuche enorm erschwert.

- „Gutes Design" besteht darin, die Group Policies in der Hierarchie so hoch wie möglich anzusetzen und die Vererbung in der Standardeinstellung zu belassen. Dies erleichtert sowohl die Verwaltung als auch die Fehlersuche.

2.3.3.3
Offline-Verzeichnisse

Offline-Verzeichnisse stellen ebenfalls eine neue Technologie von Windows 2000 dar. Dabei werden freigegebene Ordner eines Servers so konfiguriert, daß die darin enthaltenen Dateien auf die Rechner der Benutzer heruntergeladen und dort ebenfalls gespeichert werden (die Freigabe eines Verzeichnisses wird ausführlich in Abschnitt 2.3.4 „Verwaltung von Dateien und Verzeichnissen" besprochen). Dies hat den Vorteil, daß sie auch „offline" bearbeitet werden können, wenn der Server nicht zur Verfügung steht. Wurde eine Datei offline verändert, kann sie später mit dem Original synchronisiert werden.

Bei der Freigabe eines Verzeichnisses kann der Administrator festlegen, auf welche Weise Dateien offline zur Verfügung gestellt werden (siehe Abbildung 2.43):

- **Manual Caching for Documents**: Die Benutzer definieren diejenigen Dokumente, die heruntergeladen und lokal gecacht werden sollen.

- **Automatic Caching for Documents**: Alle Dokumente, die ein Benutzer bearbeitet hat, werden automatisch heruntergeladen und lokal gecacht.

- **Automatic Caching for Programs**: Diese Einstellung ist für Programme vorgesehen, die vom Server aus gestartet werden. Die Benutzer sollten in diesen Verzeichnissen nur Lese-Recht besitzen. Beim Start des Programms werden die Programmdateien heruntergeladen und stehen danach auch dann zur Verfügung, wenn zum Server keine Verbindung existiert. Ein weiterer Vorteil liegt in der Verringerung des Netzverkehrs, denn bei allen weiteren Programmstarts wird auf die lokal gecachten Dateien zugegriffen.

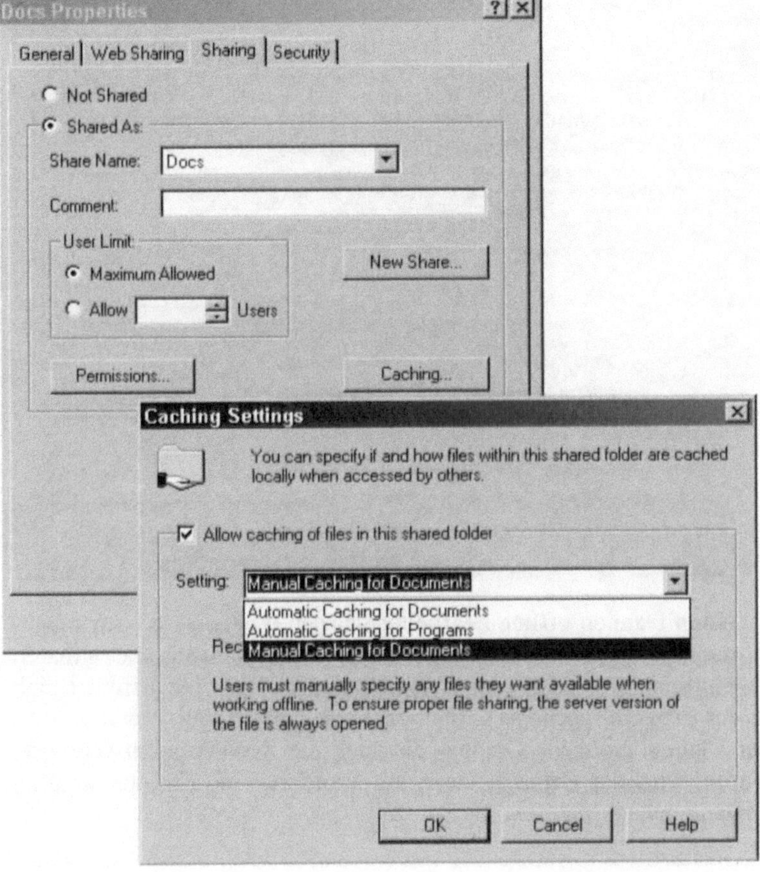

Abbildung 2.43: Bei der Freigabe eines Netzwerkverzeichnisses kann dieses so konfiguriert werden, daß die bearbeiteten Dateien auch offline zur Verfügung stehen.

Parallel dazu müssen die Rechner der Benutzer ebenfalls für die Verwendung von Offline-Verzeichnissen eingerichtet werden (siehe Abbildung 2.44). Der Benutzer kann auch festlegen, ob jeweils beim Ablmelden („Logoff") eine Synchronisation erfolgen soll und wieviel Prozent des Festplattenplatzes für das Caching belegt werden.

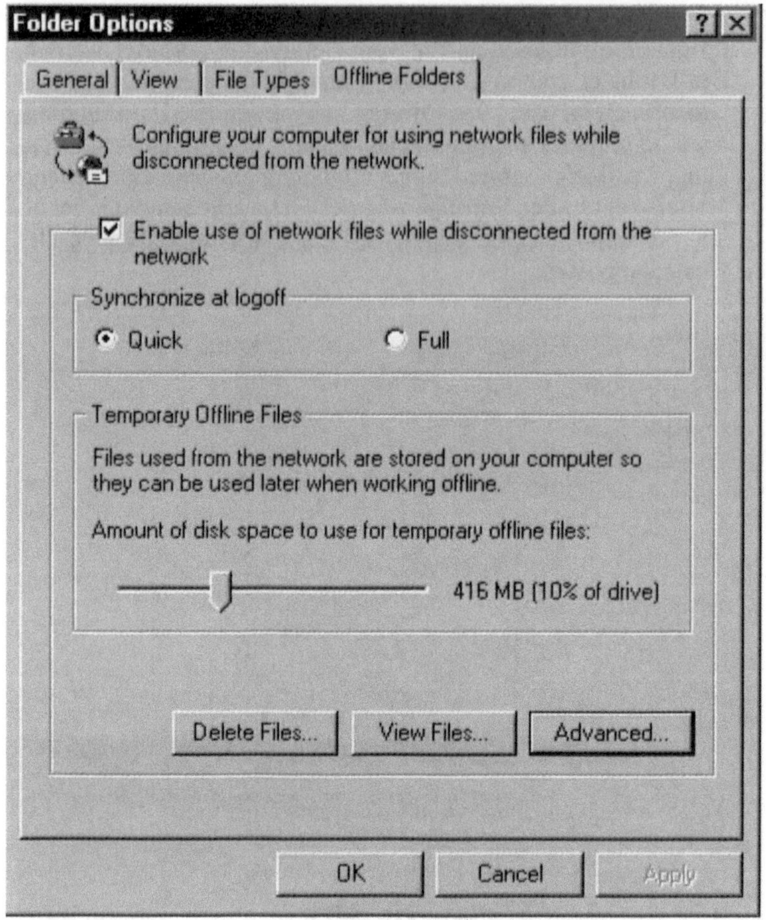

Wenn Dateien offline bearbeitet wurden, können sie auch manuell mit dem „Synchronisation Manager" wieder mit ihren Originalen synchronisiert werden (der Synchronisation Manager befindet sich in der Programmgruppe „Zubehör"). Im Konfliktfall, wenn von einer Datei sowohl die Offline- als auch die Serverversion verändert wurde, wird der Benutzer dazu aufgefordert, eine Entscheidung zu treffen (siehe Abbildung 2.45).

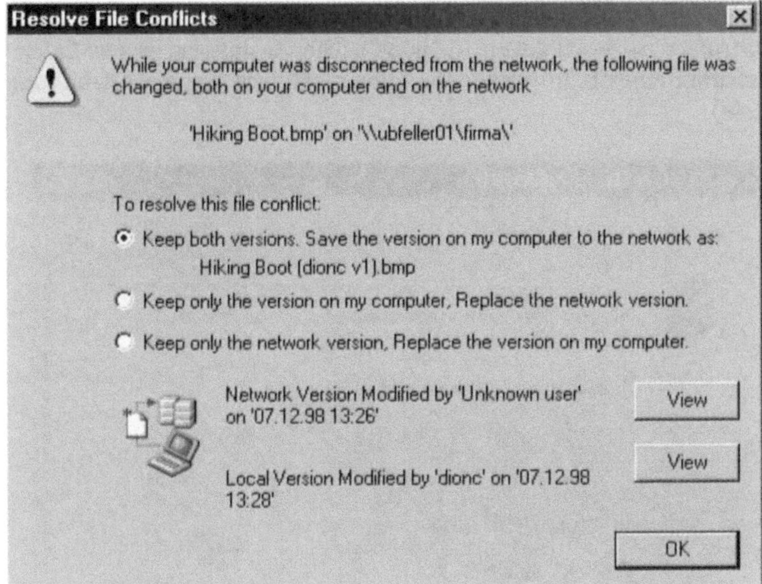

Abbildung 2.45: Im Konfliktfall wird der Benutzer zur Entscheidung aufgerufen.

Fazit

Prinzipiell sind Offline-Verzeichnisse eine Weiterentwicklung des Aktenkoffers von Windows 95/98 und Windows NT 4. Sie sind ein gutes Mittel, um Benutzern von Laptops ein Bearbeiten ihrer Dateien zu gestatten, wenn sie nicht im Firmennetz arbeiten. Es empfiehlt sich jedoch nicht, Verzeichnisse mit Dateien, die von vielen verschiedenen Benutzern häufig verändert werden, als Offline-Verzeichnisse zu konfigurieren, da ansonsten beim Synchronisieren zu häufig Versionskonflikte auftreten würden. Die Verwendung von Offline-Verzeichnissen setzt eine sorgfältige Schulung der entsprechenden Benutzer voraus und sollte auf einen ausgewählten Personenkreis und Dateien, die nur von einem einzigen Benutzer verwendet werden, beschränkt werden.

2.3.3.4
Disk Quotas

Eine viel kritisierte Schwäche von Windows NT 4 war die Tatsache, daß der für die Benutzer verfügbare Festplattenplatz auf dem Server nicht beschränkt werden konnte. Es gab zwar einige Tools von Drittanbietern wie beispielsweise das Programm „Quota Manager" von OnTrak, die sich aber nicht auf breiter Front durchsetzen konnten.

Neben vielen Neuerungen in bezug auf die Zugriffsberechtigungen bietet die in Windows 2000 enthaltene NTFS-Version 5.0 nun endlich auch die Möglichkeit, den pro Benutzer verwendeten Speicherplatz zu beschränken („Quota"). Hierzu müssen in den Eigenschaften eines Laufwerkes die Quotas aktiviert werden (Abbildung 2.46).

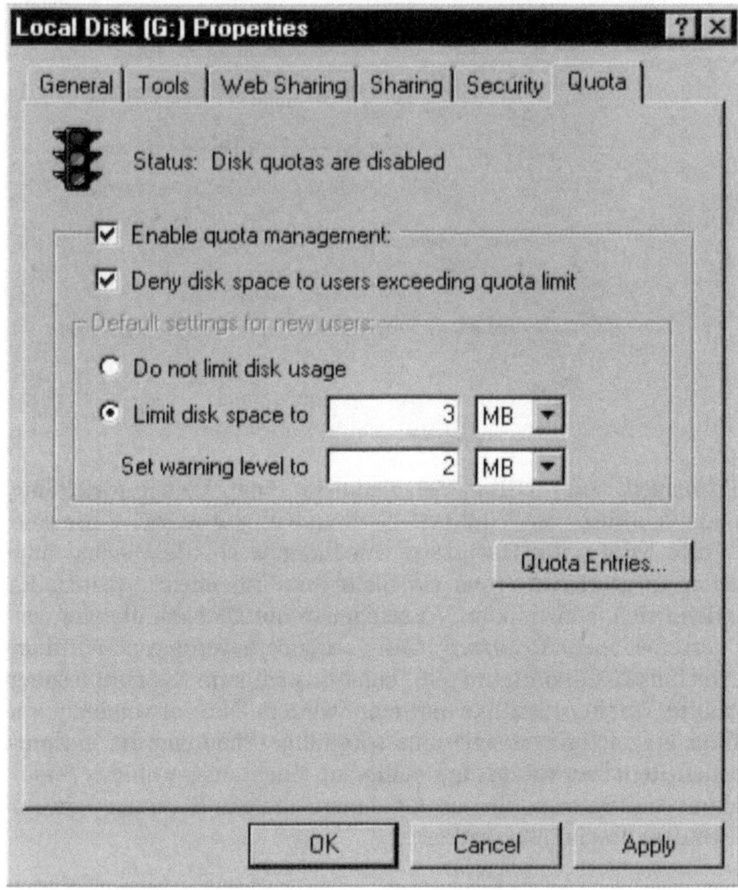

Bei Aktivierung der Quotas können eine Reihe von Einstellungen vorgenommen werden:

- **„Deny disk space to users exceeding quota limit"**: Benutzer, die das festgelegte Maximum erreicht haben, können keine weiteren Dateien mehr abspeichern, der restliche Speicherplatz wird mit 0 MB angezeigt.

- **„Do not limit disk usage"**: Quotas ohne Begrenzung des Festplattenplatzes sind nützlich, um eine Aufstellung des von ein-

zelnen Benutzern verbrauchten Festplattenplatzes zu erhalten,
ohne die Benutzer in ihren Aktivitäten einzuschränken.

- **„Limit disk space to"**: Mit dieser Einstellung wird der für den
  Benutzer maximal zugeordnete Speicherplatz auf der Festplatte
  bestimmt. Als freier Speicherplatz wird dem Benutzer immer
  der noch verbliebene Restspeicher innerhalb seines Quota Li-
  mits angezeigt. Bei der Berechnung des verbrauchten Speicher-
  platzes werden alle Dateien herangezogen, deren Besitzer der
  Benutzer ist. Dabei ist es unerheblich, ob der Benutzer bei einer
  Datei oder einem Verzeichnis die NTFS-Komprimierung aktiviert hat oder nicht, denn es wird die Größe der unkomprimier-
  ten Dateien berücksichtigt. Lediglich die Komprimierung mit
  Tools wie ARJ oder WinZip spart Festplattenplatz und würde
  dazu führen, daß sich der vom Benutzer belegte Platz verringert.

- **„Set Warning level to:"** Ab diesem Schwellenwert wird ein
  Eintrag in der Ereignisanzeige vorgenommen und der betroffene
  Benutzer im Fenster „Quota Entries" mit einer Warnung in
  Form eines gelben Dreiecks markiert (Abbildung 2.47).

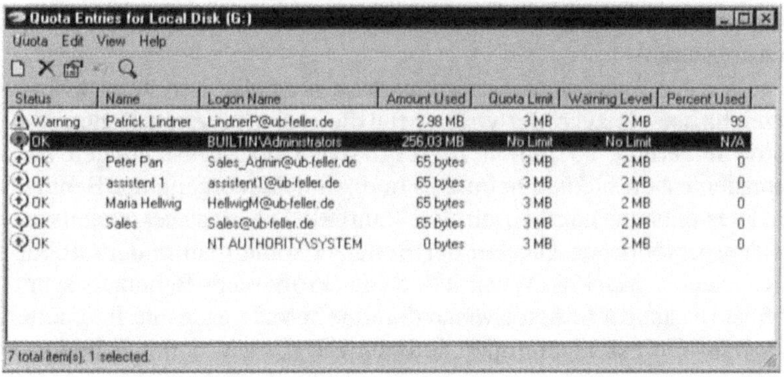

Status	Name	Logon Name	Amount Used	Quota Limit	Warning Level	Percent Used
⚠ Warning	Patrick Lindner	LindnerP@ub-feller.de	2,98 MB	3 MB	2 MB	99
OK		BUILTIN\Administrators	256,03 MB	No Limit	No Limit	N/A
OK	Peter Pan	Sales_Admin@ub-feller.de	65 bytes	3 MB	2 MB	0
OK	assistent 1	assistent1@ub-feller.de	65 bytes	3 MB	2 MB	0
OK	Maria Hellwig	HellwigM@ub-feller.de	65 bytes	3 MB	2 MB	0
OK	Sales	Sales@ub-feller.de	65 bytes	3 MB	2 MB	0
OK		NT AUTHORITY\SYSTEM	0 bytes	3 MB	2 MB	0

7 total item(s), 1 selected.

Abbildung 2.47: Nach Aktivierung von Quotas wird der pro Benutzer belegte Speicherplatz angezeigt.

Quotas gelten immer für ganze NTFS-Laufwerke, nicht für einzelne Verzeichnisse. Nachdem die Quotas aktiviert wurden, kann
man die aktuelle Belegung des Festplattenplatzes pro Benutzer abru-
fen (Abbildung 2.47).

Es können für einzelne der angezeigten Benutzer auch abwei-
chende Quotas definiert werden, beispielsweise für Grafiker, die
häufig mit sehr großen Bilddateien arbeiten und daher nicht den
gleichen Beschränkungen wie die Anwender mit normalen Office-
Paketen unterliegen sollten.

In der Abbildung 2.47 ist auch zu erkennen, daß der Festplattenplatz für die Gruppe der Administratoren nicht beschränkt ist. Dies geschieht aus Sicherheitsgründen, damit die Bedienung des Systems durch die Einführung von Disk Quotas nicht beeinträchtigt wird.

Auch die Partition, die die Windows 2000-Systemdateien enthält, kann mit Disk Quotas belegt werden. Dann ist aber unbedingt darauf zu achten, daß alle Benutzer, die das System pflegen müssen, sehr hohe Quotas erhalten, weil sie sonst keine Systemkomponenten nachinstallieren könnten.

Die Einrichtung von Disk Quotas führt zu einer geringfügig erhöhten Prozessorbelastung. Vor ihrer Einführung sollte man daher Systemleistungsmessungen mit und ohne Disk Quotas vornehmen, um abschätzen zu können, wie die Server unter Vollast reagieren.

Disk Quotas zielen auf einen oft kritisierten Mangel bei Windows NT 4. Sie tragen sicher mit dazu bei, daß die Festplattenressourcen bei Windows 2000 erheblich einfacher zu verwalten sind. Einen Nachteil könnte die Tatsache darstellen, daß Quotas immer nur für ganze Laufwerke und nicht auf Verzeichnisebene definiert werden können. Mit anderen Worten: Es ist nicht möglich, ausschließlich in einem freigegebenen Verzeichnis, in dem sich beispielsweise die Benutzer-Basisverzeichnisse befinden, den belegten Festplattenplatz einzuschränken.

Werden auf einem Serverlaufwerk sowohl die Benutzer-Basisverzeichnisse als auch der Ordner für die serverbasierten Benutzerprofile hinterlegt, so führen zu restriktive Quota-Einstellungen zu permanenten Problemen beim An- und Abmeldevorgang der Benutzer. Hier entsteht nämlich ein Zielkonflikt: Die Basisverzeichnisse mit den persönlichen Dateien der Benutzer sollte man in der Größe durchaus einschränken. Wenn jedoch das Profil eines Benutzers sehr groß ist (ausgelöst beispielsweise durch sehr viele gecachte InternetSeiten im Ordner „Temporary Internet Files") und damit inklusive des Basisverzeichnisses der maximal erlaubte Speicherplatz erreicht ist, kann das Benutzerprofil nicht mehr auf dem Server abgespeichert werden. Benutzerprofile sollten besser per Group Policies in ihrer Größe limitiert werden (siehe Abschnitt 2.3.3 „Verwaltung der Benutzerumgebung mit IntelliMirror-Technologien" in diesem Kapitel). Dieser Aspekt von Disk Quotas hat zur Folge, daß bereits bei der Planung der Serverkonfiguration sehr genau überlegt werden muß, wie viele Laufwerke auf einem Server eingerichtet werden, welchen Zweck sie jeweils erfüllen sollen und wie die Disk Quotas einzurichten sind.

2.3.4
Verwaltung von Dateien und Verzeichnissen

Hinsichtlich der Verwaltung von Dateien und Verzeichnissen gibt es einige zentrale Fragestellungen:

- **Datensicherheit**: Gibt es ausreichende Möglichkeiten, um Daten vor unerlaubtem Zugriff zu schützen? Hierfür bietet Windows 2000 die Zugriffskontrolle durch Freigabe- und NTFS-Berechtigungen, das „Encrypting File System (EFS)" zur Verschlüsselung sowie Maßnahmen zur Fehlertoleranz wie beispielsweise Clustersysteme oder fehlertolerante DFS („Distributed File System")-Verzeichnisbäume.

- **Datenzugriff**: Wie können die Daten dem Benutzer auf effiziente Weise zur Verfügung gestellt werden? Mit Hilfe „des Distributed File Systems (DFS)" kann man für die Benutzer Verzeichnisbäume maßgeschneidert zusammenstellen und unter einem einzigen Laufwerksbuchstaben ansprechen.

Nach einem Überblick über die Möglichkeiten der Zugriffskontrolle werden die neuen Windows 2000-Features „Distributed File System" und „Encrypting File System" vorgestellt.

2.3.4.1
Zugriffskontrolle

Ein sehr wichtiges Element der Administrationstätigkeit in jedem Netzwerk ist die Zugriffskontrolle auf Dateien und Verzeichnisse. Windows NT/Windows 2000 beinhaltet das Dateisystem NTFS (New Technology File System), mit dem Berechtigungen für den Zugriff auf Dateien und Verzeichnisse gesetzt werden können (Abbildung 2.48 zeigt die NTFS-Berechtigungen, die bei Windows NT 4 vergeben werden können). Diese Berechtigungen gelten allerdings zunächst nur für den lokalen Zugriff, also den Zugriff durch einen Benutzer, der direkt an der Konsole des Rechners sitzt.

Zusammenspiel von Freigabe- und NTFS-Berechtigungen bei Windows NT 4

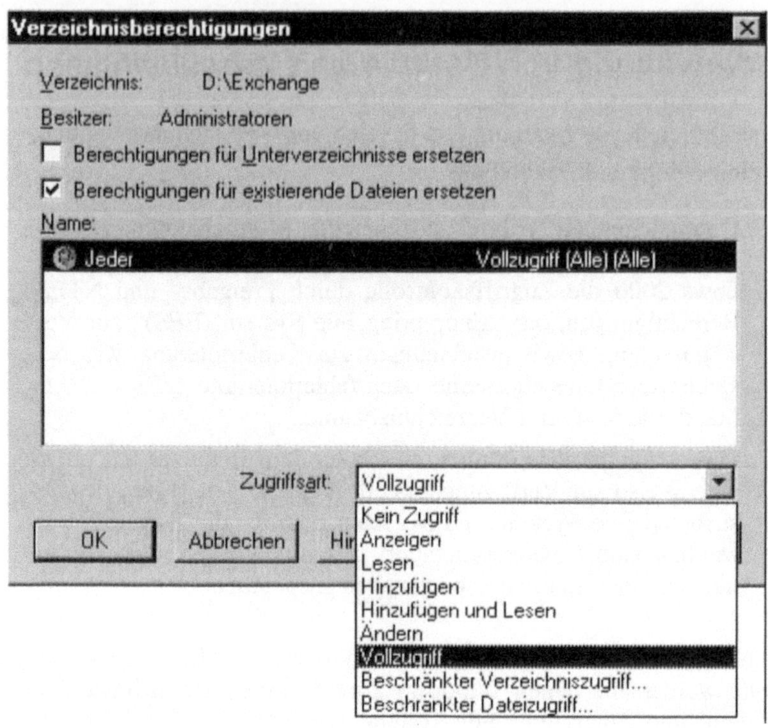

Soll ein Verzeichnis auf einem Server jedoch von Benutzern vom
Netzwerk aus genutzt werden, so muß es vorher explizit dafür eingerichtet, das heißt „freigegeben" werden. Eine Ausnahme stellen die
sogenannten „administrativen Freigaben" dar. Dabei handelt es sich
um die Stammverzeichnisse aller Laufwerke sowie das WINNT-
Verzeichnis, welche automatisch vom System freigegeben werden.
Diese Freigaben sind jedoch nicht sichtbar, und nur Mitglieder der
Gruppe „Administratoren" haben die Berechtigung, darauf zuzugreifen.

Bei der Einrichtung der Freigabe können wiederum Zugriffsberechtigungen eingestellt werden (siehe Abbildung 2.49). Die effektiven Berechtigungen, die ein Benutzer dann beim Zugriff über das
Netzwerk hat, sind die restriktivste Kombination aus Freigabe- und
NTFS-Berechtigungen (siehe Tabelle 2.6). Hier eine korrekte Konfiguration vorzunehmen, ist keine leichte Aufgabe für den Verwalter
eines Windows NT 4-Netzes.

Freigabeberechtigung	NTFS-Zugriffsberechtigung	Resultierende effektive Berechtigung
Vollzugriff	Lesen	Lesen
Lesen	Ändern	Lesen
Ändern	Vollzugriff	Ändern
Kein Zugriff	Vollzugriff	Kein Zugriff
Vollzugriff	Kein Zugriff	Kein Zugriff

Tabelle 2.6: Beispiele für die effektiven Berechtigungen für ein Verzeichnis beim Zugriff über Netzwerk bei Windows NT 4.

Um die Verwirrung perfekt zu machen: Wenn auf ein freigegebenes Verzeichnis *lokal* zugegriffen wird, also direkt an der Konsole des betreffenden Computers sitzend, gelten jedoch weiterhin nur die eingestellten NTFS-Berechtigungen.

Wird ein Verzeichnis freigegeben, so werden die festgelegten Freigabeberechtigungen für alle Dateien und Unterverzeichnisse gleichermaßen angewendet. Bei der Konfiguration der NTFS-Berechtigungen muß jedoch festgelegt werden, ob die Berechtigungen nur auf die im Verzeichnis enthaltenen Dateien, nur auf die Unterverzeichnisse, auf beide oder keines der beiden angewendet werden sollen (Abbildung 2.48).

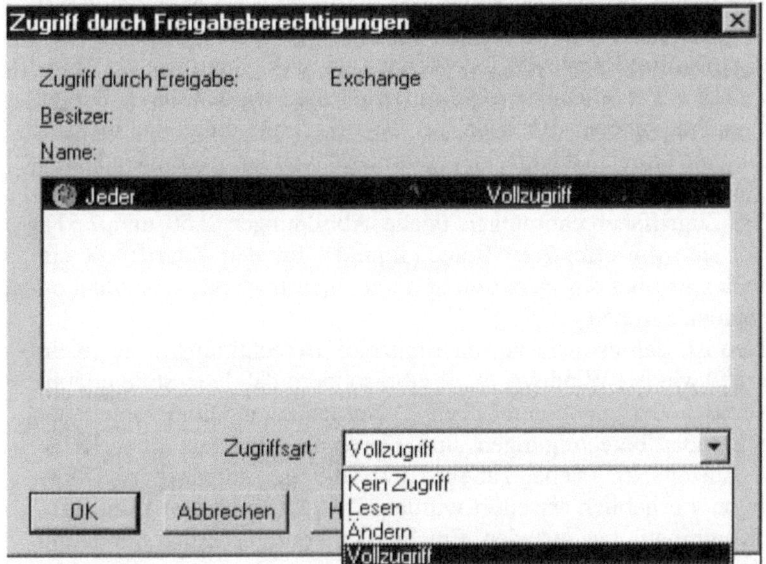

Abbildung 2.49: Freigabe-Zugriffsberechtigungen bei Windows NT 4.

Für einzelne Dateien können ebenfalls NTFS-Berechtigungen gesetzt werden, die dann Vorrang vor den NTFS-Berechtigungen des Verzeichnisses haben. Ein solches Vorgehen ist jedoch im allgemeinen nicht empfehlenswert, weil es dadurch immer schwerer wird, den Überblick über die effektiven Berechtigungen der Benutzer zu behalten. Im Falle einer serverbasierten Installation von Microsoft Office ist dieses Verfahren jedoch unumgänglich, weil die ausführbaren Dateien der einzelnen Anwendungen alle zusammen im gleichen Verzeichnis stehen. Will man also beispielsweise nur bestimmten Benutzern die Berechtigung zum Starten von Excel erteilen, so muß dieser Benutzergruppe auf die Datei EXCEL.EXE die Berechtigung „Lesen" erteilt werden.

Damit die Zugriffskontrolle auf freigegebene Verzeichnisse einigermaßen verwaltbar war, gab es von Microsoft klare Empfehlungen:

- Bevor ein Verzeichnis freigegeben wird, sollten die gewünschten NTFS-Zugriffsberechtigungen konfiguriert sein.

- Anschließend erst sollte das Verzeichnis freigegeben werden mit der Standardberechtigung „Vollzugriff" für die Gruppe „Jeder". Die gewünschten Einschränkungen werden dann durch die NTFS-Berechtigungen definiert, da die effektiven Berechtigungen ja der kleinste gemeinsame Nenner aus beiden Berechtigungen ist.

Zugriffskontrolle auf Verzeichnisse bei Windows 2000

Die in Windows 2000 enthaltene verbesserte NTFS-Version 5.0 bietet eine Fülle von neuen Steuerungsmöglichkeiten bei der Zugriffskontrolle. Es müssen jedoch nach wie vor genau wie bei Windows NT 4 Verzeichnisse explizit freigegeben werden, bevor darauf von einem anderen Rechner aus zugegriffen werden kann. Eine Ausnahme bilden auch hier die administrativen Freigaben. Und nach wie vor gibt es für Verzeichnisse Freigabeberechtigungen und NTFS-Zugriffsberechtigungen (siehe Abbildungen 2.50 und 2.51), wobei sich die effektiven Berechtigungen für den Zugriff auf ein Verzeichnis über das Netz immer noch als restriktivste Kombination der beiden ergeben.

Neu ist, daß es nicht nur eine einzelne Berechtigungsstufe „Kein Zugriff" wie bei Windows NT 4 gibt, sondern daß jede Stufe erlaubt („Allow") oder verweigert („Deny") werden kann. Die 6 vorgegebenen Standardberechtigungen sind Kombinationen aus einer Reihe von Einzeltasks (siehe Tabelle 2.7), die gegenüber der NTFS-Version 4 erheblich erweitert wurden. Der Administrator kann eigene Kombinationen aus den Einzeltasks konfigurieren (Abbildung 2.51).

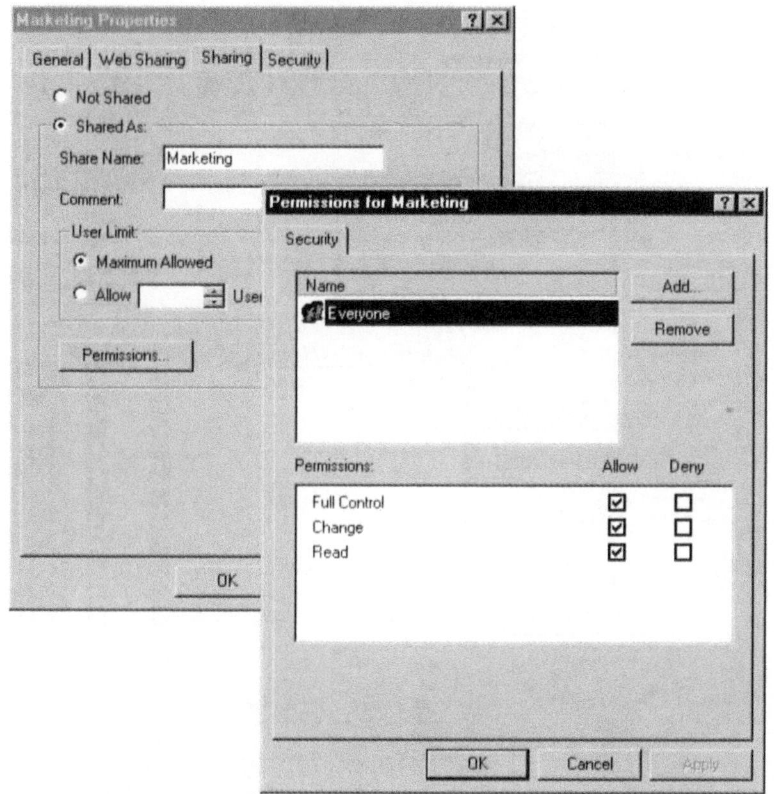

Abbildung 2.50:
Auch bei der
Freigabe eines
Verzeichnisses
auf einem Windows 2000-
Rechner werden
Freigabeberechtigungen erteilt.

Gegenüber Windows NT 4 haben sich jedoch nicht nur die einstellbaren Zugriffsberechtigungen geändert, sondern auch die Art, wie diese Berechtigungen auf untergeordnete Objekte vererbt werden. Während bei Windows NT 4 lediglich beim übergeordneten Verzeichnis festgelegt werden kann, ob und auf welche Objekte die Berechtigungen übertragen werden, gibt es bei Windows 2000 mehr Möglichkeiten:

Vererbung von
Zugriffsberechtigungen

- **Übergeordnetes Objekt**: Beim übergeordneten Objekt kann festgelegt werden, auf welche der untergeordneten Objekte die Berechtigungen angewendet werden.

- **Untergeordnetes Objekt**: Für jedes untergeordnete Objekt kann unabhängig entschieden werden, ob die Berechtigungen vom übergeordneten Objekt übernommen werden sollen oder nicht.

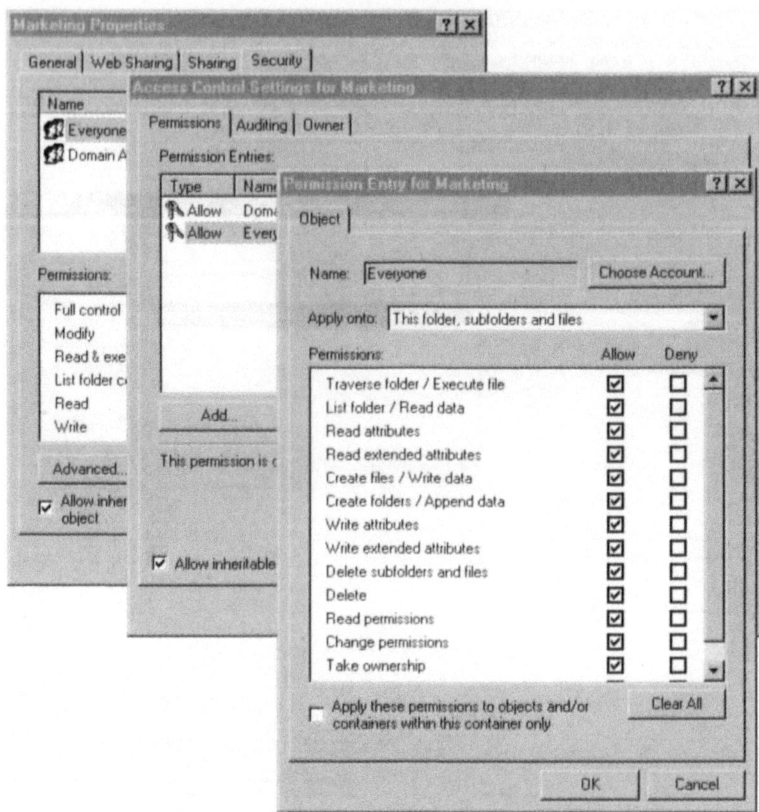

Freigabe von
Verzeichnissen
auf entfernten
Servern

Die effektiven Berechtigungen auf ein Verzeichnis, auf welches Berechtigungen vom übergeordneten Verzeichnis vererbt wurden, entspricht dabei der Summe aller Einzelberechtigungen.

Um auf einem entfernten Server Verzeichnisse freizugeben, ist bei Windows NT 4 eine Reihe von Schritten erforderlich. Es muß zuerst im Explorer eine Laufwerksverbindung zur administrativen Freigabe auf dem Server hergestellt werden. Dann kann, falls erforderlich, ein neues Verzeichnis erstellt werden. Die Freigabe dieses Verzeichnisses wiederum wird mit dem Tool „Servermanager" erledigt (siehe Abbildung 2.52). Dabei muß der exakte lokale Pfad angegeben werden, ohne daß die Möglichkeit zum Durchsuchen besteht.

	Full Control	Modify	Read&Execute	List Folder Contents	Read	Write
Traverse Folder/ Execute File	X	X	X	X		
List Folder/ Read Data	X	X	X	X	X	
Read Attributes	X	X	X	X	X	
Create Files/ Write Data	X	X				X
Create Folders/ Append Data	X	X				X
Write Attributes	X	X				X
Write Extended Attributes	X	X				X
Delete Subfolders and Files	X					
Delete	X	X				
Read Permissions	X	X	X	X	X	X
Change Permissions	X					
Take Ownership	X					
Synchronize	X	X	X	X	X	X

Tabelle 2.7: Die Zuordnung der vorgegebenen NTFS-Berechtigungen von Windows 2000 zu den einzelnen Tasks.

Die Fernfreigabe wurde bei Windows 2000 ebenfalls wesentlich verbessert. Es muß nur noch ein einziges Programm – die Microsoft Management Console „Computermanagement" – aufgerufen werden, um alle Einzelschritte zu erledigen. Zunächst wird das freizugebende Verzeichnis ausgewählt bzw. neu erstellt, anschließend werden die Berechtigungen festgelegt (Abbildung 2.53). Bei diesen Berechtigungen handelt es sich um die NTFS-Berechtigungen auf dem fernen System. Bei der Vorversion Beta 2 konnten nur für den aktuell angemeldeten Benutzer oder für die Gruppe „Everyone" Berechtigungen vergeben werden, und zwar nur entweder „Vollzugriff" oder „Lesen". Es ist zu hoffen, daß dies bis zur endgültigen Markteinführung noch verbessert wird. Als Freigabeberechtigung wird hingegen getreu den Empfehlungen von Microsoft immer „Full Access" für die Gruppe „Everyone" eingestellt (Abbildung 2.54).

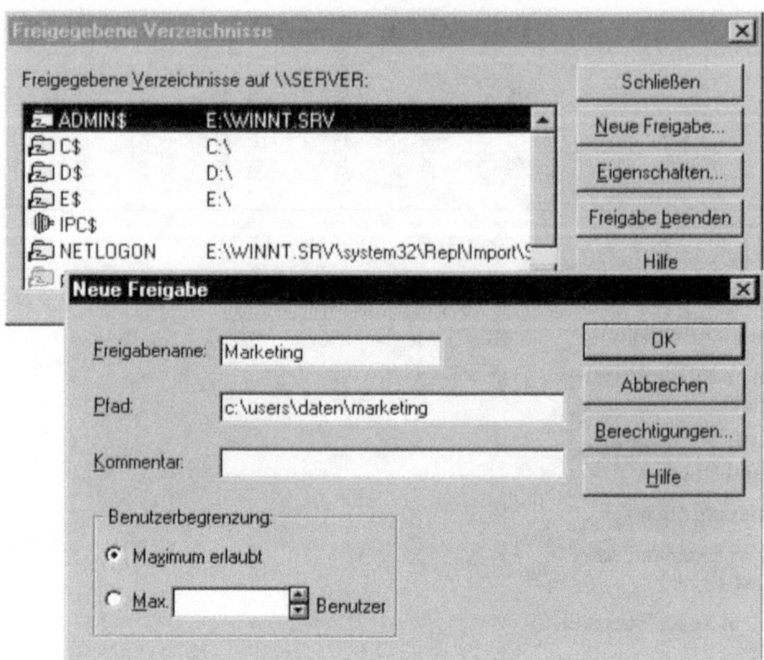

Abbildung 2.52: Wenn bei Windows NT 4 ein Verzeichnis auf einem entfernten Server freigegeben werden sollte, mußte der exakte lokale Pfad vorher bekannt sein.

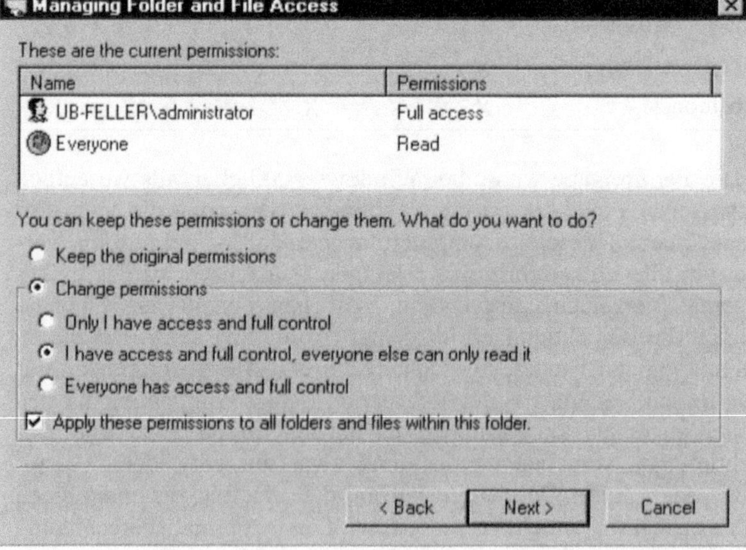

Abbildung 2.53: Bei Windows 2000 kann auf komfortable Weise auf einem entfernten Rechner ein Verzeichnis freigegeben werden.

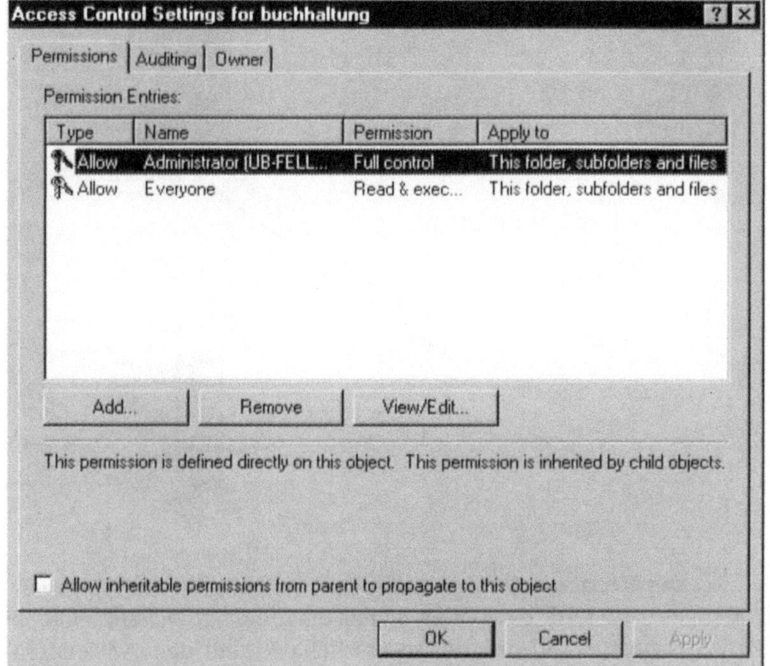

Abbildung 2.54:
Die NTFS-
Berechtigungen
des Verzeichnis-
ses entsprechen
den in Abbildung
2.53 gewählten.

Windows 2000 bietet wesentlich verbesserte Möglichkeiten der Zugriffskontrolle auf Dateien und Verzeichnisse. Die NTFS-Berechtigungen sind bei NTFS 5 feiner abgestuft einstellbar, und es bieten sich zusätzliche Konfigurationsmöglichkeiten durch das geänderte Konzept der Vererbung bzw. der Blockierung der Vererbung. Die Verwaltungstools sind übersichtlicher und intuitiv zu bedienen. Allerdings gilt auch hier wie beim Active Directory, daß sehr gute Kenntnisse erforderlich sind, um optimale Ergebnisse zu erzielen, und daß vor Inbetriebnahme ausführliche Testläufe durchgeführt werden sollten.

Fazit

2.3.4.2
Distributed File System (DFS)

Das Distributed File System (DFS) stand schon als kostenloses Download für Windows NT 4 zur Verfügung. Dabei wird auf einem der Server in einer Organisation ein freigegebenes Verzeichnis als DFS-Basisverzeichnis („DFS Root") definiert und unterhalb dieses Verzeichnisses weitere freigegebene Ordner integriert, die auf anderen Servern liegen („DFS Child Node", siehe Abbildung 2.55).

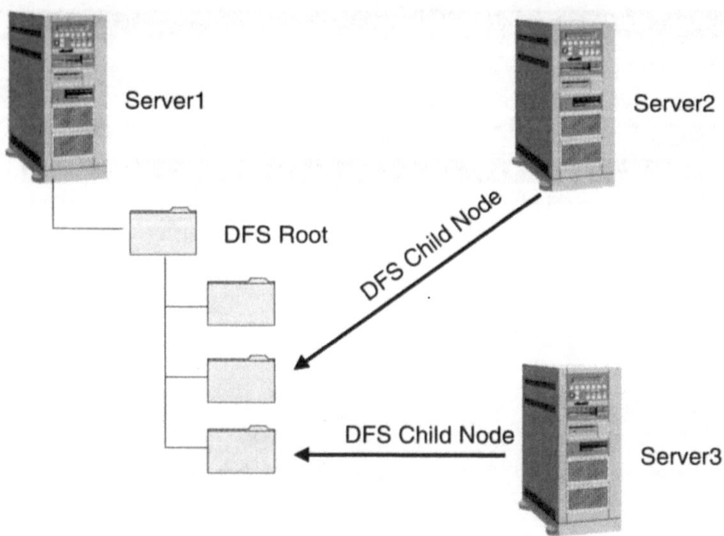

Von den Rechnern der Anwender aus werden nun Laufwerksver-
bindungen zum DFS-Root-Verzeichnis eingerichtet. Die auf anderen
Servern liegenden Verzeichnisse erscheinen dann den Anwendern
wie ein einziger zusammenhängender Verzeichnisbaum – so, als ob
sie alle auf dem DFS-Root-Server liegen würden. Der Vorteil eines
DFS-Baumes liegt darin, daß wesentlich weniger Laufwerksverbin-
dungen benötigt werden und die Anwender nicht genau wissen müssen, auf welchen Servern welche Verzeichnisse liegen.

Beim Einrichten des DFS-Root-Servers gibt es zwei Möglichkeiten (siehe Abbildung 2.56):

- **Standalone DFS Root**: Nur eine Ebene von Child Nodes; keine
  Replikation.

- **Fault Tolerant DFS Root**: Bei diesem Typ ist der DFS-Baum
  in das Active Directory integriert, unterstützt DNS und mehrere
  Ebenen von Child Nodes und Replikation.

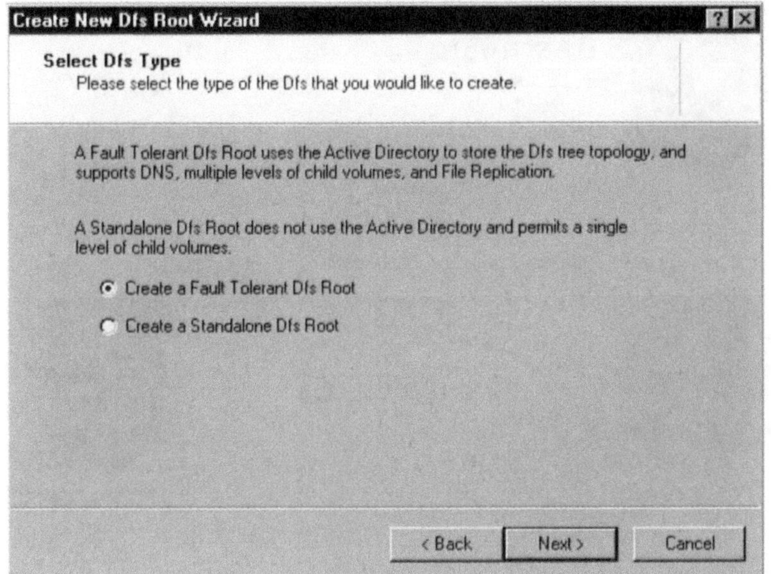

Abbildung 2.56: Es gibt zwei Arten von DFS-Root-Servern (Erklärung siehe Text).

Besonders interessant ist die Möglichkeit, eine Replikation einzuführen. Dabei werden an einen Child Node zwei Verzeichnisse angebunden, die auf verschiedenen Servern liegen (Abbildung 2.57), jedoch die gleichen Inhalte besitzen. Per Replikation werden die Inhalte der beiden Verzeichnisse regelmäßig miteinander abgeglichen. Fällt einer der Server aus, so können die verbundenen Benutzer einfach weiterarbeiten, als wäre nichts geschehen.

Bei der Planung und Einrichtung von DFS-Replikationen sind einige wichtige Punkte in Betracht zu ziehen:

- **Topologie**: Wie ist die physikalische Verbindung zwischen den beteiligten Servern?

- **Bandbreite**: Wie ist der Bandbreitenbedarf beim Replikationsvorgang?

- **Konfiguration der Replikation**: Ändern sich die replizierten Daten häufig oder handelt es sich eher um Read-only-Informationen? Wie oft und zu welcher Tageszeit soll repliziert werden?

Sollen beim Übergang zu Windows 2000 vorübergehend auch Windows NT 4-Workstations als Clients beibehalten werden, so ist zu beachten, daß von dort aus nur eine Verbindung zu einem Standalone-DFS-Root-Server aufgebaut werden kann, jedoch nicht zu einem Fault-Tolerant-Root-Server.

Abbildung 2.57: Beim Fault Tolerant DFS Root können fehlertolerante Repliken eingerichtet werden.

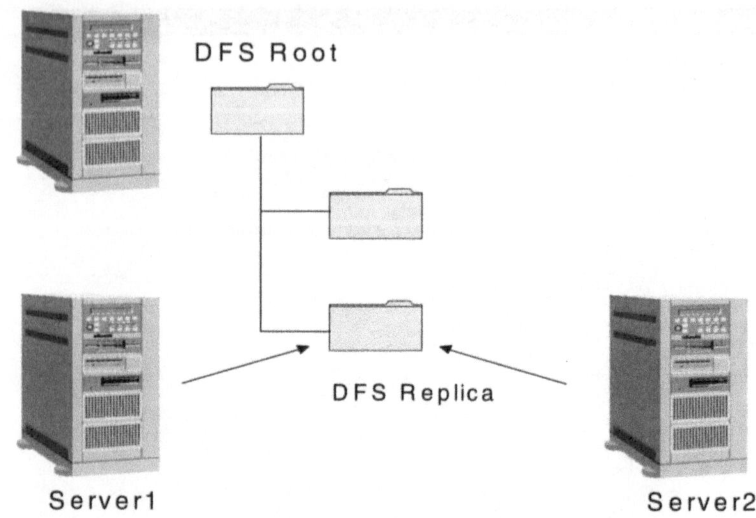

Fazit

Das Distributed File System stellt ohne Zweifel eine erhebliche Verbesserung bei der Bereitstellung von Dateiressourcen im Netzwerk dar. Benutzer müssen nicht mehr wissen, auf welchem Server sich ein bestimmtes Verzeichnis befindet, sondern können auf alle benötigten Verzeichnisse innerhalb eines Verzeichnisbaumes zugreifen.

Die DFS-Replikation muß sehr sorgfältig geplant werden, da sie je nach zu replizierendem Datenaufkommen einen erheblichen Bandbreitenbedarf entwickeln kann. Letzterer muß in einer geeigneten Testumgebung ermittelt werden. In gemischten Umgebungen mit Windows NT 4-Clients kann DFS-Replikation nicht eingesetzt werden, da von diesen Rechnern aus keine Verbindung zu einem fehlertoleranten DFS-Root-Server aufgebaut werden kann.

2.3.4.3
Encrypting File System (EFS)

Obwohl auch bei Windows NT 4 Daten auf NTFS-Partitionen mit Berechtigungen geschützt werden konnten, waren sie dennoch nicht sicher. Mit dem Tool NTFSDOS.EXE konnten diese Berechtigungen auf sehr einfache Weise umgangen werden. Man startete den Rechner von einer MS-DOS-Diskette und konnte dann mit NTFSDOS.EXE alle Dateien auf einer NTFS-Partition lesen, kopieren und sogar verändern. Doch auch ohne dieses Tool konnte man auf die Daten zugreifen, wenn man auf dem Rechner parallel ein

zweites Windows NT-System installierte und dieses hochfuhr –
schon waren alle Daten auf NTFS-Partitionen verfügbar.

Dieses gravierende Problem brachte eine Fülle von Daten-
Verschlüsselungsprogrammen hervor, die jedoch Nachteile besaßen:

- **Keine On-the-Fly-Verschlüsselung**: Die Ver- und Entschlüsselung geschah häufig nicht im laufenden Betrieb, sondern die Dateien mußten bei den meisten Programmen vor der Verwendung manuell entschlüsselt werden.

- **Temporäre Kopien nicht verschlüsselt**: Legte eine Anwendung (z.B. Winword) von einer verschlüsselten Datei ein temporäres Abbild an, so wurde dieses nicht verschlüsselt.

- **Schlüssel in der Auslagerungsdatei**: Die Auslagerungsdatei konnte den Schlüssel enthalten, da die Verschlüsselungsprogramme im Benutzermodus liefen und damit ganz oder teilweise ausgelagert werden konnten. Beim Herunterfahren von Windows NT wird die Auslagerungsdatei nicht gelöscht, so daß sie später gelesen und der Schlüssel entziffert werden konnte.

- **Schlüssel frei wählbar**: Der Schlüssel kann bei vielen Programmen frei gewählt werden. Benutzer neigen in diesem Fall dazu, leicht zu merkende – und damit auch leicht zu erratende – Schlüssel zu verwenden.

- **Keine Wiederherstellung**: Bei den meisten Programmen gibt es keine Möglichkeit, Dateien wiederherzustellen, wenn der Schlüssel vergessen wurde.

Mit der verbesserten Version 5 des Dateisystems NTFS wurde das Encrypting File System (EFS) eingeführt, welches all diese Nachteile nicht aufweist. Die Verschlüsselung geschieht „on-the-fly", d.h. ist vollkommen transparent für den Benutzer. Temporäre Kopien einer Datei werden ebenfalls verschlüsselt, der Schlüssel wird nicht in der Auslagerungsdatei abgelegt, er ist nicht frei wählbar, sondern wird vom System erzeugt und es gibt die Möglichkeit der Wiederherstellung.

Die Funktionsweise des EFS-Verschlüsselungsverfahrens ist in Abbildung 2.58 dargestellt.

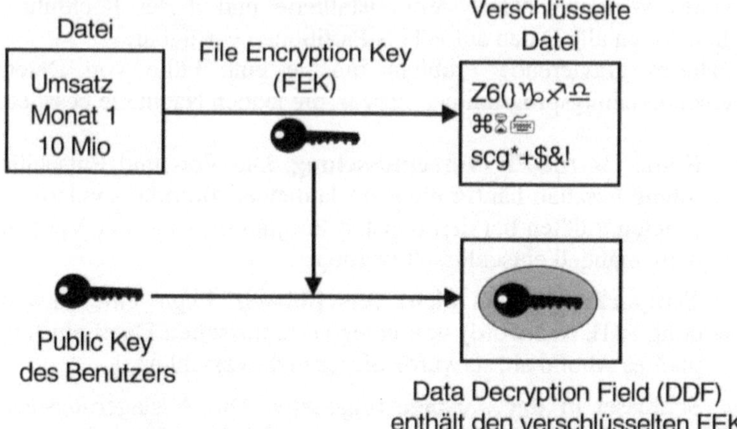

EFS-Verschlüsse-lungsverfahren

Wählt ein Benutzer eine Datei zur Verschlüsselung aus, so wird diese mit einem per Zufallsgenerator erzeugten „File Encryption Key (FEK)" verschlüsselt. Bei diesem Verfahren handelt es sich um ein symmetrisches Verschlüsselungsverfahren, wobei in der ersten Version von EFS nur DES (Data Encryption Standard) unterstützt wird. Bei symmetrischen Verschlüsselungsverfahren wird zur Verschlüsselung und Entschlüsselung der gleiche Schlüssel eingesetzt. Der FEK seinerseits wird in einem Datenfeld, welches der Datei zugeordnet ist, verschlüsselt hinterlegt. Diese Verschlüsselungsstufe wiederum erfolgt mit dem asymmetrischen RSA-Verfahren. Bei asymmetrischen Verfahren werden zwei Schlüssel eingesetzt. Mit einem öffentlichen Schlüssel („Public Key"), der bekannt sein darf, wird der File Encryption Key (FEK) verschlüsselt. Dieser Public Key eignet sich jedoch nicht zur Entschlüsselung. Hierzu muß ein geheimer Schlüssel verwendet werden („Private Key"), der nicht veröffentlicht wird. Abbildung 2.59 zeigt das EFS-Verfahren zur Entschlüsselung.

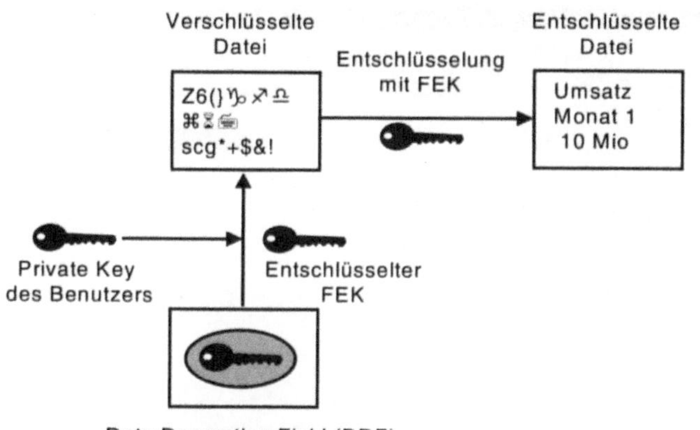

Abbildung 2.59:
Das EFS-
Entschlüsse-
lungsverfahren
(Erklärung im
Text).

Beim Zugriff auf eine verschlüsselte Datei wird mit dem Private Key des Benutzers zunächst der File Encryption Key entschlüsselt und mit diesem dann in einem zweiten Schritt die ursprüngliche Datei wiederhergestellt. Dieser Prozeß läuft für den Benutzer transparent im Hintergrund ab. Es ist wichtig zu verstehen, daß nur derjenige eine Datei entschlüsseln kann, der im Besitz eines geeigneten Private Key ist. Der RSA-Algorithmus ist nämlich so ausgelegt, daß mit dem Public Key nur verschlüsselt, aber nicht entschlüsselt werden kann.

Die Vorteile des EFS-Verfahren liegen vor allem darin, daß die Schlüssel nicht vom Benutzer, sondern vom System selbst generiert werden. Der Private Key des Benutzers kann auch auf einer Smart-Card hinterlegt werden.

EFS ist vollständig in das Betriebssystem integriert; die Ver- und Entschlüsselung geschieht on-the-fly. Verschlüsselung und Komprimierung schließen sich allerdings gegenseitig aus: Ist eine Datei komprimiert, so kann sie nicht zusätzlich verschlüsselt werden und umgekehrt. Es können ganze Verzeichnisse oder auch nur einzelne Dateien verschlüsselt werden (Abbildung 2.60).

EFS-Entschlüsse-
lungsverfahren

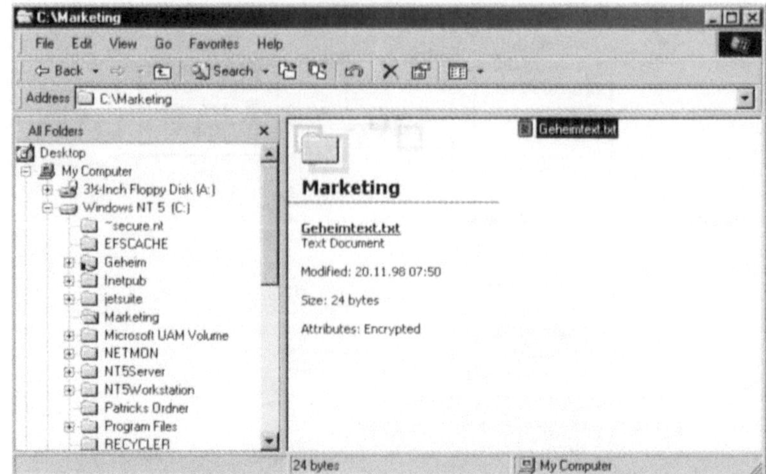

Wenn mit EFS verschlüsselte Dateien auf einen anderen mit NTFS 5 formatierten Datenträger kopiert oder gesichert werden, bleibt die Verschlüsselung bestehen. Wird eine verschlüsselte Datei in ein unverschlüsseltes Verzeichnis kopiert, so bleibt bei der Kopie die Verschlüsselung ebenfalls erhalten. Dies ist auch dann der Fall, wenn die Datei umbenannt wird. Beim Kopieren auf einen NTFS-Datenträger von Windows NT 4 oder auf ein FAT-Laufwerk hingegen wird die Verschlüsselung entfernt. Es ist sehr wichtig zu wissen, daß jegliche Kopier- oder Sicherungsvorgänge nur von jemandem ausgeführt werden können, der über einen *gültigen* Private Key verfügt! Ein Benutzer kann also nicht einfach Dateien, die von einem Kollegen verschlüsselt wurden, auf ein FAT-Laufwerk kopieren, um an die Daten heranzukommen – der Kopiervorgang wird mit einer Fehlermeldung abgebrochen.

Die derzeitige Version von EFS hat noch den Nachteil, daß nur ein einziger Private Key zur Entschlüsselung vergeben wird, was zur Folge hat, daß verschlüsselte Daten immer nur von einem einzigen Benutzer verwendet werden können, nämlich von demjenigen, der die Verschlüsselung initiiert hat. Zukünftige Versionen von EFS werden die gemeinsame Verwendung verschlüsselter Dateien durch mehrere Benutzer ermöglichen.

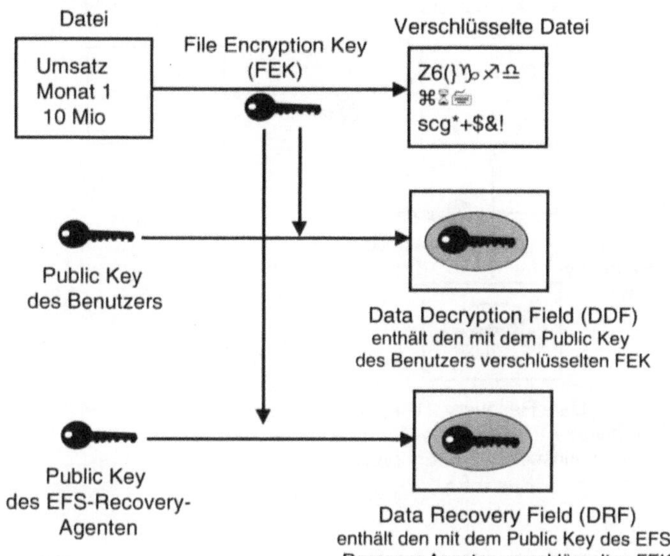

Abbildung 2.61: Ist EFS-Recovery korrekt konfiguriert, so wird der File Encryption Key zusätzlich mit dem Public Key des Recovery-Agenten verschlüsselt.

Was aber, wenn ein Benutzer, der die Firma verlassen hat, wichtige Dateien nur verschlüsselt hinterlegt hat? Für diesen Fall gibt es die sogenannte *EFS-Recovery*-Option. Damit eine verschlüsselte Datei wiederhergestellt werden kann, wird der File Encryption Key außer mit dem Public Key des Benutzers zusätzlich noch mit den Public Keys eines oder mehrerer EFS-Recovery-Agenten verschlüsselt abgelegt (Abbildung 2.61). Nun kann die Datei nicht nur mit dem Private Key des Benutzers, sondern auch mit dem Private Key des EFS-Recovery-Agenten wiederhergestellt werden (Abbildung 2.62).

Wiederherstellung verschlüsselter Dateien

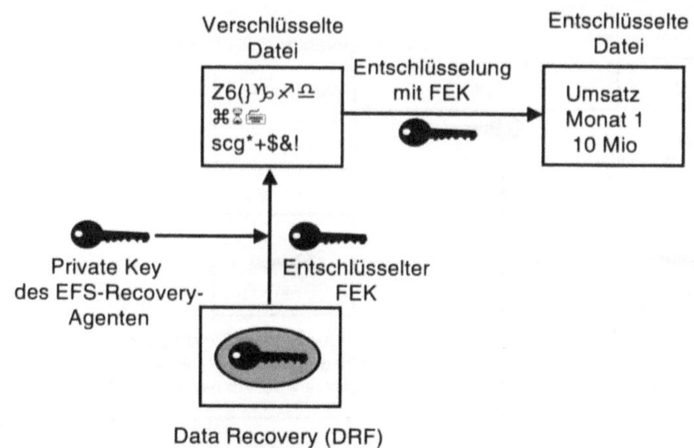

EFS-Recovery-Zertifikate

Windows 2000-Domänen besitzen automatisch ein Zertifikat, welches es dem eingebauten Domänen-Administrator erlaubt, von anderen Benutzern verschlüsselte Dateien wiederherzustellen. Dieses Zertifikat befindet sich immer auf dem *ersten* Domänencontroller, der eingerichtet wurde. EFS kann auch ganz ausgeschaltet werden, indem dieses Zertifikat entfernt wird. Wenn ein Benutzer danach versucht, eine Datei zu verschlüsseln, erhält er eine Fehlermeldung, weil EFS voraussetzt, daß es mindestens einen Recovery-Agenten gibt.

Es können jedoch auch für andere Benutzer oder Gruppen EFS-Recovery-Zertifikate vergeben werden. Damit diese Zertifikate in der ganzen Domäne Gültigkeit besitzen, müssen jedoch einige Voraussetzungen erfüllt sein:

- **Certificate Server**: Es muß ein Certificate Server als „Trusted Root Certification Authority" eingerichtet sein. Ein Certificate Server vergibt Zertifikate, die deren Inhaber (z.B. EFS-Recovery-Agent) zu definierten Handlungen befähigen.

- **EFS-Recovery-Zertifikate**: Für einen oder mehrere Benutzer müssen EFS-Recovery-Zertifikate beantragt werden (siehe Abbildung 2.63).

- **Aktivierung**: Diese EFS-Recovery-Zertifikate werden im Active Directory per Group Policies der ganzen Domäne oder einzelnen Containern zugeordnet (siehe Abbildung 2.64).

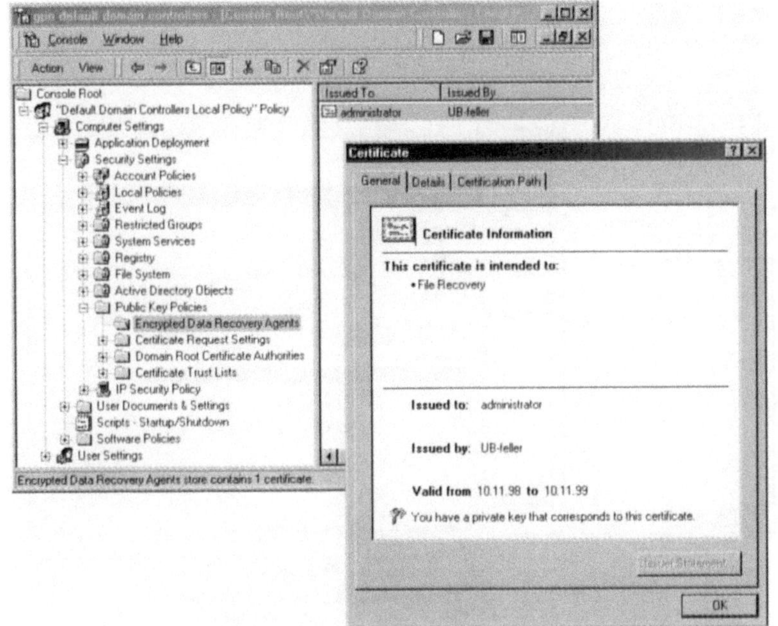

Abbildung 2.63: Einzelne Benutzer oder Gruppen erhalten für EFS-Recovery Zertifikate, die in einer Group Policy eingetragen werden (hier: „Default Domain Controllers Local Policy").

Die Zertifikate haben den Vorteil, daß sie in Form von Dateien exportiert und auf anderen Systemen wieder importiert werden können. Dabei kann der Private Key, der bei der Entschlüsselung zum Einsatz kommt, mit exportiert werden. Das Zertifikat wird in diesem Fall aus Sicherheitsgründen mit einem Kennwort geschützt (Abbildung 2.65). Durch Import des Zertifikates auf ein anderes Windows 2000-System wird ermöglicht, mit dem ersten System verschlüsselte Dateien auch auf dem neuen System zu entschlüsseln.

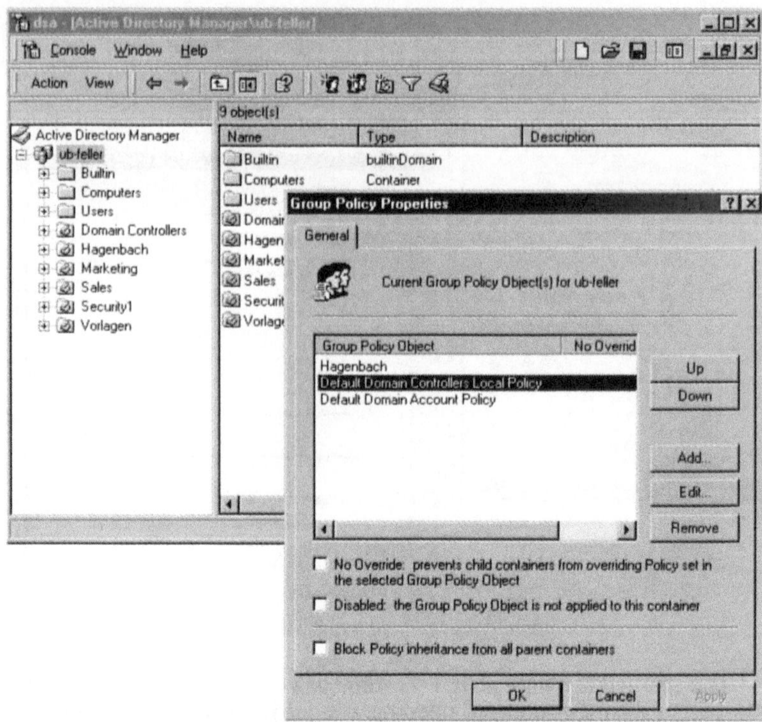

Auf Windows 2000 Professional-Rechnern, die nicht in eine Domäne integriert sind, können ebenfalls Daten verschlüsselt werden. Auch hier generiert das System bereits bei der Installation ein File-Recovery-Zertifikat, das der Administrator verwenden kann, um die von einem Benutzer verschlüsselten Daten wieder zu entschlüsseln (Abbildung 2.66). Dies funktioniert auch dann, wenn ein Benutzer, der ein Konto in der Domäne hat, lokal auf seinem Windows 2000-Rechner Dateien verschlüsselt. Andere Benutzer können diese Daten jedoch nicht entschlüsseln.

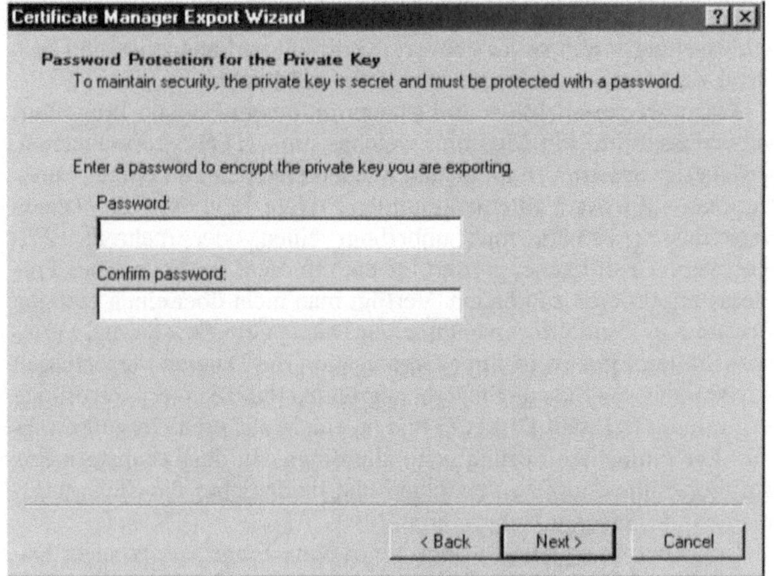

Abbildung 2.65: Wird ein Zertifikat samt privatem Schlüssel exportiert, so muß es mit einem Kennwort geschützt werden.

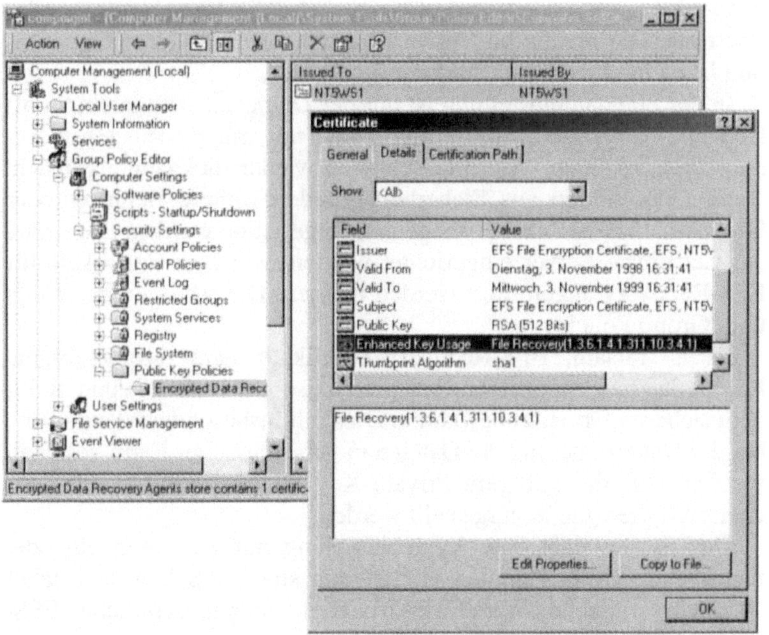

Abbildung 2.66: Bei Windows 2000 Professional-Rechnern wird automatisch ein Zertifikat generiert, welches dem lokalen Administratorkonto die Wiederherstellung von verschlüsselten Dateien ermöglicht.

Die Datenverschlüsselung kann auf Standalone-Windows 2000-Professional-Rechnern ebenso wie in einer Domäne abgeschaltet werden, indem das standardmäßig angelegte File-Recovery-Zertifikat (Abbildung 2.64) entfernt wird. Das System erlaubt keine Verschlüsselung, wenn kein Recovery-Zertifikat vorhanden ist, und kein Benutzer kann danach noch Dateien verschlüsseln.

Was aber geschieht, wenn Dateien mit einem Backup-Programm verschlüsselt auf ein Medium, welches mit NTFS 5 formatiert ist, gesichert wurden? Um die Daten wiederherstellen zu können, benötigt man auf jeden Fall einen gültigen Private Key. Wer die Dateien verschlüsselt sichert, muß unbedingt einen oder mehrere EFS-Recovery-Zertifikate exportiert haben, um diese im Falle eines Problems importieren zu können. Verfügt man nicht über einen gültigen Private Key, sind die verschlüsselten Dateien ein für alle mal verloren! Sollten Sie also in Ihrer Organisation die Dateien verschlüsselt sichern, müssen Sie aus Sicherheitsgründen die Recovery-Zertifikate exportieren (z.B. auf Diskette) und an einem sicheren Ort aufbewahren! Die einfachere Lösung wäre allerdings, bei der Datensicherung auf Verschlüsselung zu verzichten und dafür lieber die Sicherungsmedien im Tresor aufzubewahren.

Das Encrypting File System bietet ohne Frage zusätzlichen Datenschutz. In der aktuellen Version wird nur ein einziger Private Key vergeben, was zur Folge hat, daß verschlüsselte Dateien nur von demjenigen verwendet werden können, der die Verschlüsselung initiiert hat. Die praktische Verwendbarkeit innerhalb einer Organisation ist dadurch natürlich stark eingeschränkt.

In der Standardeinstellung ist nur der Domänen-Administrator als EFS-Recovery-Agent konfiguriert, d.h., nur mit diesem einen Benutzerkonto können Verschlüsselungen wieder rückgängig gemacht werden. Es sollten aus Sicherheitsgründen weitere Benutzer oder Gruppen als EFS-Recovery-Agenten eingerichtet werden. Dazu muß ein Certificate Server eingerichtet werden, von dem Zertifikate für EFS-Recovery angefordert werden müssen. Die Aktivierung erfolgt über Group Policies.

Es ist ratsam, EFS-Recovery-Zertifikate samt dazugehörigem Private Key zu exportieren (beispielsweise auf Diskette) und an einem sicheren Ort aufzubewahren. Dies gilt insbesondere dann, wenn bei der Datensicherung die Dateien in verschlüsselter Form gesichert werden. Nur mit gültigem Private Key können verschlüsselt gesicherte Dateien wiederhergestellt werden.

Das System läßt eine Verschlüsselung nur zu, wenn ein oder mehrere Recovery-Agenten eingerichtet sind. EFS läßt sich daher auf sehr einfache Weise deaktivieren, indem sämtliche EFS-Recovery-Zertifikate entfernt werden.

2.4
Sicherheit bei Windows 2000

Um die Sicherheit der Datenübertragung zu verbessern, hat Microsoft bei Windows 2000 eine Fülle von neuen Protokollen und Standards implementiert. Die Benutzeranmeldung wird bei Windows 2000 mit Hilfe des Kerberos-Protokolls Version 5 (Kerberos v5) realisiert. Kerberos ist ein anerkannter Internet-Standard. Die Windows 2000-Version ist kompatibel zu den RFCs 1510 und 1964.

Neben Kerberos unterstützt Windows 2000 aus Gründen der Abwärtskompatibilität auch noch die NT-LM (LanManager) – Authentisierung von Windows NT. Dadurch können sich Windows NT-Clients auch an Windows 2000-Domänen anmelden und umgekehrt Windows 2000-Clients an Windows NT 4-Domänen.

Kerberos ist das Protokoll der Wahl für die Client-Anmeldung im Windows 2000-Netzwerk. Es gibt weitere Protokolle, um die Kommunikation über das Internet sicherer zu machen: Secure Sockets Layer (SSL), Point to Point Tunneling Protocol (PPTP), Layer 2 Tunneling Protocol (L2TP) und IP Security (IPSec).

Der Certificate Server, der bereits als Bestandteil des Option Packs für Windows NT 4 kostenlos zur Verfügung stand, kann Zertifikate mit öffentlichen und privaten Schlüsseln ausgeben, womit Daten verschlüsselt werden können.

2.4.1
Kerberos-Authentisierung

Die Anmeldung an einem Windows NT 4-Netzwerk wird von Microsoft als „NT Challenge/Response" bezeichnet. Nachdem der Benutzer seinen Anmeldenamen und sein Kennwort eingegeben hat, führt der Clientrechner eine komplizierte mathematische Operation mit dem Benutzerkennwort als Variable aus und sendet das Ergebnis dieser Berechnung über das Netzwerk. Das Datenpaket enthält des weiteren den Benutzernamen in Klartext. Der Server führt die gleiche mathematische Operation mit dem gespeicherten Benutzerkennwort aus. Stimmen beide Ergebnisse überein, ist die Benutzeranmeldung erfolgreich.

NT Challenge/Response

Das Problem bei der Windows NT-Anmeldung ist jedoch nicht die „NT Challenge/Response", sondern die Tatsache, daß in der Standardeinstellung auch die „LanManager Challenge/Response" durchgeführt wird und zwei Versionen von mathematischen Kennwort-Verschlüsselungen über das Netzwerk gesendet werden. Die

LanManager Challenge/Response

LanManager-Verschlüsselung ist wesentlich schwächer als die NT-Verschlüsselung und bietet daher ein Angriffsziel für Hacker. Es ist zwar bisher nicht möglich gewesen, aus dem Ergebnis einer Operation das Kennwort quasi zurückzurechnen. Da jedoch die mathematischen Operationen öffentlich bekannt sind, ergeben sich Ansatzpunkte für sogenannte „Brute Force"-Attacken. Ein Angreifer kann das Datenpaket mit dem vom LanManager verschlüsselten Kennwort abfangen. Dann rechnet er zuerst Wörter aus einem Lexikon und anschließend systematisch alle anderen möglichen Zeichenfolgen mit der mathematischen Operation durch und vergleicht das Ergebnis mit dem abgefangenen Datenpaket. Auf diese Weise können Kennwörter ermittelt werden. Ein Beispiel für ein solches Programm kann sich jedermann bei http://www.l0pht.com herunterladen. Die Betreiber dieser Webpage sind keine Hacker, sondern haben es sich zur Aufgabe gemacht, dafür zu sorgen, daß Netzwerke sicherer werden. Ihr Programm namens l0phtcrack25.exe kann dazu verwendet werden, um die Sicherheit der Kennwörter im eigenen Netzwerk zu testen. Es analysiert die Benutzerkonten-Datenbank (dazu wird der Zugriff auf das Laufwerk mit den Systemdateien benötigt) und kann Datenpakete vom Netzwerk abfangen, die das vom LanManager verschlüsselte Kennwort enthalten.

Bei Windows NT 4 gibt es aufgrund dieser Sicherheitsprobleme ab Service Pack 3 die Möglichkeit, durch Hinzufügen eines Eintrags in die Registrierung das automatische Erzeugen des LanManager-Kennworts abzuschalten (Knowledge Base Artikel Nr. Q147706 „How to disable LM Authentication on Windows NT"). Service Pack 4 installiert zusätzlich die stärkere NT-LanManager Version2-Verschlüsselungsmethode.

<table><tr><td>Kerberos v5</td><td>

Windows 2000 verwendet zur Netzanmeldung eines Benutzers ein völlig anderes Verfahren, welches auf dem Kerberos-v5-Protokoll basiert. Das Kerberos-Protokoll ist so konzipiert, daß niemals das Kennwort eines Benutzers, auch nicht in verschlüsselter Form, über das Netzwerk gesendet wird. Abbildung 2.65 illustriert den Anmeldevorgang eines Benutzers.

Der Ablauf der Benutzeranmeldung mit Hilfe des Kerberos-Protokolls ist folgendermaßen:

</td></tr></table>

- **Einleitung der Authentisierung:** An einem Kerberos-Client, beispielsweise einem Windows 2000 Professional-Rechner, gibt ein Benutzer seinen Anmeldenamen und sein Kennwort ein. Der Clientrechner sendet eine Anforderung, die den Anmeldenamen des Benutzers in Klartext enthält, an einen Windows 2000-Domänencontroller. Das Kennwort wird nicht gesendet.

- **Rücksendung eines TGT (Ticket Granting Ticket):** Der Domänencontroller entnimmt dem Active Directory das Kennwort des Benutzers. Er erzeugt ein TGT (Ticket Granting Ticket), welches einen Session Key (Sitzungsschlüssel) enthält, den der Benutzer für jede weitere Kommunikation verwenden muß. Das gesamte TGT ist mit dem Kennwort des Benutzers verschlüsselt. Auch hier wird das Kennwort nicht über das Netz gesendet. Die Rolle des Domänencontrollers wird bei diesem Schritt mit „Authentication Server" bezeichnet.

- **Anforderung eines Tickets:** Das TGT kann vom Clientrechner nur dann entschlüsselt werden, wenn der Benutzer das korrekte Kennwort eingegeben hat. Im dritten Schritt wird ein Sitzungsticket angefordert. Dazu sendet der Client das TGT zurück und fügt außerdem einen sogenannten „Authenticator" hinzu. Der Authenticator enthält einen Zeitstempel und ist mit dem Session Key verschlüsselt, den der Client im zweiten Schritt erhalten hatte. Der Zeitstempel wird eingefügt, um nachzuweisen, daß dieses Paket wirklich die Antwort auf das TGT ist. Würde der Zeitstempel nicht überprüft, wäre es einem Angreifer möglich, den Datenverkehr abzufangen und zu einem späteren Zeitpunkt einfach erneut an den Server zu senden, um unter der Identität des Benutzers Zugriff zu erhalten.

- **Rücksendung eines Tickets:** Der Server entschlüsselt den Authenticator mit Hilfe des Session Keys und überprüft den Zeitstempel. Anschließend generiert er ein Ticket, welches die SID („Security-ID" = Sicherheits-Identitätsnummer) des Benutzers und der Gruppen enthält, in denen er Mitglied ist. Das gesamte Ticket ist ebenfalls mit Hilfe des Session Keys verschlüsselt, der Bestandteil des TGT war. Die Rolle des Servers in diesem Schritt wird mit „Ticket Granting Server (TGS)" bezeichnet. Das Kerberos-Protokoll gestattet es, hierfür einen anderen Server einzusetzen. Bei der Windows 2000-Implementierung ist der Domänencontroller sowohl Authentication Server als auch TGS. Beide Funktionen zusammen werden als „Key Distribution Center (KDC)" bezeichnet.

- **Zugriff auf Anwendung anfordern:** Um auf eine Anwendung zuzugreifen (dies kann beispielsweise ein Datei- und Druckserver oder ein Mailserver sein), sendet der Client sein Ticket an einen Anwendungsserver. Außer dem Ticket wird wiederum wie im dritten Schritt (Anforderung des Tickets) ein Authenticator mitgeschickt.

- **Zugriff gewähren:** Der Anwendungsserver überprüft zunächst die Identität des Benutzers anhand des Authenticators, extrahiert anschließend die SIDs aus dem Ticket und prüft, ob der Benutzer für den angeforderten Zugriff über ausreichende Berechtigungen verfügt. Ist dies der Fall, wird eine Sitzung aufgebaut.

Das Kerberos-Protokoll hat den einmaligen Vorteil, daß das Benutzerkennwort niemals über das Netzwerk geht. Wenn im ersten Schritt der Session Key übermittelt ist, verfügen Client und Server in ihrer weiteren Kommunikation über ein Mittel, um sich gegenseitig zu identifizieren. Aber nicht nur die Kommunikationspartner werden identifiziert, sondern auch die Integrität des Sitzungsverkehrs.

Windows 2000 unterstützt auch die Anmeldung der Benutzer mit Hilfe einer SmartCard. Das Kennwort wird dabei nicht an der Konsole eingegeben, sondern befindet sich auf einer Scheckkarte, die bei der Anmeldung in ein Lesegerät eingeführt wird. Auf diese Weise kann eine gemeinsame Schwäche *aller* Kennwortverfahren umgangen werden, nämlich die Tatsache, daß Benutzer zur Verwendung leicht zu erratender Kennwörter tendieren.

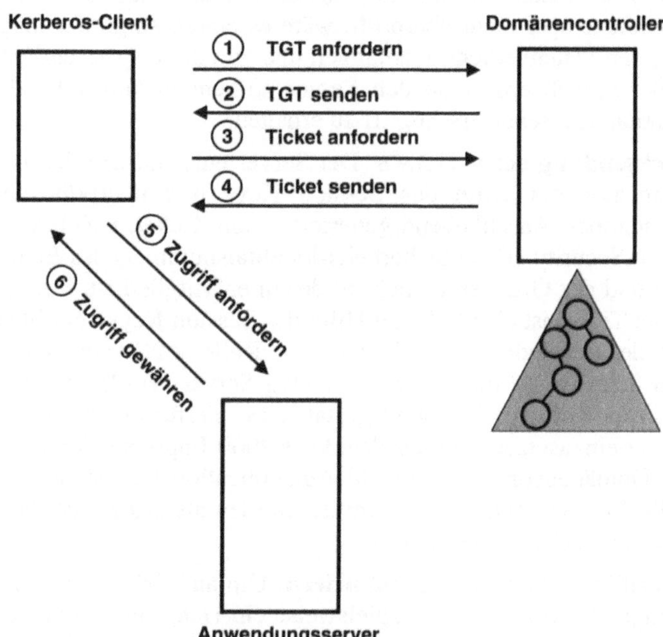

Abbildung 2.67: Benutzeranmeldung mit Hilfe des Kerberos-Protokolls (Erklärung im Text).

Eine weitere Eigenschaft von Kerberos ist die Unterstützung der transitiven Vertrauensbeziehungen zwischen Windows 2000-Domänen. Diese transitiven Beziehungen gestatten es, daß sich ein Benutzer nur ein einziges Mal anmelden muß und dann überall im gesamten Active Directory – auch in anderen Domänen – auf Ressourcen zugreifen kann. Voraussetzung ist allerdings nach wie vor, daß er über geeignete Zugriffsberechtigungen verfügt, denn das Kerberos-Protokoll überprüft lediglich seine Identität.

Da Kerberos v5 ein anerkannter Standard ist, könnten sich theoretisch auch andere Clientrechner – beispielsweise Unix-Rechner – an einer Windows 2000-Domäne anmelden. Dem steht jedoch entgegen, daß bei Kerberos nicht der Inhalt der Tickets definiert ist. Bei Windows 2000 stehen dort die Benutzer- und Gruppen -SIDs. Die Systeme, die über Kerberos miteinander verbunden werden, müßten auch die gleichen Tickets unterstützen.

Kerberos stellt eine erhebliche Verbesserung auf dem Gebiet der Benutzeranmeldung dar. Da es sich nicht um eine proprietäre Lösung handelt, sondern um einen anerkannten Standard, ist Kerberos ein Schritt hin zu einer besseren Interoperabilität verschiedener Verzeichnisdienste.

Fazit

2.4.2
Sicherheit im Internet: SSL, PPTP, L2TP, IPSec

Der folgende Abschnitt stellt einige bei Windows 2000 implementierte Protokolle vor, die die Datenübertragung sicherer machen. „Secure Sockets Layer (SSL)" ist eine Methode, um den Datenverkehr zwischen einem Internet-Server und einem Browser zu verschlüsseln. Die drei übrigen Protokolle werden verwendet, wenn sich DFÜ-Clients über das Internet mit dem RAS-Server ihrer Organisation verbinden, um dabei einen gesicherten Kommunikationskanal („Virtual Private Network", VPN) aufzubauen. Dabei werden entweder symmetrische oder asymmetrische Verschlüsselungsverfahren eingesetzt.

Bei den symmetrischen Verfahren wie beispielsweise *DES* (Data Encryption Standard), *Triple-DES* oder *MD5* wird der gleiche Schlüssel zum Verschlüsseln und zum Entschlüsseln der Daten angewendet. Der Vorteil der Methode liegt darin, daß sie sehr schnell ist. Die Übermittlung des Schlüssels stellt dabei ein großes Risiko dar, denn wer den Schlüssel besitzt, hat auch Zugriff auf die Daten.

Symmetrische Verschlüsselungsverfahren

Bei den asymmetrischen Verfahren wird ein Schlüsselpaar verwendet. Es gibt einen öffentlichen Schlüssel („Public Key"), der bekannt ist, und einen privaten Schlüssel („Private Key"), der geheimgehalten wird. Die Verschlüsselung von Daten geschieht mit dem öffentlichen Schlüssel. Der Verschlüsselungsalgorithmus ist so kon-

Asymmetrische Verschlüsselungsverfahren

zipiert, daß nur mit dem nicht bekannten privaten Schlüssel die Daten wiederhergestellt werden können. Das Encrypting File System (EFS) von Windows 2000 verwendet eine Kombination aus einem symmetrischen und einem asymmetrischen Verfahren (siehe Abschnitt 2.3.4.3 „Encrypting File System" in diesem Kapitel). Die Daten werden mit einem „File Encryption Key" (FEK) verschlüsselt und später auch wieder entschlüsselt, was ein symmetrisches Verfahren darstellt. Der FEK selbst wiederum wird mit einem öffentlichen Schlüssel verschlüsselt und kann nur mit einem privaten Schlüssel wieder entschlüsselt werden. Eines der bekanntesten asymmetrischen Verschlüsselungsverfahren ist *RSA*. RSA steht für Rivest, Shamir und Adleman, die Namen der drei Erfinder des Verfahrens.

2.4.2.1
Secure Sockets Layer (SSL)

Secure Sockets Layer (SSL) ist eine Entwicklung von Netscape, wird aber derzeit von der IETF (Internet Engineering Task Force) als *Transport Layer Security (TLS)* standardisiert, da es inzwischen im Internet als Quasi-Standard für eine gesicherte Kommunikation zwischen Internet-Server und Client etabliert ist. Die Bezeichnung „Transport Layer Security" ist leider nicht ganz korrekt gewählt, denn SSL ist nicht in der Transport-, sondern in der Darstellungsschicht des OSI-Modells implementiert, zwischen TCP/IP und HTTP.

Secure Sockets Layer (SSL) erfüllt die folgenden Funktionen:

- Identifikation eines Internet-Servers und optional auch des Clients (Browser)

- Verschlüsselung des Datenverkehrs zwischen Client und Server

Damit ein Server im Internet SSL für die Kommunikation einsetzen kann, benötigt er ein *Schlüsselpaar* (einen privaten und einen öffentlichen Schlüssel) sowie ein *Zertifikat*, das die Identität derjenigen Organisation bestätigt, welche den Server betreibt. Es gibt mittlerweile eine ganze Reihe von Organisationen im Internet, die Zertifikate ausstellen. Die bekanntesten sind VeriSign und CyberTrust. Auch Microsoft hat einen Certificate Server entwickelt, der im Intranet beispielsweise für die Vergabe von EFS-Recovery-Zertifikaten eingesetzt wird (siehe Abschnitt 2.3.4.3 „Encrypting File System" und Abschnitt 2.4.3 „Certificate Server" in diesem Kapitel).

Alle neuen Versionen der gängigen Webbrowser unterstützen SSL. Wenn ein Server eine Kommunikation über SSL angefordert hat (meist gibt es dann auf einer Webseite einen entsprechenden Link), kann man das leicht daran erkennen, daß in der Adreßzeile als Übertragungsprotokoll nicht mehr http, sondern „https" angegeben ist.

Die Funktionsweise von SSL ist wie folgt:

- Der Client sendet dem Server seine SSL-Konfigurationseinstellungen (z.B. Versionsnummer) und zufällig erzeugte Daten. Diese werden später benötigt, um einen Schlüssel zu erzeugen.

- Der Server sendet daraufhin seine eigenen SSL-Konfigurationseinstellungen, ebenfalls einige zufällig erzeugte Daten, sein Zertifikat sowie seinen öffentlichen Schlüssel.

- Der Client prüft, ob das Zertifikat tatsächlich von demjenigen Server kommt, der in dem Zertifikat aufgeführt ist. Falls nicht, wird der Benutzer gewarnt, daß der Server nicht verifiziert werden konnte. In diesem Falle handelt es sich bei dem erhaltenen Zertifikat wahrscheinlich um ein trojanisches Pferd.

- Konnte der Server bestätigt werden, teilen sich Client und Server in einer Reihe von komplizierten Schritten und unter Verwendung der zufällig erzeugten Daten einen privaten Schlüssel mit. Der Client sendet zuerst seinen privaten Schlüssel an den Server. Damit dieser Schlüssel nicht abgefangen werden kann, wird er mit dem öffentlichen Schlüssel des Servers verschlüsselt, den der Client im zweiten Schritt zusammen mit dem Server-Zertifikat erhalten hat.

- Sind die privaten Schlüssel festgelegt, kann die Kommunikation starten. Alle weiteren Datenpakete werden mit den ausgetauschten privaten Schlüsseln verschlüsselt. Da zum Ver- und Entschlüsseln jeweils der gleiche Schlüssel eingesetzt wird, handelt es sich hier um ein symmetrisches Verfahren, während zum Austausch der Schlüssel ein asymmetrisches Verfahren zum Einsatz kam.

- Optional kann über SSL auch eine Client-Authentisierung erfolgen, beispielsweise, indem der Benutzer zu Beginn der Kommunikation ein Kennwort eingibt.

SSL ist etwas langsamer als Kerberos. Daher ist Kerberos für Microsoft die erste Wahl für die Authentisierung innerhalb des Netzwerks. Da SSL jedoch inzwischen im Internet quasi zum Standard geworden ist, unterstützt auch Windows 2000 dieses Protokoll.

2.4.2.2
PPTP

PPTP (Point to Point Tunneling Protocol) ist ein wohldefinierter Standard, der inzwischen von einer Reihe von Herstellern unterstützt wird. Windows 95/98 und Windows NT 4 beinhalteten PPTP. Es setzt auf Ebene 3 (Netzwerk) des OSI-Modells auf und ist ein sogenanntes „Tunneling"-Verfahren. Dabei werden PPP-Datenpakete, die ihrerseits eine Reihe verschiedenster Protokolle enthalten können, verschlüsselt und in ein IP-Paket „verpackt". Auf diese Weise können die Pakete sicher über das Internet gelangen, denn es entsteht ein „virtuelles privates Netzwerk" (VPN, Virtual Private Network). Die Verschlüsselung erfolgt entweder mit 40-Bit- oder 128-Bit-Schlüsseln (letztere sind aufgrund von Exportbestimmungen der amerikanischen Regierung nur für US-amerikanische Unternehmen erhältlich).

Abbildung 2.68:
Mit PPTP können über das Internet abhörsichere Verbindungen hergestellt werden.

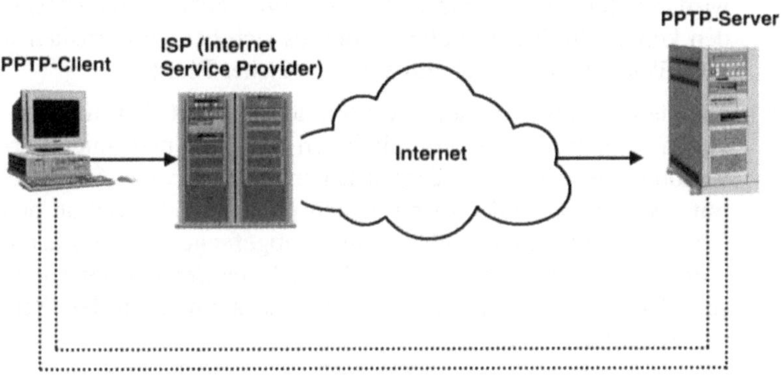

PPTP wird vor allem eingesetzt, um unter Verwendung des Internets eine abhörsichere DFÜ-Verbindung herzustellen (siehe Abbildung 2.68). Dies ist kostengünstiger als eine normale Wählverbindung, da für die Einwahl beim Internet-Service-Provider (ISP) lediglich Gebühren zum Ortstarif anfallen. Üblicherweise wird zum ISP eine normale Einwählverbindung hergestellt. Wenn diese steht, wird mit PPTP eine Verbindung zum Server des Unternehmens aufgebaut. Dieser muß natürlich ebenfalls PPTP unterstützen.

2.4.2.3
L2TP

Layer 2 Tunneling Protocol (L2TP) ist wie PPTP ein weit verbreiteter Standard zur sicheren Datenübertragung im Internet. Es setzt auf Ebene 2 des OSI-Modells auf. Im Gegensatz zu PPTP wird jedoch keine IP-Verbindung vorausgesetzt, sondern es kann auch ein Tunneling über Frame Relay, X.25 oder ATM (Asynchronous Transfer Mode) erfolgen.

Wie PPTP tunnelt auch L2TP PPP-Pakete. Die Verschlüsselung erfolgt mit DES oder Triple-DES (letzteres nur in den USA).

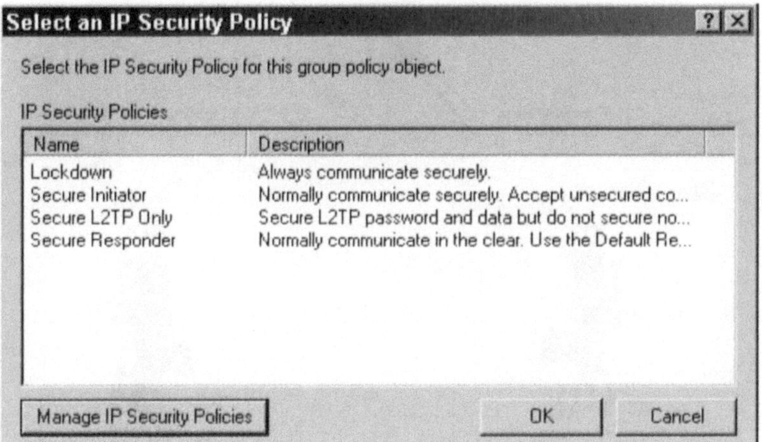

Abbildung 2.69: IPSec kann mit Hilfe von Group Policies konfiguriert werden.

2.4.2.4
IPSec

IPSec ist ein relativ neues und noch nicht sehr weit verbreitetes Verfahren zur Sicherung von IP-Verbindungen. Derzeit sind noch nicht alle Standards abschließend definiert. IPSec ist vom Prinzip her ebenfalls ein Tunneling-Verfahren über IP. Die Verschlüsselung der Daten kann mit symmetrischen und asymmetrischen Verfahren erfolgen. Der große Vorteil ist, daß IPSec über Group Policies konfiguriert werden kann (siehe Abbildung 2.69). Daher wird IPSec von Microsoft als Standard der Zukunft angesehen und bereits jetzt unterstützt.

2.4.3
Certificate Server

Schon das Option Pack für Windows NT 4.0 und der Internet Information Server 4.0 enthielten den Microsoft Certificate Server, der ebenfalls Bestandteil von Windows 2000 ist. Der Certificate Server dient zur Ausgabe von X.509-kompatiblen Zertifikaten.

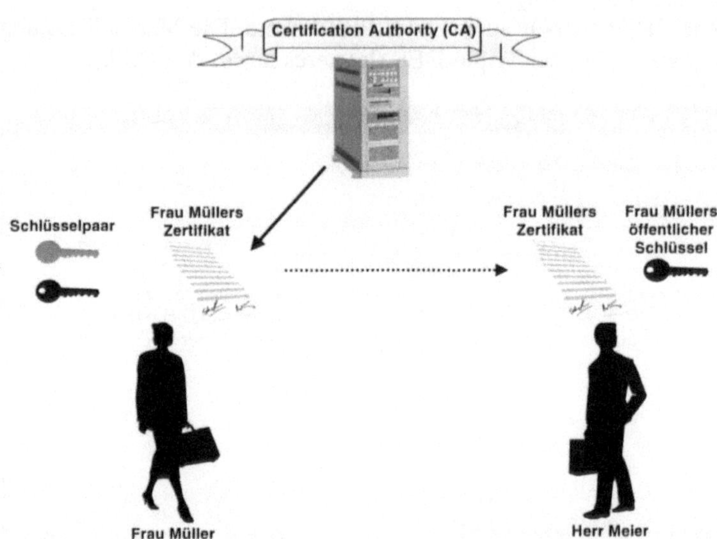

Abbildung 2.70: Zertifikate dienen dem Nachweis der Identität, wenn öffentliche Schlüssel ausgetauscht werden (Erklärung siehe Text).

Zertifikate wurden in diesem Kapitel bereits in Zusammenhang mit dem Encrypting File System und Secure Sockets Layer erwähnt. Sie dienen dem Nachweis der Identität desjenigen, der sie besitzt. Zur Verdeutlichung wird nachfolgend ein Beispiel für die Verwendung von Zertifikaten aufgeführt (siehe auch Abbildung 2.70).

Wie funktionieren Zertifikate?

Angenommen, zwei Benutzer, Frau Müller und Herr Meier, möchten verschlüsselte E-Mails austauschen. Dazu ist es erforderlich, daß beide ein Schlüsselpaar, bestehend aus einem öffentlichen und einem privaten Schlüssel, besitzen. Den öffentlichen Schlüssel teilen sie jeweils dem Gegenüber mit. Der eine Partner verschlüsselt seine Nachrichten mit dem öffentlichen Schlüssel des anderen Partners. Nur dieser kann die verschlüsselte Nachricht wieder entschlüsseln, denn nur er besitzt den korrespondierenden privaten Schlüssel.

Hier gibt es ein entscheidendes Problem: Wie kann sichergestellt werden, daß der erhaltene öffentliche Schlüssel auch von dem „richtigen" Partner kommt? Hierzu wird sozusagen eine Schiedsstelle eingerichtet, der beide Parteien trauen. Diese Schiedsstelle oder

„Certification Authority (CA)" vergibt ein Zertifikat, mit dem sie garantiert, daß der Inhaber dieses Zertifikates derjenige ist, der er zu sein vorgibt. Herr Meier, der der Certification Authority traut, akzeptiert also das Zertifikat und damit den öffentlichen Schlüssel von Frau Müller.

Auf diese Weise funktioniert Secure Sockets Layer (siehe Abschnitt 2.4.2.1 „Secure Sockets Layer (SSL)" in diesem Kapitel). Eine anerkannte Zertifizierungs-Organisation wie VeriSign oder CyberTrust vergibt ein Zertifikat, welches die Identität eines Internet-Servers bestätigt. Clients akzeptieren daraufhin den öffentlichen Schlüssel, der ihnen vom Server angeboten wird.

Der Certificate Server von Microsoft dient der Vergabe von Zertifikaten innerhalb einer Organisation. Außer den Zertifikaten, die die Identität des Inhabers bestätigen, vergibt der Certificate Server eine Reihe von Zertifikaten mit speziellen Funktionen, wie zum Beispiel Daten zu verschlüsseln oder verschlüsselte Daten wiederherstellen zu können (siehe auch Abschnitt 2.3.4.3 „Encrypting File System (EFS").

Der Certificate Server ist ein weiterer sehr wichtiger Baustein von Windows 2000, um in einer Organisation Sicherheitsrichtlinien zu implementieren. Aufgrund der Integration mit Group Policies können Zertifikate mit wichtigen Funktionen wie dem EFS File Recovery für eine gesamte Organisation an einer zentralen Stelle implementiert werden.

Fazit

2.4.4
Remote Access (RAS)

Unter Remote Access versteht man die Verbindungsaufnahme zu einem Server unter Verwendung des öffentlichen Telefonnetzes (auch DFÜ = Datenfernübertragung genannt). Der Zugriff auf Ressourcen über Wählverbindungen ist ein äußerst sensibler Bereich, dem in Hinblick auf Sicherheitsfragen stets erhöhte Aufmerksamkeit geschenkt wird.

Windows NT Server und Windows NT Workstation enthalten beide sowohl den RAS-Serverdienst, der Verbindungen entgegennimmt, als auch einen DFÜ-Client, mit dessen Hilfe Verbindungen zu RAS-Servern hergestellt werden. Der RAS-Server von Windows NT Workstation unterstützt jedoch maximal eine eingehende Verbindung, während NT Server bis zu 256 gleichzeitige RAS-Einwahlverbindungen erlaubt.

Vergleich mit
Windows NT 4

Auch der RAS-Dienst von Windows NT 4 hat schon einiges an Sicherheitsfunktionen zu bieten:

- **RAS-Einwahlberechtigungen** (nur pro Benutzer, nicht für Gruppen).

- **Sicherheitshosts:** Zwischengeschaltete Rechner, auf denen eine Anmeldung erfolgreich sein mußte, bevor zum eigentlichen RAS-Server weiter verbunden wird.

- **Rückruf:** Anrufer mit weitestgehenden Systemrechten wie Administratoren werden unter einer vorkonfigurierten Telefonnummer zurückgerufen (z.B. Privatnummer des Administrators).

- **Authentisierung:** Erst nach erfolgreicher Benutzeranmeldung kann auf die Ressourcen zugegriffen werden.

- **Verschlüsselung des Anmeldevorgangs:** Der Server akzeptiert mit MS-CHAP (Microsoft Challenge Handshake Authentication Protocol) verschlüsselte Kennwörter. Bei MS-CHAP wird das Private-Key-Verfahren DES (Data Encryption Standard) verwendet. Der DFÜ-Client unterstützt außerdem noch MD5 (Message Digest 5).

- **Verschlüsselung der Datenübertragung:** Die Datenübertragung kann mit RC4 von RSA verschlüsselt werden. RC4 ist ein symmetrisches Verfahren, wobei in der Microsoft-Implementierung ein 40 Bit langer Schlüssel eingesetzt wird. Das RC4-Verfahren wird auch bei Office 97 beim Schutz einer Datei durch ein Kennwort angewendet.

- **PPTP (Point to Point Tunneling Protocol):** Auch Windows NT 4 unterstützt virtuelle private Netzwerke mit PPTP (siehe auch Abschnitt 2.4.2.2).

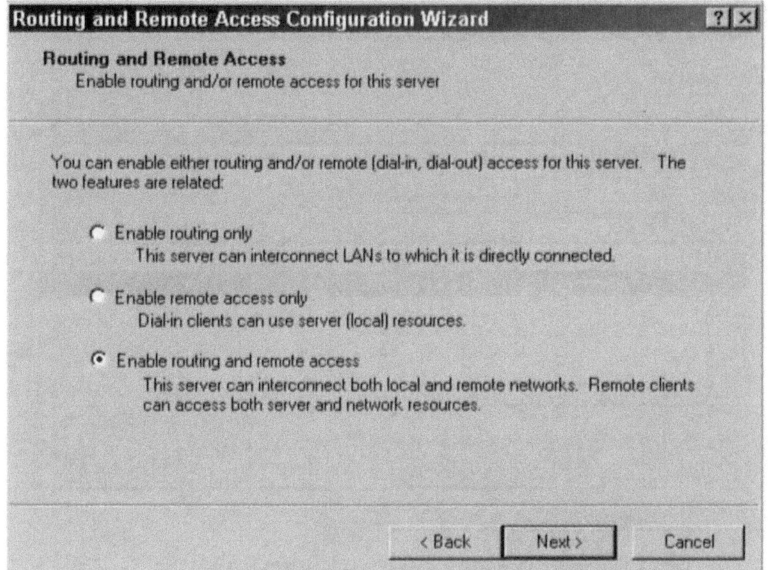

Abbildung 2.71: Bei der Installation des Routing and Remote Access Service (RRAS) kann ausgewählt werden, ob nur eine oder beide Komponenten installiert werden sollen.

Windows 2000 enthält den Dienst *Routing and Remote Access Service (RRAS)*. Eine Vorläuferversion steht auch für Windows NT 4 unter folgender Adresse zum kostenlosen Download zur Verfügung: www.eu.microsoft.com. RRAS besteht aus den beiden Komponenten „Routing" und „Remote Access Service". Das Installationsprogramm ist unter Windows 2000 gar nicht so einfach zu finden, denn es muß erst der „Routing and Remote Access Manager" gestartet und anschließend der lokale Rechner als Objekt hinzugefügt werden. Erst danach kann nach Aufruf des Kontextmenüs des Servers die Installation gestartet werden (siehe Abbildung 2.71). Nach dem Abschluß des Setup erfolgt eine Nachfrage, ob der Dienst gestartet werden soll. Das System muß nicht mehr wie bei Windows NT 4 neu gestartet werden.

RAS bei
Windows 2000

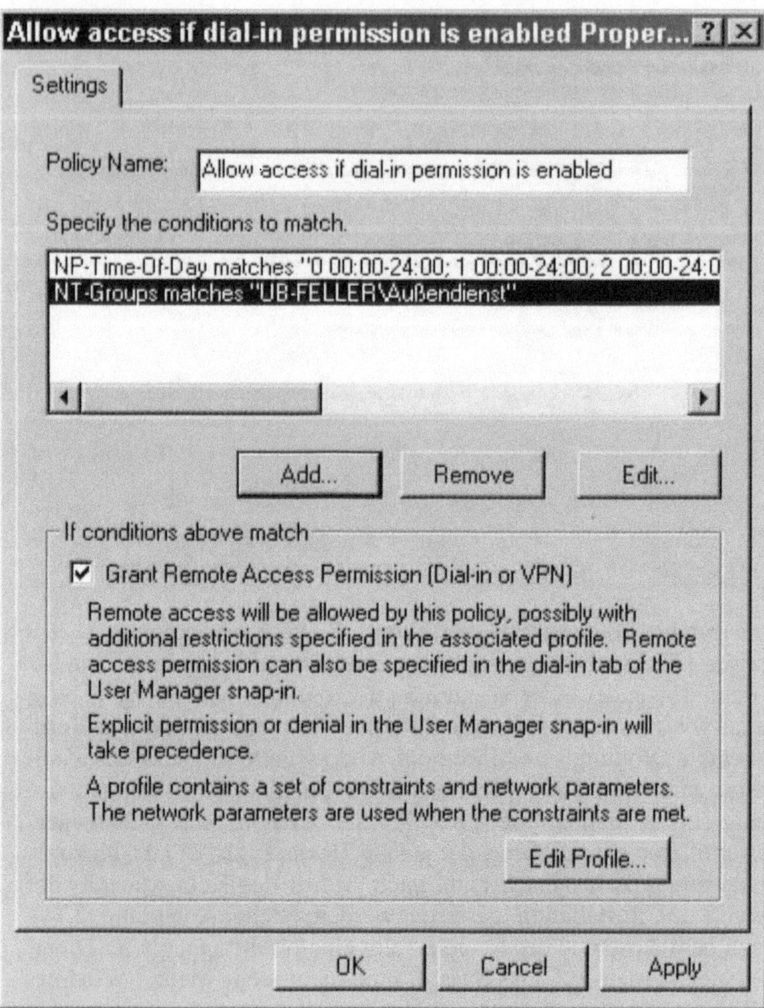

Remote Access
Policies

Während bei Windows NT 4 nur für Benutzerkonten, jedoch nicht für Gruppen Einwählberechtigungen erteilt werden können, gibt es bei Windows 2000 wesentlich mehr Möglichkeiten. Die Sicherheitskonfiguration des RAS-Servers erfolgt sehr bequem mit Hilfe von sogenannten *Remote Access Policies*.

In der ersten Stufe wird die Einwählberechtigung an bestimmte Bedingungen geknüpft. Abbildung 2.72 zeigt eine Remote Access Policy, die Einwählberechtigungen nur zu einer bestimmten Tageszeit und darüber hinaus ausschließlich an Mitglieder der Gruppe „UB-FELLER\Außendienst" erteilt. Es können noch eine Reihe weiterer Bedingungen definiert werden.

Für diejenigen Benutzer, die die definierten Bedingungen erfüllen, gelten die weiteren Einstellungen der Remote Access Policy (siehe Abbildung 2.73). Es können Einstellungen für den Anmeldevorgang, die Datenverschlüsselung, Multilink und Einwahlbeschränkungen vorgenommen werden.

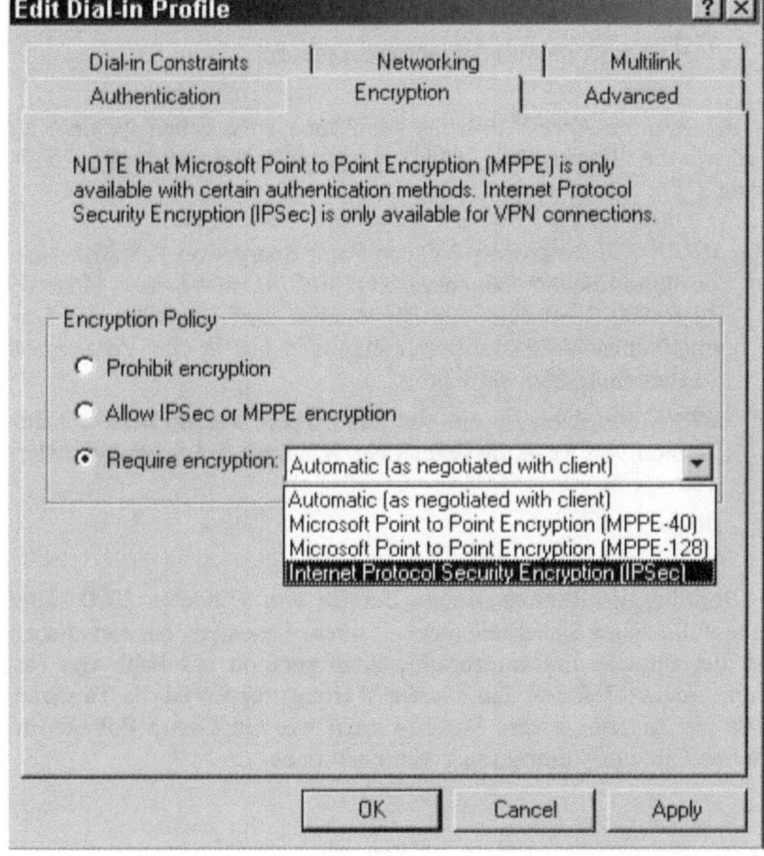

Abbildung 2:73: Die Sicherheitskonfiguration des Windows 2000-RAS-Server wird mit Remote Access Policies vorgenommen.

Der RAS-Server kann so konfiguriert werden, daß er nur verschlüsselte Kennwörter akzeptiert. Es werden wesentlich mehr Verschlüsselungsmethoden als bei Windows NT 4 unterstützt:

Verschlüsselung des Kennworts

- *EAP-TLS* (Extensible Authentication Protocol – Transport Level Security): EAP ist eine Erweiterung des schon in Windows NT 4 enthaltenen Point-to-Point (PPP)-Protokolls. Während bei der PPP-Implementierung von Windows NT 4 nur die Verschlüsselungsmethoden MS-CHAP und SPAP enthalten waren, kann EAP um Methoden von Drittanbietern erweitert werden, die beispielsweise SmartCards, Kerberos v.5 oder Zertifikate verwenden.

- *MS-CHAP* (Microsoft Challenge Handshake Authentication Protocol)

- *MD5* (Message Digest 5)

- *SPAP* (Shiva Password Authentication Protocol)

- *PAP* (Password Authentication Protocol)

Per Remote Access Policies kann auch vorgegeben werden, ob und wie die übertragenen Daten zu verschlüsseln sind (siehe Abbildung 2.73):

- *MPPE-128* (Microsoft Point to Point Encryption 128 Bit): Hinter diesem neuen Namen verbirgt sich die altbekannte Methode RC4 von RSA. Die 128-Bit-Version darf aufgrund der US-amerikanischen Exportbeschränkungen nur in den Vereinigten Staaten eingesetzt werden.

- *MPPE-40:* Dies ist die für den Export vorgesehene 40-Bit-Version von RC4, die bereits bei Windows NT 4 implementiert war.

- *IPSec*

Fazit

Routing and Remote Access Service von Windows 2000 bietet eine Fülle neuer Sicherheitsmechanismen. Besonders hervorzuheben ist die einfache und komfortable Konfiguration mit Hilfe von Remote Access Policies. Ein kleiner Wermutstropfen ist die Tatsache, daß die Remote Access Policies nicht wie die Group Policies im Active Directory konfiguriert werden können.

2.5
Clients im Windows 2000-Netzwerk

Clients in einem Windows 2000-Netzwerk müssen, um die volle Funktionalität nutzen zu können, über eine Reihe von Eigenschaften verfügen:

- Neuer DNS-Resolver für dynamisches DNS-Update

- Unterstützung von Kerberos v5, LDAP, IPSec etc.

- Unterstützung von Group Policies

- Unterstützung der neuen NTFS-Version 5

- DFS-Client

- Unterstützung der IntelliMirror-Technologien, beispielsweise Offline-Verzeichnisse

Windows 2000 Professional beinhaltet alle aufgezählten Eigenschaften und ist daher sicher erste Wahl bei den Client-Betriebssystemen. Für Windows 95 und Windows 98 gab es zusammen mit der Windows 2000-Version Beta 2 bereits ein „Active Directory Client Upgrade", für Windows NT 4 hat Microsoft ein solches für einen späteren Zeitpunkt angekündigt.

Windows 2000-Domänencontroller sind in der Standardeinstellung rückwärts kompatibel zu Windows 9x/Windows NT 4-Clients, denn sie akzeptieren auch NT/LanManager-Anmeldungen. In einer Übergangsphase können ältere Clients also vorübergehend in eine Windows 2000-Domäne integriert werden. Dies sollte jedoch kein Dauerzustand sein, denn die Windows 9.x-Clients senden das Kennwort in LanManager-Verschlüsselung über das Netzwerk, so daß das Kennwort potentiell dechiffriert werden kann. Ein weiterer gravierender Nachteil ist die Abhängigkeit von Windows 9x und NT 4 von NetBIOS, welches von Windows 2000 ebenfalls aus Kompatibilitätsgründen unterstützt wird. Sind alle Rechner innerhalb des Netzwerks umgestellt, soll es laut Aussage von Microsoft möglich sein, bei der endgültigen Version von Windows 2000 die NetBIOS-Unterstützung zu deaktivieren. Bei der Version Beta 2, die im Rahmen der Vorbereitungen für dieses Buch gründlich getestet wurde, war diese Möglichkeit noch nicht enthalten.

Kompatibilität zu
älteren Clients

Eine wichtige Frage stellt sich im Zusammenhang mit Clients stets aufs neue: Wie können Massen-Rollouts bewältigt werden? Windows 2000 bietet wie schon Windows NT 4 die Möglichkeit, ein Skript zur automatischen Installation zu erstellen. Dies beinhaltet zwar einige Handarbeit, läuft aber dann relativ zufriedenstellend (sofern die Hardware Plug-and-Play-fähig ist und von Windows 2000 unterstützt wird).

Automatische
Client-
Installation

Mittlerweile gibt es eine ganze Reihe von Disk-Image-Programmen, beispielsweise „DriveImage Professional" von Powerquest oder „Ghost" von Symantec, um nur zwei zu nennen. Dabei wurde von einer Musterinstallation ein Image der Festplatte gebildet, welches anschließend auf neue Rechner übertragen wurde. Dieser Vorgang wird auch „Cloning" genannt. Voraussetzung ist allerdings, daß die Rechner hinsichtlich Hardware möglichst absolut identisch sind. Die meisten Image-Programme änderten bei der Installation allerdings nicht die SID (Security-ID), was laut Microsoft zu Pro-

Disk-Image-
Programme

blemen im Peer-to-Peer-Netzwerk führen kann. Aus diesem Grunde weigerte sich Microsoft auch einige Zeit, für „geklonte" Workstations Support anzubieten. DriveImage beinhaltet daher ein kleines Programm zur Veränderung der SID. Microsoft hat inzwischen für Windows NT 4 einen eigenen SID-Changer namens „System Preparation Tool" entwickelt, womit Kunden Massen-Rollouts mit Disk-Image-Programmen durchführen können. Es kann zum derzeitigen Zeitpunkt allerdings noch keine abschließende Aussage getroffen werden, ob diese Disk-Image-Programme sich auch für das Rollout von Windows 2000 Professional eignen werden oder ob dort bei Einsatz dieser Methoden neue Probleme auftreten.

Windows 2000 Server enthält ein neues Programm namens „Remote Installation Server" (siehe Abbildung 2.74). Der Remote Installation Server ist ein in das Active Directory integrierter Dienst, mit dessen Hilfe auf Clientrechnern eine automatische Installation des Betriebssystems durchgeführt werden kann. Das Setup wird dabei durch ein Skript gesteuert. Bei der Installation des Remote Installation Service werden Skripte mitgeliefert, die vom Administrator angepaßt werden können. Der Clientrechner sollte vorzugsweise über eine Netzwerkkarte mit einem PXE-DHCP-basierenden Boot-ROM verfügen (hierbei handelt es sich um eine der Spezifikationen für den sogenannten „NetPC"). Besitzt der Rechner keine derartige Netzwerkkarte, kann alternativ auch eine Remote Installation-Bootdiskette erstellt werden. In der Version Beta 2 wurden allerdings nur wenige Netzwerkkarten unterstützt (3COM 900/905-Serie PCI, Hewlett Packard Dek Direct 10/100 TX PCI und SMC 9432 Epic PCI), so daß der Remote Installation Server leider nicht überprüft werden konnte.

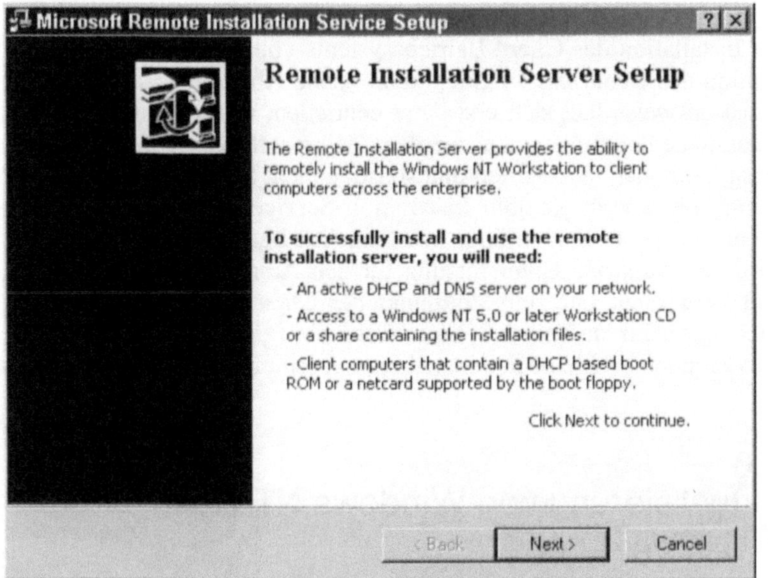

Abbildung 2.74: Der Dienst „Remote Installation Server" unterstützt Massen-Rollouts von Clientrechnern.

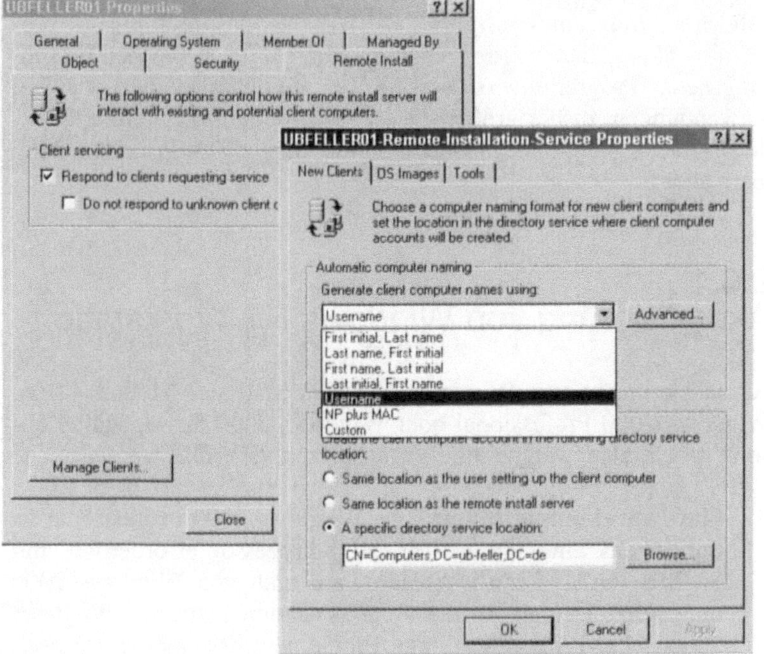

Abbildung 2.75: Der Remote Installation Server wird im Active Directory konfiguriert.

Der Remote Installation Server kann so konfiguriert werden, daß die Installation des Client-Betriebssystems vollkommen ohne Intervention des Benutzers ablaufen kann (siehe Abbildung 2.75). Seine Funktionsweise läßt sich erst dann beurteilen, wenn mehr Hardwarekomponenten unterstützt werden. Microsoft hat jedoch bereits klargestellt, daß ISA-Karten und sonstige nicht Plug-and-Play-fähige Geräte nicht vom Remote Installation Service unterstützt werden. Wenn dieses Tool allerdings wie angekündigt funktionieren wird, wird es eine große Unterstützung für den Administrator darstellen, und zwar nicht nur zum Zeitpunkt der Clientinstallation, sondern auch später im laufenden Betrieb, wenn ein Rechner aufgrund eines gravierenden Problems neu installiert werden muß.

2.6
Aktualisierung von Windows NT zu Windows 2000

Bei der Migration eines Betriebssystems zu einer neueren Version stellt sich natürlich für jeden Administrator die Frage, ob die vorhandenen, mühsam konfigurierten Workstations und Server problemlos aktualisiert werden können. Microsoft hat bei der Einführung neuer Programmversionen, ob bei Betriebssystemen oder bei Anwendungen, bisher größten Wert auf problemlos durchzuführende Upgrades gelegt. Dies ist auch beim Übergang zu Windows 2000 nicht anders.

2.6.1
Aktualisierung von Windows NT Workstation

Aktualisierungen von Windows NT Workstation 3.51 und 4.0 zu Windows 2000 Professional oder Windows 2000 Server laufen absolut problemlos, wenn einige Voraussetzungen erfüllt werden:

- **Hardwarekompatibilität:** Für Windows 2000 Professional ist mindestens ein Pentium-166-MHz-Prozessor erforderlich, mit 32 MB RAM. Sämtliche Hardware muß von Windows 2000 unterstützt werden. In der Beta-2-Version hatte das Windows 2000-Setup-Programm einige Probleme mit schnellen Chipsätzen wie beispielsweise TX-97. Hier mußte in der ersten Setup-Phase der First- und Second-Level-Cache deaktiviert werden.

- **Freier Festplattenplatz:** Windows 2000 ist wesentlich umfangreicher als Windows NT 4 und erfordert daher mindestens 300
  MB freien Festplattenplatz.

Beim Upgrade werden alle Einstellungen wie beispielsweise
Domänen-Mitgliedschaften problemlos übernommen.

Windows NT 3.1-Workstations können nicht zu Windows 2000
aktualisiert werden. Hier müßte zunächst ein Upgrade auf Windows
NT 3.51 oder 4.0 erfolgen. Da Windows NT 3.1-Rechner jedoch mit
hoher Wahrscheinlichkeit nicht die erforderlichen Voraussetzungen
hinsichtlich Hardware mitbringen, dürfte dies in der Praxis kaum zu
Nachteilen führen.

Windows 95 oder Windows 98 können nunmehr ebenfalls zu
Windows 2000 aktualisiert werden. Auch FAT32 macht keine Probleme mehr, da Windows 2000 FAT32 unterstützt.

Der "Remote Installation Server" (siehe Abschnitt 2.5 in diesem
Kapitel) bietet ferner die Möglichkeit, für Aktualisierungen ein
Skript zu schreiben. Bei der Aktualisierung vorhandener Clients
dürfte es voraussichtlich keine größeren Probleme geben, sofern die
Rechner die Hardware-Voraussetzungen für Windows 2000 erfüllen.

2.6.2
Aktualisierung von Windows NT Server

2.6.2.1
Grundlegende Voraussetzungen

Bei der Aktualisierung von Windows NT Server müssen zunächst,
wie bei der Aktualisierung von Windows NT Workstation, einige
grundlegende Voraussetzungen beachtet werden:

- **Hardwarekompatibilität:** Für Windows 2000 Server ist mindestens ein Pentium-166-MHz-Prozessor erforderlich, mit 64
  MB RAM. Sämtliche Hardware muß von Windows 2000 unterstützt werden. Das Setup-Programm von Windows 2000 Server
  hatte in der Beta-2-Version die gleichen Probleme mit schnellen
  Chipsätzen wie das Setup-Programm von Windows 2000 Professional.

- **Freier Festplattenplatz:** Für Windows 2000 Server sind mindestens 400 MB freier Festplattenplatz erforderlich.

Der Ablauf der Aktualisierung hängt ferner von der Rolle ab, die der Windows NT Server zugewiesen bekam. Bei der Installation von Windows NT Server muß eine Wahl getroffen werden zwischen folgenden Rollen:

- Primärer Domänencontroller (PDC): Der PDC verwaltet die Masterkopie der Domänendatenbank. Wird eine neue Domäne installiert, ist der PDC immer der erste Rechner in dieser Domäne.

- Backup-Domänencontroller (BDC): Der BDC verwaltet eine Nur-Lese-Kopie der Domänendatenbank. Ein BDC nimmt bereits während der Installation Kontakt zu seinem PDC auf und lädt eine Kopie der Datenbank. Ist in einer Domäne noch kein PDC vorhanden, so kann auch kein BDC installiert werden.

- Member Server: Windows NT Server als Member Server verwaltet keine Kopie der Domänendatenbank, sondern verfügt wie Windows NT Workstation über eine eigene lokale Datenbank. Member Server sind dafür vorgesehen, in einem Netzwerk ganz bestimmte Dienste wie beispielsweise Datei- und Druckdienste oder Datenbankdienste anzubieten, ohne mit der Verwaltung der Domänendatenbank zusätzlich belastet zu sein.

War eine Rolle erst einmal gewählt, so konnte sie später nicht mehr geändert werden (einzige Ausnahme: PDC und BDC in einer Domäne konnten ihre Rollen tauschen). Ein Member Server konnte nicht zum Domänencontroller werden und ein Domänencontroller konnte seinerseits nicht zum Member Server „herabgestuft" werden. In diesen Fällen war jeweils eine Neuinstallation erforderlich.

2.6.2.2
Update eines Windows NT 4 Member Servers

Die Rolle eines Windows NT Servers hat auch Konsequenzen beim Update zu Windows 2000 Server. Am problemlosesten ist ein Update eines Member Servers durchzuführen. War vor dem Update dieser Mitglied in einer NT 4-Domäne, so ist dies auch nach dem Update noch der Fall. Der neue Windows 2000 Server kann dann auch ohne weiteres in ein Active Directory aufgenommen werden.

2.6.2.3
Migration einer Windows NT 4-Domäne

Die Migration einer Windows NT 4-Domäne beginnt immer mit dem Upgrade des PDC. Vor dem Upgrade sollte aus Sicherheitsgründen mindestens ein BDC manuell synchronisiert und dann vom Netz genommen werden. Geht beim Upgrade des PDC etwas schief, kann dieser BDC zum neuen PDC heraufgestuft werden und die alte NT 4-Domäne steht wieder zur Verfügung.

Ist das Betriebssystem eines PDC zu Windows 2000 Server aktualisiert, wird beim ersten Hochfahren automatisch der Administrator angemeldet und das Programm DCPROMO zur Installation eines Active Directory gestartet (siehe Abbildung 2.76).

Abbildung 2.76: Unmittelbar nach der Aktualisierung des Betriebssystems eines PDC startet automatisch das Programm DCPROMO.EXE; um ein Active Directory zu installieren.

Die Benutzer-, Gruppen- und Computerkonten der NT 4-Domäne werden durch DCPROMO.EXE in ein Active Directory übertragen. Dabei besteht die Auswahl zwischen folgenden Konfigurationen:

- **Neuer Domänenbaum:** Die Windows NT 4-Domäne wird als neuer Domänenbaum installiert. Dieser kann mit einem existierenden Windows 2000-Domänenbaum einem gemeinsamen Forest beitreten oder einen neuen Forest bilden.

- **Neue Child Domain:** Die Windows NT 4-Domäne wird in einen existierenden Domänenbaum als neue Child Domain integriert.

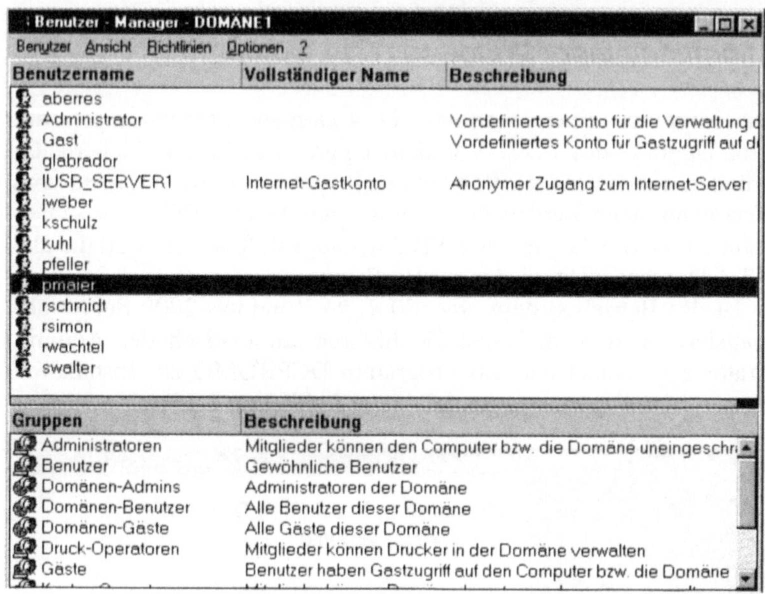

Nach der Installation des Active Directory sind die Konten der
NT 4-Domäne (siehe Abbildung 2.77) in das Active Directory übertragen (Abbildung 2.78). Die Konten der NT 4-Domäne werden bestimmten Containern des Active Directory zugeordnet (siehe Tabelle
2.8).

Für die BDCs der gerade migrierten Domäne sieht ihr migrierter
PDC immer noch wie ein Windows NT 4-PDC aus. Alle Änderungen an der Datenbank werden auch weiterhin nur am PDC durchgeführt. Die BDCs erhalten wie gewohnt Updates zur Domänendatenbank vom ehemaligen PDC. Zusätzlich nimmt der neue Windows
2000-Server auch am Replikationsprozeß innerhalb des Active Directory teil. Von einem BDC aus hat die Datenbank immer noch die
gewohnte flache Struktur. Dies ist auch dann der Fall, wenn der
Administrator eine hierarchische Struktur von OUs erstellt und die
Benutzer- und Gruppenkonten dort verteilt hat. War die Aktualisierung des PDCs erfolgreich, können nach und nach auch alle BDCs
migriert werden.

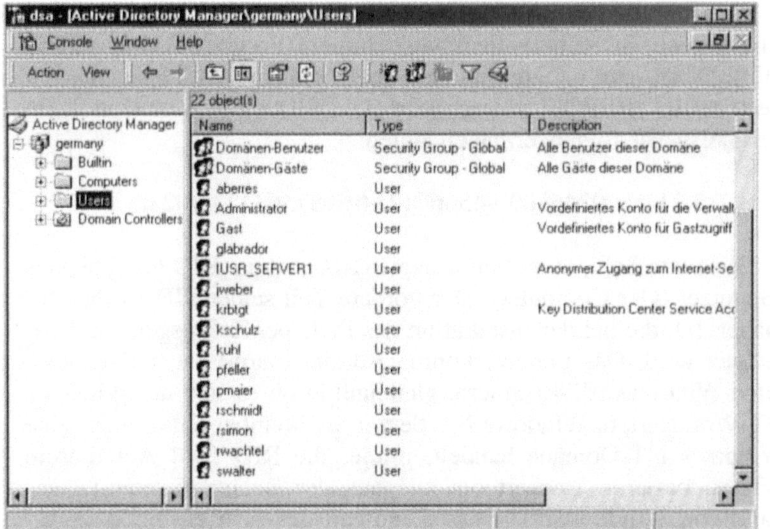

Abbildung 2.78:
Die Benutzer-
und Gruppen-
konten werden
nach der Migra-
tion eines Win-
dows NT 4-
PDCs bestimm-
ten Containern
im Active Direc-
tory zugeordnet.

Bei der Version Beta 2 von Windows 2000 funktionierte die Aktualisierung eines Windows NT 4-PDCs problemlos. Ein wenig irritierend war jedoch, daß der Anmeldebildschirm des ehemaligen PDC stets den Namen der NT 4-Domäne und nicht den neuen Namen der Windows 2000-Domäne anzeigte. Es steht zu hoffen, daß dieses Problem bis zur offiziellen Markteinführung gelöst werden wird.

Die migrierte NT 4-Domäne weist immer noch eine typische Eigenschaft auf. Neue Objekte können nämlich nach wie vor nur in der Kopie des Active Directory erstellt werden, die vom ehemaligen PDC verwaltet wird. Dies ist auch dann der Fall, wenn außer dem ehemaligen PDC schon weitere BDCs zu neuen Windows 2000-Domänencontrollern migriert sind. Die Erklärung hierfür liefert einen tiefen Einblick in die Struktur einer Windows NT 4-Domänendatenbank.

Neue Objekte in
der migrierten
NT 4-Domäne
erstellen

Windows NT 4-Domänenkonten	Container im Active Directory
Benutzerkonten	Users
Computerkonten	Computers
Konten der Domänencontroller	Domain Controllers
Eingebaute lokale Gruppen (z.B. Administratoren)	Builtin
Eingebaute globale Gruppen (z.B. Domänen-Admins)	Users
Vom Administrator erstellte lokale und globale Gruppen	Users

Tabelle 2.8:
Verteilung der
Domänenkonten
von Windows NT
4 auf die Contai-
ner im Active Di-
rectory nach der
Aktualisierung.

Alle Objekte innerhalb einer Windows NT 4-Domäne erhalten eine eigene Sicherheits-Identitätsnummer (Security-ID, abgekürzt SID). Diese wird gebildet, indem der Domänen-ID eine sogenannte Relative ID (RID) angehängt wird. Die SID eines Benutzers kann beispielsweise folgendermaßen lauten:

S-1-5-21-5679346709-9456671234-0987563423-1023

Die letzte Zahl, in diesem Beispiel 1023, ist die RID des Objektes (Benutzer oder Computer). Der vordere Teil seiner SID ist die Domänen-ID, die bei der Installation des PDC per Zufallsgenerator berechnet wird. Das Benutzerkonto „Administrator" hat übrigens auf *allen* Windows-NT-Rechnern, gleichgültig ob es sich um Windows NT-Workstation, Windows NT-Server als Member Server oder eine Windows NT-Domäne handelt, immer die RID 500! Auf diesem Wissen basieren Hackertools, die aus der Benutzerkonten-Datenbank von Windows NT 4 das Kennwort des Administrators zu ermitteln versuchen. Das eingebaute Konto „Gast" hat übrigens auf jedem System die RID 501.

Wenn der Administrator weitere Benutzer- oder Computerkonten anlegt, werden deren SIDs gebildet, indem einfach der Reihe nach RIDs an die Domänen-ID gehängt werden. Es wird dabei mit der RID 1000 begonnen. Das nächste Konto erhält die 1001, das übernächste die 1002 usw. Wird ein Konto gelöscht, kann seine RID niemals wieder verwendet werden. Dieses Prinzip der konsekutiven RIDs ist eine Basis für das Funktionieren der Single-Master-Replikation von Windows NT 4-Domänen.

In einer zu Windows 2000 migrierten Domäne werden zunächst zwei verschiedene Replikationsmechanismen verwendet. Einerseits repliziert der ehemalige PDC Änderungen zu den übrigen Windows 2000-Domänencontrollern seiner eigenen Domäne unter Verwendung des Multi-Master-Replikationsprotokolls von Windows 2000, andererseits verwendet er auch noch das Single-Master-Replikationsprotokoll von Windows NT 4, um zu den noch nicht migrierten BDCs zu replizieren. Aus diesem Grunde können Änderungen an der Domänendatenbank nach wie vor nur in der vom PDC verwalteten Kopie durchgeführt werden. Dies ist übrigens auch dann noch der Fall, wenn alle BDCs zu Windows 2000 aktualisiert sind.

Wenn eine Windows NT 4-Domäne schließlich komplett zu Windows 2000 umgestellt ist, muß das Active Directory vom Administrator vom „mixed mode" auf den „native mode" umgestellt werden (siehe auch Abschnitt 2.3.1 „Das Active Directory"). Dieser Schritt ist nicht reversibel. Ist ein Active Directory umgestellt auf nativen Modus, können keine NT 4-Domänencontroller mehr integriert werden, weil das Windows NT 4-Repliaktionsprotokoll nicht mehr verwendet wird. Auf Windows NT 4-Clients hat dies jedoch keinen Einfluß. Sie können sich nach wie vor unter Verwendung des Netlogon-Dienstes von NT 4 auch am Active Directory anmelden, obwohl sie nicht das Kerberos-Protokoll verwenden. Genauso wie Kerberos-Clients können sie im gesamten Active Directory, also auch in allen untergeordneten Domänen, auf Ressourcen zugreifen. Dies ist der Fall, weil zwischen den Domänen im Active Directory transitive Vertrauensbeziehungen eingerichtet sind.

<table>
<tr><td>

Nach der Umstellung der Domäne in nativen Modus beantragen die übrigen Windows 2000-Domänencontroller beim ehemaligen PDC einen RID-Bereich. Jeder Domänencontroller kann nun unter Verwendung der von ihm verwalteten RIDs in seiner Kopie der Domänendatenbank neue Objekte anlegen und diese zu den übrigen Domänencontrollern replizieren. Bei Windows 2000 gilt das Prinzip der konsekutiven RIDs nämlich nicht mehr. Jeder Domänencontroller verwaltet 100.000 RIDs. Hat ein Domänencontroller seinen RID-Pool erschöpft, kann er einen neuen Bereich beantragen.

</td><td>

Aufteilung des RID-Pools

</td></tr>
</table>

2.6.2.4
Konsolidierung mehrerer NT 4-Domänen

Die Migration von Windows NT 4-Domänen zu Windows 2000 bietet auch die Möglichkeit der Konsolidierung mehrerer NT 4-Domänen. Da die Domänendatenbank von Windows NT 4 auf eine Größe von 40 MB beschränkt ist (was etwa 27.000 Benutzern mit je einem Windows NT-Workstation-Rechner entspricht), ergab sich schon hieraus häufig die Notwendigkeit, mehrere Domänen zu bilden. Typischerweise entsteht dann entweder ein Master- oder ein Multi-Master-Domänenmodell (siehe Abschnitt 2.3.1.1 „Windows NT 4-Domänen").

Eine NT 4-Ressourcendomäne kann zunächst als Child Domain in einen bestehenden Domänenbaum integriert werden. Anschließend können alle ehemaligen NT 4-Konten in eine übergeordnete Domain überführt und danach die Child Domain aufgelöst werden.

<table>
<tr><td>

Bei der Überführung der ehemaligen Ressourcendomäne in die übergeordnete Domäne ist eine Besonderheit hinsichtlich der Zugriffsberechtigungen zu beachten.

Für die Einrichtung der Zugriffsberechtigungen gibt Microsoft die Empfehlung „AGLP" (Accounts – Global – Local – Permissions) aus, also die Zuweisung der Berechtigungen zu einer lokalen Gruppe, anschließend eine globale Gruppe zum Mitglied dieser lokalen Gruppe zu machen, damit diese die Berechtigungen erbt (siehe

</td><td>

Migration der Zugriffsberechtigungen auf Ressourcen

</td></tr>
</table>

Abschnitt 2.3.1.2 „Gruppen"). Hat man dieses Vorgehen innerhalb eines Master-Domänenmodells befolgt, entsteht für Ressourcen, die sich auf Domänencontrollern befinden, folgende Situation (siehe Abbildung 2.79):

- Es wurde in der Domänendatenbank der *Ressourcendomäne* eine lokale Gruppe erstellt. Diese erhielt Zugriffsberechtigungen auf eine Ressource, beispielsweise ein Verzeichnis. In Abbildung 2.79 ist dies die lokale Gruppe „Kundendaten" in der Ressourcendomäne.

- Eine globale Gruppe aus der Masterdomäne wurde zum Mitglied in dieser lokalen Gruppe, wodurch deren Mitglieder, also Benutzerkonten aus der Masterdomäne, wiederum die Berechtigungen für die Ressource erbten. In Abbildung 2.79 ist dies die globale Gruppe „Verkauf" in der Masterdomäne.

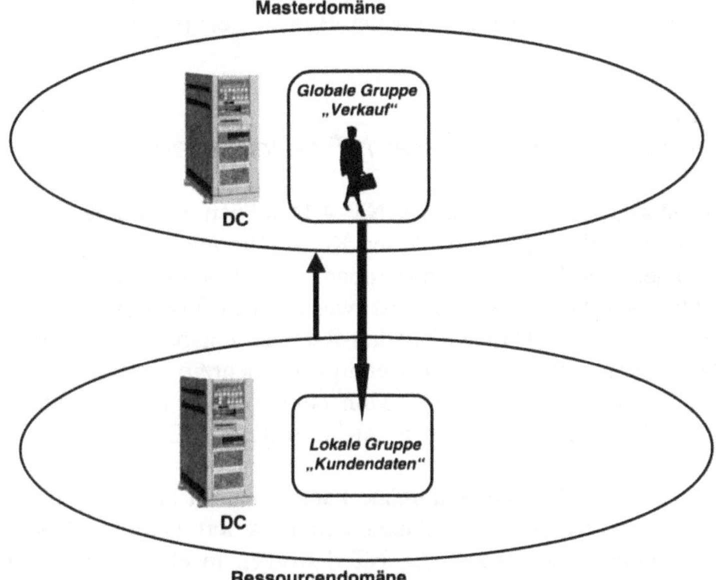

Abbildung 2.79: Zuweisung von Berechtigungen unter Verwendung lokaler und globaler Gruppen im Master-Domänenmodell.

Nach der Aktualisierung zu Windows 2000 ist die ehemalige Ressourcendomäne zunächst eine untergeordnete Domäne der ehemaligen Masterdomäne. Nun werden zunächst die Computerkonten der Member Server und der Clientrechner in die Masterdomäne verschoben. Der nächste Schritt besteht darin, alle lokalen Gruppen der ehemaligen Domänendatenbank der Ressourcendomäne ebenfalls in die Masterdomäne zu verschieben. Wird dies vergessen, gehen nach der endgültigen Auflösung der ehemaligen Ressourcendomäne alle Zugriffsberechtigungen verloren! Die Auflösung einer untergeordneten Domäne erfolgt nämlich, indem mit Hilfe des Programms DCPROMO.EXE auf allen Domänencontrollern das Active Directory entfernt wird. Bei diesem Vorgang werden alle noch vorhandenen lokalen Gruppen ebenfalls entfernt. Durch das Verschieben in die übergeordnete Domäne bleiben sie jedoch erhalten und mit ihnen auch die Zugriffsberechtigungen.

Mit lokalen Gruppen auf Member Servern hat man nach dem Update zu Windows 2000 keine Probleme. Die lokalen Gruppen bleiben nach wie vor in der lokalen Benutzerkonten-Datenbank des Member Servers erhalten, auch wenn dieser Mitglied einer Windows 2000-Domäne wird. Für die Vergabe der Zugriffsberechtigungen unter Windows 2000 sollten allerdings ausschließlich Active-Directory-Gruppen verwendet werden, weil dies eine zentrale Verwaltung aller Berechtigungen gestattet. Langfristig kommt man wohl nicht umhin, die Zugriffsberechtigungen für Ressourcen auf Member Servern auf globale oder lokale Domänengruppen umzustellen (die von Microsoft empfohlene Strategie wurde in Abschnitt 2.3.1.2 „Gruppen" vorgestellt).

Bei Windows NT 4 gibt es ebenfalls Kontenrichtlinien, die beispielsweise die minimale Kennwortlänge festlegen oder die maximal zulässige Anzahl von ungültigen Anmeldeversuchen, bis ein Konto gesperrt wird. Die Kontenrichtlinien bei Windows 2000 werden auf eine völlig unterschiedliche Weise gespeichert, so daß bei der Aktualisierung die Kontenrichtlinien nicht übernommen werden. Wird die Windows NT 4-Domäne zur Child Domain, werden die Richtlinien der Parent Domain übernommen. Bildet die Windows NT 4-Domäne hingegen einen eigenen Domänenbaum, werden die Standardeinstellungen von Windows 2000 angewendet.

Wenn alle Windows NT 4-Domänencontroller zu Windows 2000 aktualisiert sind, werden alle Domänen von „mixed mode" in den „native mode" umgestellt, um sicherzustellen, daß auf jedem Domänencontroller neue Objekte angelegt werden können. Nur auf diese Weise ist das Multi-Master-System von Windows 2000 vollständig implementiert.

2.7
Schlußbemerkungen

Dieses Kapitel hat Ihnen die neuen Eigenschaften von Windows 2000 näher gebracht. Es ist nicht als Ersatz für eine adäquate Schulung und das praktische Arbeiten mit Windows 2000 selbst gedacht. Es soll jedoch für die Komplexität von Windows 2000 sensibilisieren und Ihnen dabei helfen, den Überblick zu behalten und Projektpläne und -angebote besser beurteilen zu können.

Die in diesem Kapitel vorgestellten Eigenschaften von Windows 2000 wurden auf Basis der Version Beta 2 überprüft. Diese Vorversion, obwohl schon sehr stabil, enthielt jedoch noch nicht den vollen angekündigten Funktionsumfang. Insbesondere im Bereich „IntelliMirror" ist noch mit erheblichen Erweiterungen zu rechnen, das gilt aber auch für das Distributed File System und für die Anbindung des Active Directory an andere X.500-kompatible Verzeichnisdienste.

3 Das Migrationsprojekt

Kapitel 3 stellt Ihnen einen detaillierten Plan für ein Windows 2000-Projekt vor. Zu den in diesem Kapitel aufgeführten *technischen* Aspekten der neuen Features von Windows 2000 werden bei der Besprechung der einzelnen Projektphasen die *Planungsgrundlagen* erläutert. Ein Beispiel soll diesen Unterschied verdeutlichen: Kapitel 2 beschreibt in Abschnitt 2.6 den technischen Hintergrund für die Migration bestehender Windows NT 4-Domänen. Kapitel 3 stellt verschiedene *Migrationsstrategien* vor, die entsprechend der Struktur des vorhandenen Windows NT 4-Netzwerks angewendet werden sollten. Zu allen Projektphasen werden außerdem Checklisten angeboten, die in Projekten entwickelt und praktisch erprobt wurden.

Während in Kapitel 1 die Phasen eines Windows 2000-Migrationsprojektes im Überblick vorgestellt wurden, werden sie nunmehr detailliert besprochen. Der Schwerpunkt liegt in diesem Buch naturgemäß bei der Planung der Betriebssystemstruktur. In Netzwerkprojekten spielen jedoch meist die Applikationen, insbesondere die unternehmenskritischen, eine zentrale Rolle. Aufgrund der Vielfalt der möglichen Anwendungen kann hier jedoch nicht näher darauf eingegangen werden. Hierzu wird auf entsprechende Literatur oder Empfehlungen der Hersteller verwiesen.

Im folgenden Abschnitt werden zwei Fallbeispiele besprochen, die unterschiedliche Anforderungen an ein Windows 2000-Netzwerk stellen. Diese Fallbeispiele werden bei der Beschreibung der Projektphasen jeweils wieder aufgegriffen, um die Informationen zu veranschaulichen.

3.1
Fallbeispiele

Die Einsatzgebiete von Windows 2000 werden anhand zweier sehr unterschiedlicher Fallbeispiele verdeutlicht. Fallbeispiel 1 ist ein mittelständisches Unternehmen, Fallbeispiel 2 ein Großunternehmen mit mehreren Standorten. Beide Unternehmen wollen ihr Netzwerk auf Windows 2000 umstellen, jedoch aus sehr unterschiedlichen Gründen. Es handelt sich hierbei natürlich nicht um „real existierende" Unternehmen. Eventuelle Ähnlichkeiten mit realen Unternehmen sind rein zufällig und nicht beabsichtigt. In beide Fallbeispiele sind Projekterfahrungen eingeflossen, wobei aus Gründen der Anschaulichkeit einige Vereinfachungen in Kauf genommen werden mußten.

3.1.1
Fallbeispiel 1: SCHWABENBANK AG

Fallbeispiel 1 beschreibt die fiktive Privatbank SCHWABENBANK AG, die sich im regionalen Umfeld auf Bausparverträge und Hypothekengeschäfte spezialisiert hat.

Die SCHWABENBANK AG beschäftigt derzeit 150 Mitarbeiter, davon 20 im Außendienst. Das Unternehmen besteht aus den Hauptabteilungen: Geschäftsführung, Vertrieb, Vertragsabwicklung und allgemeine Verwaltung (inklusive EDV). Die Mitarbeiterzahl ist innerhalb der letzten fünf Jahre um 50 Prozent gestiegen, so daß vor zwei Jahren ein Stockwerk in einem anderen Gebäude angemietet wurde. Dort arbeitet die Geschäftsführung und die Allgemeine Verwaltung außer den Mitarbeitern der EDV, die im Stammgebäude angesiedelt sind.

Derzeit sind die beiden Gebäude über eine ISDN-Standleitung (64 KBit/s) miteinander verbunden. Sie befinden sich in Sichtweite, sind jedoch durch eine vielbefahrene Straße voneinander getrennt. In dem Stammgebäude, welches der SCHWABENBANK AG gehört, sind 100 Mitarbeiter beschäftigt, in dem zweiten Gebäude die restlichen 30. Die Anmietung eines zusätzlichen Stockwerks für weitere 30 Mitarbeiter ist vorgesehen.

Die Verwaltung der Bauspar- und Hypothekenverträge erfolgt mit Hilfe einer Branchensoftware, die auf einer AS/400 läuft. Die AS/400 befindet sich im Hauptgebäude. Derzeit verwenden nur die Mitarbeiter dieses Gebäudes die AS/400-Software. Sie greifen über ein Gateway mit NetWare for SAA:AS/400-Edition darauf zu. In Zukunft sollen jedoch auch die Mitarbeiter in dem zweiten Gebäude die AS/400 nutzen können.

Das Netzwerk besteht aus sechs Novell NetWare 3.12-Servern. Vier sind als Datei- und Druckserver, einer ist als SNA-Gateway und der sechste als Mailserver konfiguriert. Derzeit wird Microsoft Mail for PC Networks eingesetzt. Zwei der Datei- und Druckserver befinden sich im angemieteten Gebäude, die restlichen Server sind alle im Hauptgebäude. Im Novell-Netzwerk werden derzeit die Protokolle IPX/SPX und TCP/IP eingesetzt, letzteres nur zur Verbindung zwischen den Druckservern und den Druckern. Zwei ISDN-Router bauen zum Versenden der Mails und Faxe ISDN-Wählverbindungen auf.

Das Client-Betriebssystem ist Windows für Workgroups 3.11 mit dem NetWare-VLM-Client. Nur MS-DOS 6.22 ist lokal installiert, Windows wird vom Server gestartet. Die Benutzer können sich an jedem beliebigen Clientrechner anmelden und finden immer ihre spezifische Arbeitsoberfläche vor. Jeder Benutzer sieht auf seiner Oberfläche nur diejenigen Programmgruppen, die er zur Verrichtung seiner Arbeiten benötigt. Dies wird über eine benutzerspezifische Version der Datei PROGMAN.INI gesteuert, die mit Hilfe eines NetWare Login-Skriptes generiert wird. Anhand der Gruppenzugehörigkeiten eines Benutzers wird dabei während des Anmeldevorgangs die PROGMAN.INI zusammengebaut. Diese definiert schließlich eine Windows 3.1-Oberfläche, die außer den vom Benutzer benötigten Programmgruppen keine Programme zur Steuerung des Betriebsystems enthält. Selbst die Systemsteuerung wurde entfernt.

Als Office-Anwendung wird Microsoft Office 4.3 (16-Bit) verwendet, und zwar ebenfalls als serverbasierte Installation. Auf Clientseite wird als Netzwerkprotokoll ausschließlich IPX/SPX eingesetzt.

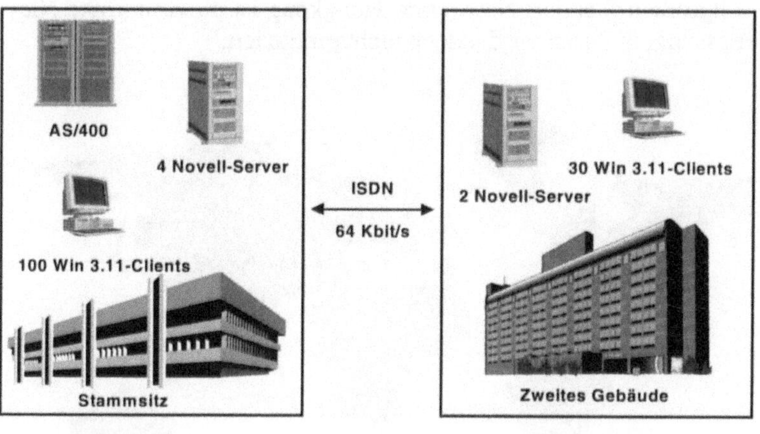

Abbildung 3.1: Das Netzwerk der SCHWABEN-BANK AG.

Es gibt insgesamt 15 Drucker. Bei allen handelt es sich um HP LaserJet 5Si mit eigener Netzwerkkarte. Die Drucker werden über TCP/IP angesteuert. Die Verwaltung erfolgt mit Hilfe des Programms JetAdmin von Hewlett Packard.

Das physikalische Netzwerk beider Gebäude weist eine strukturierte Verkabelung auf. Die Server stehen im FDDI-Doppelring. Sie sind über Router mit den Ethernet-Segmenten der Clientrechner verbunden. Zwischen zehn und fünfzehn Clients hängen jeweils an einem Ethernet-Segment. Die Segmente sind über Hubs miteinander verbunden.

Die 20 Außendienstmitarbeiter verfügen über Notebooks mit Windows 3.11 als Betriebssystem. Derzeit können sie sich noch nicht in das Firmennetz einwählen.

Die SCHWABENBANK AG verfügt über eine eigene Webseite, die bei ihrem Provider auf einem Webserver liegt. Nur die Mitarbeiter der EDV haben derzeit einen Zugang zum Internet, allerdings lediglich über einen alleinstehenden Rechner, wobei mit Hilfe eines Modems bei Bedarf eine Wählverbindung zum Internet aufgebaut wird.

3.1.2
Fallbeispiel 2: PHARMA SCHULZ GmbH & Co. KG

Die PHARMA SCHULZ GmbH & Co. KG ist eine international operierende Pharmafirma. Der Hauptsitz befindet sich in Berlin, dort wird auch produziert. Eine weitere Produktion befindet sich am zweitgrößten Standort New York. Hongkong ist die drittgrößte Niederlassung, in Asien wird jedoch nicht produziert.

Abbildung 3.2: Fallbeispiel 2 beschreibt die PHARMA SCHULZ GmbH & Co. KG, ein weltweit operierendes Pharmaunternehmen.

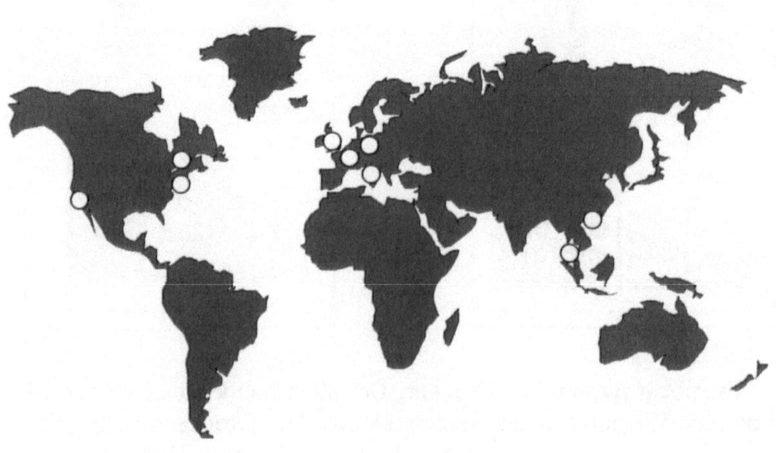

Von den drei großen Standorten aus werden jeweils die Benutzerkonten in den kleineren Niederlassungen mit verwaltet. So administriert die EDV-Abteilung von New York aus auch die Benutzer in Montreal und San Francisco. Berlin betreut London, Paris und Rom und in Hongkong kümmert man sich auch um das Vertriebsbüro in Singapur. Die kleineren Standorte besitzen eigene EDV-Abteilungen, die zwar nicht die Benutzerkonten, jedoch die Ressourcen verwalten.

Die PHARMA SCHULZ GmbH & Co. KG beschäftigt derzeit weltweit etwas mehr als 5000 Mitarbeiter, davon 3000 in Deutschland, 1000 in New York, je 200 in Montreal, San Francisco, Paris, London und Rom, 100 in Hongkong und ein kleines Büro von 20 Personen in Singapur.

Zwischen den einzelnen Standorten der PHARMA SCHULZ GmbH & Co. KG gibt es die in Abbildung 3.3 dargestellten Verbindungen. Standleitungen sind innerhalb von Nordamerika und Kanada sowie zwischen Berlin und New York und Berlin und den europäischen Standorten eingerichtet. Bei den übrigen Verbindungen (Berlin – Hongkong, New York – Hongkong und Hongkong – Singapur) handelt es sich um Wählleitungen.

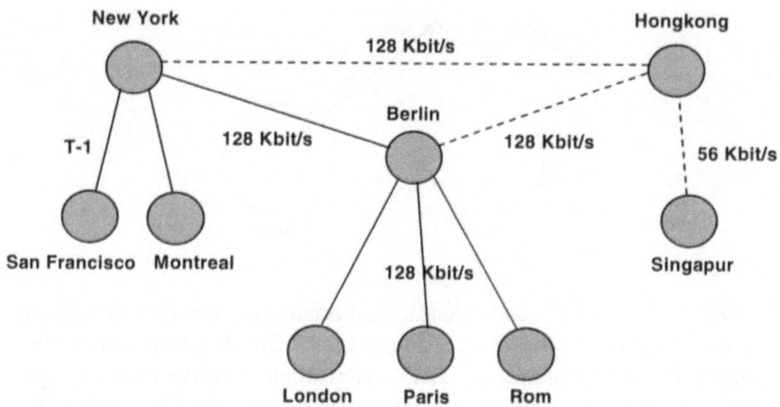

Abbildung 3.3: Darstellung der WAN-Verbindungen zwischen den Niederlassungen der PHARMA SCHULZ GmbH & Co. KG.

Derzeit besitzt die PHARMA SCHULZ GmbH & Co. KG ein Windows NT 4-Netzwerk, welches als Multi-Master-Domänenmodell realisiert ist (siehe Abbildung 3.4).

Aufgrund der guten WAN-Verbindungen wurden die drei Standorte in Nordamerika zu einer einzigen Domäne „Nordamerika" zusammengefaßt. In New York, von wo aus die Domäne verwaltet wird, steht ein PDC und ein BDC, in San Francisco und Montreal jeweils zwei BDCs, um die Anmeldevorgänge der Benutzer zu beschleunigen.

Der Standort „Berlin" ist als Masterdomäne organisiert. Die anderen europäischen Niederlassungen in London, Paris und Rom besitzen jeweils Ressourcendomänen, wobei jede einzelne der Domäne Berlin „vertraut". In diesen Ressourcendomänen sind jedoch nur die Windows NT-Computerkonten des jeweiligen Standortes organisiert, während sich alle europäischen Benutzerkonten in der Domäne „Berlin" befinden. Die Anmeldevorgänge der Benutzer sollen möglichst lokal verarbeitet werden. Daher gibt es auch in Europa in jedem Standort zwei BDCs der Masterdomäne Berlin (siehe Abbildung 3.5).

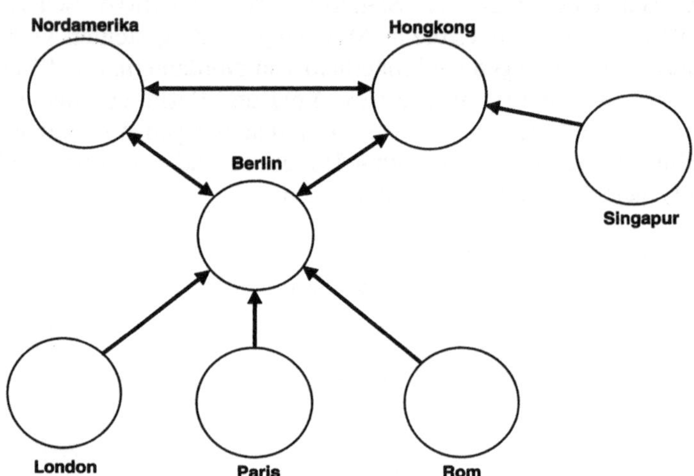

Die beiden Standorte in Asien sind analog organisiert. Hongkong ist die Masterdomäne und Singapur ist die Ressourcendomäne, „vertraut" also Hongkong. Alle asiatischen Benutzerkonten, also auch diejenigen von Singapur, befinden sich in der Domäne Hongkong. In Hongkong steht der PDC der Masterdomäne. In Singapur befinden sich wiederum zwei BDCs der Domäne Hongkong, um die Anmeldevorgänge der Benutzer zu beschleunigen. In den kleineren Niederlassungen erfüllen die Domänencontroller auch andere Aufgaben wie beispielsweise Datei- und Druckdienste.

Unmittelbar nach der Umstellung auf Windows NT 4 hatte die PHARMA SCHULZ GmbH & Co. KG große Probleme mit dem Computersuchdienst, dessen Broadcasts einen beträchtlichen Anteil der Bandbreite der WAN-Verbindungen konsumierten. Nachdem auf TCP/IP als alleiniges Protokoll umgestellt und in jeder Niederlassung mindestens ein WINS-Server installiert worden war, bekam man die Schwierigkeiten einigermaßen in den Griff. Auch die Synchronisation zwischen den PDCs und ihren BDCs wurde mit Hilfe von zeitplangesteuerten Batchdateien so eingerichtet, daß sie nur nachts stattfindet.

Zwischen den drei Masterdomänen Berlin, Nordamerika und Hongkong existieren jeweils zweiseitige Vertrauensbeziehungen. Damit ist gewährleistet, daß sich alle Benutzer der PHARMA SCHULZ GmbH & Co. KG an jedem der Standorte unter ihrer eigenen Benutzerkennung anmelden können. Insgesamt gibt es zwischen den sieben Domänen zehn Vertrauensbeziehungen.

Als Client-Betriebssystem verwendet man bei der PHARMA SCHULZ GmbH & Co. KG weltweit Windows NT Workstation. Als Office-Suite wird Microsoft Office 97 eingesetzt. Aus Performancegründen ist dieses Anwendungspaket auf den NT Workstation-Clients lokal installiert.

Bei der unternehmenskritischen Anwendung handelt es sich um SAP R/3. Die Produktionsstandorte Berlin und New York planen derzeit unabhängig voneinander. Nur die weltweiten Absatzzahlen werden in Berlin konsolidiert.

In jeder Niederlassung gibt es eine Reihe von Außendienstmitarbeitern. Diese verfügen über Notebooks mit Windows NT Workstation 4 als Betriebssystem und können sich bereits heute bei ihren Standorten einwählen, um ihre Berichte abzuspeichern und Kundendaten zu aktualisieren.

Als Mailsystem verwendet man bei der PHARMA SCHULZ GmbH & Co. KG Microsoft Exchange. An jedem Standort befindet sich mindestens ein Exchange-Server, wobei diese Aufgabe in den kleineren Niederlassungen im allgemeinen von einem der Domänencontroller ausgeführt wird. Die Faxserver-Software ist eine mit Microsoft Exchange integrierte Lösung.

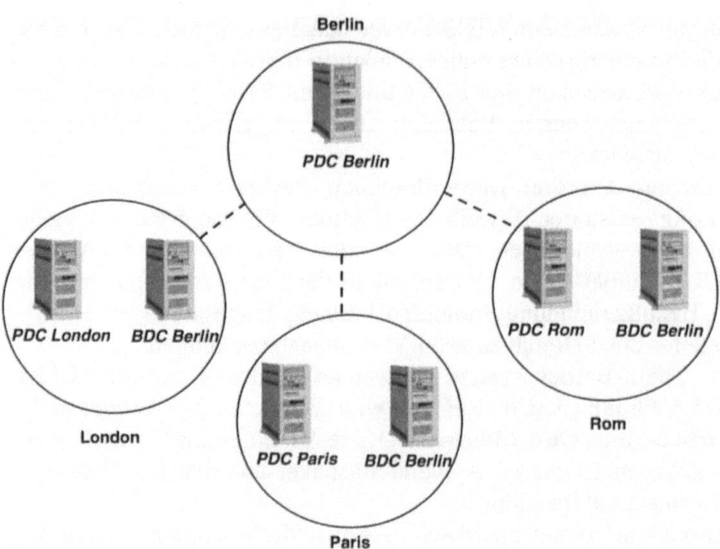

Abbildung 3.5:
Um die Anmel-
devorgänge der
Benutzer lokal
zu bearbeiten,
befinden sich an
jedem Standort
BDCs der Ma-
sterdomäne.

Die Webseite der PHARMA SCHULZ GmbH & Co. KG befindet sich auf einem in Berlin stehenden Internet Information Server Version 3. Alle Niederlassungen außer Singapur, wo kein Internet-Zugang eingerichtet wurde, besitzen eine Standleitung zum jeweiligen Provider. Die Internet-Zugänge sind durch eine Firewall und einen Proxy-Server geschützt. Sämtliche Mitarbeiter besitzen eine E-Mail-Adresse, der Internet-Zugang ist jedoch auf bestimmte Abteilungen beschränkt. Die Firewall ist so konfiguriert, daß die Mitarbeiter lediglich die Dienste World Wide Web (HTTP), FTP und News (NNTP) verwenden können.

Die Benutzer der PHARMA SCHULZ GmbH & Co. KG besitzen serverbasierte Profile. Die Benutzerumgebung wird mit Systemrichtlinien konfiguriert, wobei jedoch in Europa und Amerika unterschiedliche Auffassungen realisiert wurden. Während in Europa sehr restriktive Systemrichtlinien gelten, haben die Benutzer in Amerika mehr Handlungsspielraum. In Asien werden gar keine Systemrichtlinien verwendet. Dies hat in der Vergangenheit immer wieder zu Problemen geführt, wenn sich europäische Benutzer auf einer Dienstreise unter ihrer eigenen Benutzerkennung in den besuchten Niederlassungen anmeldeten und daraufhin restriktive Systemeinstellungen an den Clientrechnern vorgenommen wurden.

3.2
Bestandsaufnahme

Die Bestandsaufnahme beschreibt das Unternehmen und seine Ziele sowie den aktuellen Zustand des Netzwerks. Sie ist der Ausgangspunkt der weiteren Planungen. Ein wesentlicher Teil der Bestandsaufnahme besteht in der Dokumentation der Hardware, der physikalischen Netzstruktur und des Betriebssystems. Diese Dokumentation sollte eigentlich für jedes Netzwerk komplett vorliegen, jedoch werden die Administratoren meistens so sehr vom Tagesgeschäft beansprucht, daß die Dokumentation zwangsläufig in den Hintergrund treten muß. Man wird also in vielen Projekten erst einmal beträchtliche Zeit und Ressourcen für die Erstellung einer kompletten Dokumentation einplanen müssen.

3.2.1
Unternehmensbeschreibung

Zur Beschreibung des Unternehmens gehören:

- Tätigkeitsbeschreibung, Geschäftsbereiche

- Ziele des Unternehmens

- Firmenstruktur: Abteilungen, Anzahl Mitarbeiter

- Niederlassungen

- Arbeitsabläufe, Zusammenarbeit zwischen einzelnen Firmenteilen

- Kooperationen mit anderen Firmen, Joint Ventures

- Prognosen für zukünftige Geschäftsfelder

- Voraussichtliche Entwicklung der Mitarbeiterzahl

- Weitere geplante Standorte

3.2.2
Hardware

Sämtliche Server und Clientrechner sowie die restliche Hardware wie Drucker, Scanner, Plotter, Bandlaufwerke etc. muß korrekt dokumentiert werden, um beurteilen zu können, welche Aufrüstungen vorzunehmen sind und was komplett ersetzt werden muß.

Dokumentation der Clientrechner

Um die Migration der Clientrechner so effizient wie möglich planen zu können, muß man genauestens festhalten, wie die Rechner in puncto SCSI-Adapter, Netzwerk-, Grafik-, Soundkarte usw. ausgestattet sind. Wenn zum späteren Rollout von Windows 2000 Professional Installationsskripte eingesetzt werden sollen, benötigt man ohnehin eine komplette Übersicht über die Konfiguration aller PCs. Wird dies bereits in der Phase der Bestandsaufnahme sorgfältig erledigt, spart man sich im späteren Projektverlauf viel Arbeit.

Bildschirme auf Normeinhaltung überprüfen

Bei der Dokumentation der Mitarbeiter-PCs sollte man auch gleich überprüfen, ob die Bildschirme noch den derzeitig gültigen Normen für den Einsatz am Arbeitsplatz entsprechen. Wenn neue Clientrechner angeschafft werden, sind diese heutzutage normalerweise mit recht leistungsstarken Grafikkarten ausgestattet, die eine hohe Auflösung und Bildwiederholfrequenz zulassen. Mancher alte 14-Zoll-Monitor wird dies nicht unbeschadet überstehen. Die Abbildungen 3.6 und 3.7 enthalten Checklisten für die Dokumentation der Server und der Clients.

Druckgeräte

Die Dokumentation der Druckgeräte dient primär der Überprüfung, ob es für Windows 2000 geeignete Treiber gibt. Verfügen die Drucker über eigene Netzwerkkarten, muß auch die IP-Adresse (sofern als Protokoll TCP/IP verwendet wird) ermittelt werden. Ein weiterer wichtiger Punkt ist die Anzahl der Mitarbeiter, die ein Druckgerät derzeit gemeinsam verwenden, sowie dessen Druckgeschwindigkeit. So kann in der Phase der Bedarfsanalyse abgeschätzt werden, ob und wie lange die vorhandenen Druckgeräte für die prognostizierte Entwicklung der Mitarbeiterzahl noch ausreichend sein werden. Besonderes Augenmerk muß auch auf die vom Hersteller der Drucker bereitgestellte Verwaltungssoftware wie beispielsweise JetAdmin von Hewlett Packard gerichtet werden. Es muß geprüft werden, ob solche Programme auch unter Windows 2000 laufen oder ob Updates erforderlich sind.

Bandlaufwerke

Bei Bandlaufwerken sind – neben der Frage der Treiber – die Geschwindigkeit und die Kapazität der Bänder die ausschlaggebenden Informationen.

Server		
Hersteller	Name des Servers (NetBIOS)	Inventarnummer
Standort	Kurzbeschreibung der Funktion	Board (Chipsatz)
CPU(s)	Cache	RAM
BIOS: Hersteller, Version	Dokumentation BIOS-Einstellungen	
Grafikkarte: Hersteller, PCI/AGP	Grafikkartentreiber Ressourcen	
Serielle Anschlüsse Konfiguration	parallele Anschlüsse Konfiguration	
SCSI-Typ	Konfiguration SCSI IRQ I/O-Port Bus	SCSI-BIOS-Einstellungen
Festplatte 1: MB SCSI-ID	Partitionen (Größe, Inhalt)	
Festplatte 2: MB SCSI-ID	Partitionen (Größe, Inhalt)	
Festplatte x: MB SCSI-ID	Partitionen (Größe, Inhalt)	
CD-ROM-Typ Geschwindigkeit SCSI-ID	Maus (seriell/parallel)	
Netzwerkkarte 1 Hersteller MAC-Adresse	Konfiguration IRQ Port Bus Memory	IP-Adresse Subnetz-Maske IPX-Netzadresse
Netzwerkkarte 2 Hersteller MAC-Adresse	Konfiguration IRQ Port Bus Memory	IP-Adresse Subnetz-Maske IPX-Netzadresse
Betriebssystem	Lizenzen	Anzahl Benutzer
Zubehör (Bandlaufwerk, Modem, ISDN etc.)		
Sonstiges/Bemerkungen		

Abbildung 3.6: Checkliste für die Dokumentation der Serverhardware.

Clientrechner		
Hersteller	Name der Station (NetBIOS)	Inventarnummer
Standort Benutzer	Installiertes Betriebssystem	Board (Chipsatz)
CPU(s)	Cache	RAM
BIOS: Hersteller, Version	Dokumentation BIOS-Einstellungen	
Grafikkarte: Hersteller, PCI/AGP	Grafikkartentreiber Ressourcen	
Bildschirm Hersteller, Typ	Größe (Zoll), max. Auflösung, Farben, Bildwiederholfrequenz	
Serielle Anschlüsse Konfiguration	Parallele Anschlüsse Konfiguration	USB
SCSI-Typ	Konfiguration SCSI IRQ I/O-Port Bus	SCSI-BIOS-Einstellungen
Festplatte 1: MB SCSI-ID	Partitionen (Größe, Inhalt)	
Festplatte 2: MB SCSI-ID	Partitionen (Größe, Inhalt)	
CD-ROM-Typ Geschwindigkeit SCSI-ID	Maus (seriell/parallel)	
Netzwerkkarte Hersteller MAC-Adresse	Konfiguration IRQ Port Bus Memory	IP-Adresse Subnetz-Maske IPX-Netzadresse
Betriebssystem	Netzwerk-Clientsoftware	
Zubehör (Soundkarte, CD-RW, Infrarot, Modem, ISDN etc.)		
Sonstiges/Bemerkungen		

3.2.3
Netzwerkinfrastruktur

Wird das Netzwerk-Betriebssystem umgestellt, ergeben sich fast immer Konsequenzen für die Netzwerkinfrastruktur. Moderne Netzwerk-Betriebssysteme beinhalten wesentlich mehr Dienste, so daß vor der Einführung unbedingt die Auswirkung auf das vorhandene Netzwerk abgeklärt werden muß.

Ein besonderes Augenmerk sollte auch den vorhandenen WAN-Verbindungen gelten. Deren Belastung ist ebenso wie die der LAN-Segmente in Neben- und in Spitzenzeiten zu ermitteln.

Zur Dokumentation der Netzwerkinfrastruktur gehören die in Abbildung 3.8 aufgeführten Bestandteile.

Netzwerkinfra-struktur	Inhalt	√
Netzwerktopologie	Grafische Darstellung, Kabeltypen, Dosen, Stecker	
Aktive und passive Kopplungselemente	Hubs, Repeater, Brücken, Switches, Router (incl. Software-Releasestand)	
WAN-Verbindungen	Art der Verbindung (Stand- oder Wählleitung), WAN-Router	
Internet-Zugang	Domänenname, IP-Adresse(n), Proxy-Server, Firewall	
Remote Access	Modems/ISDN-Karten, Konfiguration	
Netzwerkprotokolle	Adressierung (IPX-Netzwerk-nummern, IP-Adreßbereiche)	
Namensauflösung	NetBIOS-Broadcasts, WINS, DNS, HOSTS, LMHOSTS	
Netzwerkbelastung	Neben- und Spitzenzeiten, LAN und WAN-Verbindungen	
Netzwerkmanage-ment	SNMP, Tools (HP OpenView, SMS etc.)	

Abbildung 3.8: Checkliste für die Dokumentation der Netzwerkinfrastruktur.

3.2.4
Netzwerk-Betriebssystem

Sofern ein Windows NT-Netzwerk vorliegt, ist dessen saubere Dokumentation Grundvoraussetzung für die Planung der Migration der

Domänen (Abbildung 3.9). Gleiches gilt, wenn das derzeitige Netzwerk-Betriebssystem von einem anderen Hersteller kommt. Für Novell NetWare beinhaltet Windows 2000 nämlich ein Migrations-tool.
Dies gab es zwar auch schon für Windows NT 4, jedoch wurde nicht
die Migration der NDS unterstützt, was bei Windows 2000 hingegen
der Fall sein wird.

Netzwerk-Betriebssystem	Inhalt	√
Verzeichnisdienst	Windows NT-Domänenstruktur, NetWare Bindery, Benutzer- und Gruppenkonten, Anzahl Server	
Druckerwarteschlangen	Angabe der Server, Namen der Queues, Zugriffsberechtigungen der Benutzer und Gruppen	
Datenverzeichnisse	Zuordnung zu Servern, Verzeichnisstruktur NT: Freigabenamen, Freigabe- und NTFS-Berechtigungen der Benutzer und Gruppen Andere : Zugriffsberechtigungen	
Anwendungsverzeichnisse	Angabe des Speicherortes, Zugriffsberechtigungen	
Heterogene Anbindung	Konnektivität zu Unix (TCP/IP-Dienste, NFS), SNA (SNA-Server), Novell NetWare (Gateway für NetWare), Macintosh (Services for Macintosh)	
Administration	Benennung der Personen, Verteilung der Aufgaben	
Support	Supportstrategie des Unternehmens (First- und Second Level-Support), Benennung der Personen bzw. Abteilungen	

3.2.5
Benutzerumgebung

Zur Dokumentation der Benutzerumgebung sind sämtliche Maßnahmen zu beschreiben, die an der Konfiguration beteiligt sind (siehe Abbildung 3.10). Im Falle von Windows NT-Systemrichtlinien
gibt es Überschneidungen zum nächsten Abschnitt „Sicherheitsstandards". Eine Aufteilung der Einstellungen der Systemrichtlinien

in Einstellungen für die Benutzerumgebung und Sicherheitseinstellungen macht wenig Sinn. Man sollte daher die Systemrichtlinien im Rahmen der Benutzerumgebung beschreiben.

Benutzerumgebung	Inhalt	√
Logon-Skripts	Beschreibung der Laufwerk-Mappings	
Benutzerprofile	Lokal oder serverbasiert, Speicherort	
Systemrichtlinien	Komplette Beschreibung der computer- und benutzer/gruppenspezifischen Systemrichtlinien	
Novell ZENWorks	Komplette Beschreibung	
Lokale NTFS-Zugriffsberechtigungen	Zugriffsberechtigungen auf lokalen NTFS-Partitionen von NT Workstation-Clients	
Sonstiges	Andere Maßnahmen (z.B. PROGMAN.INI bei Windows 3.11)	

Abbildung 3.10: Checkliste für die Dokumentation der Benutzerumgebung.

3.2.6 Sicherheitsstandards

Jedes Unternehmen trifft eine Reihe von Maßnahmen, um seine Daten und Ressourcen vor unbefugtem Gebrauch zu schützen und die Verfügbarkeit zu gewährleisten. Diese werden unter dem Oberbegriff „Sicherheitsstandards" zusammengefaßt (Abbildung 3.11).

Sicherheitsstandards	Inhalt	√
Verfügbarkeit der Daten	Servercluster, SFT III	
Datensicherung	Verwendetes Programm, Back-up-Strategie	
Schutz vor Viren	Verwendete Programme, Aufspielen von Updates, sonstige Maßnahmen	
Kontenrichtlinien	Minimale Kennwortlänge, max. Kennwortalter, Kennwortzyklus, Kontensperrung usw.	
Sicherung der Clientrechner	Schloß für Diskettenlaufwerk, Gehäuseschloß, BIOS-Einstellungen wie z.B. Supervisor-Kennwort oder kein Booten von Diskette	
Datenübertragung	Signatur von SMB-Paketen, Datenverschlüsselung	
E-Mail	E-Mail-Signaturen, Verschlüsselung (PGP, S/MIME)	
RAS	Einwahlberechtigungen, RAS-Server-Einstellungen, Rückrufoption, SmartCards, Sicherheitshosts, PPTP	
Registry-Einstellungen bei Windows NT 4	Verschlüsselung der SAM mit SYSKEY.EXE, alphanumerische Kennwörter erzwingen (PASSFILT.DLL), LanManager-Kennwort nicht senden	
Abhörsicherheit	Physikalische Maßnahmen zum Abhörschutz	
Sonstige Maßnahmen	Retina-Scan, Fingerprint, SmartCards	

3.2.7
Anwendungen

Anwendungen	Inhalt	√
Zugriffsberechtigungen	Zuordnung von Gruppen/Benutzerkonten zu einzelnen Modulen der unternehmenskritischen Anwendung, Berechtigungen zum Ausführen der übrigen Anwendungen (z.B. Office)	
Active-Directory-Integration	Läßt sich die Steuerung der Zugriffsberechtigungen für die unternehmenskritische Anwendung in das Active-Directory integrieren (Beispiel: Microsoft Exchange Platinum Edition)?	
Arbeitsweise (wichtig für die Planung der Übergangszustände während der Migration)	Wie greifen die Aktionen einzelner Abteilungen bei der unternehmenskritischen Anwendung ineinander?	
Windows 2000-Kompatibilität des Back-Ends	Läuft das Back-End der unternehmenskritischen Anwendung auch unter Windows 2000? Sollen vorhandene Windows NT 4-Anwendungsserver zu Windows 2000 aktualisiert oder unverändert integriert werden?	
Windows 2000-Kompatibilität des Front-Ends	Läuft das Front-End auch auf Windows 2000 Professional-Rechnern?	
Art der Installation der nicht unternehmenskritischen Anwendungen	Sind die nicht unternehmenskritischen Anwendungen lokal installiert oder werden sie vom Server gestartet?	
Windows 2000 Application Deployment	Kann zur Installation der Anwendungen auf den Clientrechnern der Dienst „Microsoft Software Installer (MSI)" verwendet werden?	

Abbildung 3.12: Checkliste für die Dokumentation der Anwendungen.

Die Anwendungen, insbesondere die unternehmenskritischen, haben in Netzwerkprojekten eine eminent wichtige Bedeutung. Eine unternehmenskritische Anwendung ist für das Tagesgeschäft einer Organisation so wichtig, daß ohne sie entweder gar nicht oder nur in sehr eingeschränktem Umfang gearbeitet werden könnte. Daneben verwendet jede Firma weitere Applikationen, beispielsweise Textverarbeitung oder Grafikprogramme, deren Substitution nicht ganz so problematisch ist.

Wenn ein neues Produktionsplanungssystem oder eine neue Datenbanksoftware eingeführt wird, dann wird dies in aller Regel als eigenes Projekt durchgeführt. Sehr oft muß jedoch das Netzwerk-Betriebssystem einer Firma als Folge der Einführung einer neuen unternehmenskritischen Anwendung ebenfalls umgestellt werden, weil die neue Software auf der alten Plattform nicht mehr lauffähig ist. In diesem Falle ist man gut beraten, zwei Projektteams einzusetzen, die natürlich sehr eng zusammenarbeiten und ihre Aktionen genau aufeinander abstimmen müssen.

Selbst wenn „nur" das Netzwerk-Betriebssystem von Windows NT 4 auf Windows 2000 umgestellt wird, alle Anwendungen jedoch möglichst unverändert beibehalten werden sollen, sind eine Reihe von Fragen zu klären (siehe Abbildung 3.12).

3.2.8
Probleme und Engpässe

Die Einführung eines neuen Netzwerk-Betriebssystems sollte natürlich auch dazu führen, daß vorhandene Probleme beseitigt werden. Folgende Bereiche sind zu berücksichtigen:

- Fehlende Funktionen des Betriebssystems (Administration, Benutzerumgebung etc.)

- Fehlende Funktionen der Anwendungen

- Überlastungen der Server- und Clientrechner

- Überlastungen des Netzwerks

- Sicherheitsprobleme

- Nicht behebbare Fehlfunktionen (Bugs)

- Besonders häufig auftretende Anlässe für Supporteinsätze

Jedes der Teammitglieder wird während der Dokumentation seines Verantwortungsbereiches zwangsläufig auch auf Probleme und Engpässe stoßen. Die Zusammenfassung unter einem gesonderten Gliederungspunkt empfiehlt sich nicht nur wegen der besseren

Übersichtlichkeit. Es ist dann auch einfacher, Zusammenhänge zu erkennen und es können dann in der nächsten Phase der Bedarfsanalyse daraus auch leichter Projektziele entwickelt werden.

3.2.9
Fallbeispiele: Bestandsaufnahme

Auf den folgenden Seiten finden Sie für die beiden in Abschnitt 3.1 vorgestellten Fallbeispiele jeweils eine Bestandsaufnahme in Kurzform.

3.2.9.1
SCHWABENBANK AG

Unternehmensbeschreibung: siehe Abschnitt 3.1.1.

Hardware: Bei den vorhandenen sechs Servern handelt es sich um Pentium-100-Rechner, mit jeweils 64 MB RAM. Die Größe der Festplatten bewegt sich zwischen 1 GB und 3,2 GB. Die Mitarbeiter-PCs besitzen größtenteils noch 486/DX2-Prozessoren mit 8 bis 16 MB RAM und 520 MB großen Festplatten. Lediglich die EDV-Abteilung besitzt Pentium-Pro-Rechner mit 32 MB RAM und 2 GB großen Festplatten. Es gibt 15 HP LaserJet 5Si-Drucker.

Netzwerkinfrastruktur: Die Server stehen im FDDI-Doppelring, die Client-PCs hängen in Ethernet-Segmenten aus zehn bis 15 Rechnern.

Netzwerk-Betriebssystem: Derzeit wird serverseitig Novell NetWare 3.12 eingesetzt, mit MS-DOS/Windows für Workgroups 3.11 und dem Novell-VLM-Client als Client-Betriebssystem. Windows wird vom Server gestartet.

Benutzerumgebung: Die Windows-Oberfläche ist durch eine benutzerspezifische Version der Konfigurationsdatei PROGMAN.INI in der Funktionalität stark eingeschränkt.

Sicherheitsstandards: Es erfolgt eine tägliche Datensicherung. Auf den Servern ist eine Antivirus-Software installiert. Die Benutzeroberfläche ist eingeschränkt. Nach drei ungültigen Kennworteingaben wird ein Benutzerkonto gesperrt. Weitere Sicherheitsmaßnahmen wie beispielsweise Verschlüsselung sind derzeit nicht implementiert.

Anwendungen: Die unternehmenskritische Anwendung läuft auf der AS/400. Sie soll unverändert übernommen werden. Ansonsten wird im Haus Microsoft Office 4.3 eingesetzt, und zwar als serverbasierte Installation.

Probleme und Engpässe: Das derzeitige Betriebssystem Novell NetWare 3.12 kennt nur Benutzer und Gruppen und bietet keine Möglichkeit, die Struktur des Unternehmens abzubilden. Eine zentrale Verwaltung der Benutzerkonten ist ebenfalls nicht gewährleistet. Mit Gründung einer Niederlassung in einer anderen Stadt werden diese Probleme noch vergrößert.

Microsoft Office 4.3 ist veraltet und muß durch ein 32-Bit-Programm ersetzt werden.

Die Benutzer klagen seit einiger Zeit darüber, daß die Anmeldevorgänge und der Zugriff auf die Server viel zu lange dauert. Es hat sich gezeigt, daß die Ethernet-Segmente überlastet sind.

Die Zahl der Supporteinsätze aufgrund von Problemen mit den Anwendungen ist in den letzten beiden Jahren konstant hoch geblieben, obwohl durch die längere Erfahrung das Gegenteil zu erwarten gewesen wäre. Als Ursachen wurden neben fehlenden Funktionen auch nicht ausreichende Schulung der Benutzer festgestellt.

Die ISDN-Standleitung zwischen den beiden Gebäuden ist bei weitem nicht ausreichend. Wenn zukünftig 30 Mitarbeiter zusätzlich im zweiten Gebäude arbeiten werden und diese ebenfalls auf die AS/400 zugreifen, wird sich dieser Engpaß noch dramatisch verschärfen.

Die Geschäftsführung und die Mitarbeiter der Abteilungen Marketing und Vertrieb benötigen schnellstmöglich einen Internet-Zugang, um sich besser über die Aktionen des Wettbewerbs informieren zu können. Die Geschäftsführung möchte jedoch grundsätzlich allen Mitarbeitern den Zugang zum Internet ermöglichen. Sie verspricht sich damit eine höhere Motivation und verbesserte Bindung an die SCHWABENBANK AG.

Man ist sich bei der SCHWABENBANK AG auch darüber im klaren, daß die getroffenen Sicherheitsmaßnahmen nicht mehr dem Stand der Zeit entsprechen. Insbesondere das Fehlen einer Antivirus-Software auf den Clientrechnern bereitet Sorgen.

3.2.9.2
PHARMA SCHULZ GmbH & Co. KG

Unternehmensbeschreibung: siehe Abschnitt 3.1.2

Hardware: Alle vorhandenen Windows NT 4-Server besitzen mindestens einen Pentium-166-Prozessor mit 128 oder 256 MB RAM. Die Exchange-Server und die SAP R/3-Server enthalten sogar vier Pentium-II-Prozessoren. Jeder Server besitzt mindestens eine 9 GB große Festplatte. Die Datei- und Druckserver und die SAP-Server sind mit Hardware-RAID-5-Systemen ausgestattet, bestehend aus drei Festplatten mit je 9 GB Speicherplatz.

Die Clientrechner sind größtenteils erst vor zwölf Monaten angeschafft worden. Es handelt sich um Marken-PCs mit Pentium MMX oder Pentium-II-Prozessoren und 32 bis 64 MB RAM.

Bei den Druckern handelt es sich meist um moderne Geräte wie den HP LaserJet 6P, die in ausreichender Zahl zur Verfügung stehen.

Netzwerkinfrastruktur: In den beiden Produktionsstandorten stehen die Server in einem ATM-Backbone. In den restlichen Niederlassungen sind die Server mit Fast-Ethernet-Karten bestückt. Als aktive Komponenten werden Switches eingesetzt. Die Clientrechner sind meist mit Ethernet, einige sogar mit Fast Ethernet ausgestattet. Es hängen maximal zehn Clientrechner gemeinsam an einem Segment.

Als einziges Protokoll wird TCP/IP eingesetzt. Die Clientrechner werden mit DHCP automatisch konfiguriert. Die Namensauflösung erfolgt mit WINS.

Netzwerk-Betriebssystem: Windows NT 4 (siehe Abschnitt 3.1.2)

Benutzerumgebung: Die Benutzeroberfläche wird in Europa und USA mit Hilfe von Systemrichtlinien konfiguriert, die jedoch unterschiedlich sind. In Asien gibt es keine Systemrichtlinien.

Sicherheitsstandards: Es erfolgt eine tägliche Datensicherung. Auf den Servern und den Clients ist eine Antivirus-Software installiert, die automatisch jeden Monat aktualisiert wird. Nach drei ungültigen Kennworteingaben wird ein Benutzerkonto gesperrt. Das LanManager-Kennwort wird nicht mitgesendet. Die Kennwörter müssen außerdem mindestens acht Zeichen lang und alphanumerisch sein. Der RAS-Zugang ist mit einem zusätzlichen Sicherheitshost gesichert, der die Eingabe eines Kennwortes erfordert.

Anwendungen: Die unternehmenskritische Anwendung ist SAP/R3 unter Windows NT 4. Als Mailsystem wird Microsoft Exchange eingesetzt, ansonsten verwendet die PHARMA SCHULZ GmbH & Co. KG Microsoft Office 97 (lokal auf den Clients installiert).

Probleme und Engpässe: Das Domänenkonzept ist durch die Vielzahl der Vertrauensstellungen recht kompliziert und bereitet immer wieder Probleme, weil Vertrauensstellungen aus nicht nachvollziehbaren Gründen verloren gehen.

Die Synchronisation der SAM-Datenbank bereitet über die WAN-Strecken innerhalb von Europa große Probleme. Die Konfiguration durch Registry-Einträge wird als viel zu umständlich angesehen. Auch die Replikation zwischen den WINS-Servern funktioniert nicht immer zufriedenstellend.

Die WAN-Verbindungen sind – außer in den USA – bei weitem nicht ausreichend für das stetig wachsende Datenaufkommen.

Die Produktionsstandorte Berlin und New York planen derzeit noch unabhängig voneinander. Dadurch werden Einsparpotentiale beispielsweise bei der Rohstoffbeschaffung verschenkt.

Die unterschiedliche Philosophie hinsichtlich der Systemrichtlinien führt zu Problemen, wenn sich ein Benutzer mit stark restriktiven Richtlinien in einer anderen Niederlassung unter seinem Benutzerkonto anmeldet, da die computerspezifischen Beschränkungen nach der Abmeldung nicht rückgängig gemacht werden.

Die PHARMA SCHULZ GmbH & Co. KG vertritt außerdem die Auffassung, daß die Daten in einem Windows NT-Netzwerk beim Abspeichern selbst auf einem NTFS-Laufwerk nicht sicher genug sind, da sie mit Tools wie NTFSDOS.EXE leicht gelesen werden können.

3.3
Bedarfsanalyse

3.3.1
Ziele und Pflichtenheft

In dieser Phase müssen die Ziele formuliert werden, die mit der Migration zu Windows 2000 erreicht werden sollen. Wie bereits in Kapitel 1 erwähnt, sollten die Ziele in vier Kategorien aufgeteilt werden:

- **Unternehmenskritische Ziele**: Ziele, die unbedingt verwirklicht werden müssen, damit das Unternehmen seinen Geschäften nachgehen kann.

- **Strategische Ziele**: Ziele, die das bestehende System erheblich verbessern und vorhandene Schwachpunkte beseitigen.

- **Produktivitätssteigernde Ziele**: Ziele, die den Benutzern helfen, ihre Aufgaben effizienter zu erledigen.

- **Wünschenswerte Ziele**: Ziele, die die Produktivität des Unternehmens zwar nicht unmittelbar beeinflussen, jedoch mittel- bis langfristig positive Auswirkungen haben werden.

Bei der Planung von Unternehmensnetzen werden üblicherweise die folgenden Themengebiete betrachtet:

- Anwendungen

- Sicherheit

- Verfügbarkeit

- Performance

- Verwaltung

- Interoperabilität

Im *Pflichtenheft* werden für jedes dieser Themengebiete die Ziele aufgeführt. Der formale Aufbau des Pflichtenheftes kann entweder nach den sechs Themengebieten erfolgen, wobei für jedes Gebiet die Ziele aufgeführt werden, oder es wird nach den Zielarten gegliedert.

Wichtig ist, daß bei der Formulierung der Ziele Begriffe verwendet werden, die das Unternehmen und seine Arbeitsweise beschreiben, nicht jedoch die Einzelheiten der Technologie, die zum Erreichen der Ziele eingesetzt wird. Ein *strategisches* Ziel, welches sich auf die IP-Konfiguration der Clientrechner bezieht (Themenbereich Verwaltung), könnte also folgendermaßen lauten:

„Für die Rechner der Mitarbeiter soll eine dynamische Zuweisung von IP-Adressen eingerichtet werden."

Diese Formulierung beschreibt eine Eigenschaft des Netzes nach der Migration zu Windows 2000, nicht jedoch die Einzelheiten der Implementierung (dies ist Aufgabe der Grob- und insbesondere der Feinplanung).

3.3.2
Fallbeispiele: Bedarfsanalyse

Für die beiden Fallbeispiele werden nun die Pflichtenhefte vorgestellt. Bitte beachten Sie, daß hier nur die wichtigsten Ziele aufgeführt werden können, um den Rahmen dieses Buches nicht zu sprengen. Ein reales Pflichtenheft ist umfangreicher, weil es mehr Ziele enthält und zu jedem Ziel auch Erläuterungen aufgeführt werden sollten. Ein Pflichtenheft ist die Grundlage für die Abnahme eines Projektes. Es sollte daher sehr sorgfältig und im Zweifelsfall lieber ein wenig zu detailliert ausgeführt werden.

3.3.2.1
SCHWABENBANK AG

Anwendungen

- **Unternehmenskritische Ziele**: Die AS/400-Anwendung, mit welcher die Bauspar- und Hypothekenverträge verwaltet werden, muß in vollem Umfang sowohl während als auch nach der Migration verfügbar sein. Alle Mitarbeiter, auch diejenigen im zweiten Gebäude, müssen auf die AS/400 zugreifen können. Microsoft Office 4.3 muß durch Microsoft Office 97 ersetzt werden. Microsoft Mail muß auf Microsoft Exchange umgestellt werden. Die Geschäftsführung sowie Marketing und Vertrieb benötigen einen Zugang zum Internet.

- **Strategische Ziele**: Die derzeitigen Zugriffsberechtigungen der Benutzer auf die einzelnen Office 4.3-Anwendungen sollen bei Office 97 ebenfalls realisiert werden, so daß nur bestimmte Benutzer alle Programme aus dem Office 97-Professional-Paket ausführen dürfen. Microsoft Access wird nur von wenigen Benutzern verwendet und soll auch nach der Migration auf diesen Personenkreis beschränkt bleiben.

- **Produktivitätssteigernde Ziele**: Die Anwender sollen im Gebrauch der Applikationen so gut geschult werden, daß die Zahl der Supporteinsätze, die die EDV-Mitarbeiter aufgrund von Problemen mit den Anwendungen durchführen müssen, um mindestens 30 % gesenkt wird. Es soll möglich sein, neue Anwendungen und Updates von einer zentralen Stelle aus den Anwendern bereitzustellen, ohne daß jeder einzelne Client-PC besucht werden muß.

- **Wünschenswerte Ziele**: Jeder Mitarbeiter soll einen Zugang zum Internet erhalten.

Sicherheit

- **Unternehmenskritische Ziele**: Als Mindestanforderung müssen die vorhandenen Sicherheitsstandards übernommen werden. Die Einschränkung der Benutzeroberfläche muß in geeigneter Weise auf Windows 2000 übertragen werden. Bei der Benutzeranmeldung soll das Kennwort auch in verschlüsselter Form nicht übertragen werden. Es soll künftig auch auf den Clientrechnern Antivirus-Software installiert werden. Wenn sich die Außendienstmitarbeiter über RAS in das Firmennetz einwählen, soll aus Sicherheitsgründen ein vorkonfigurierter Rückruf zu deren privater Telefonnummer erfolgen. Die Datenübertragung über RAS muß verschlüsselt erfolgen. Der Zugang zum Internet muß stets entsprechend dem Stand der Technik gesichert werden.

- **Strategische Ziele**: Die Benutzer sollen auf das Betriebssystemverzeichnis ihrer Clientrechner nur Lese-Zugriff erhalten, damit nicht aus Versehen Dateien gelöscht werden können. Es sollen Maßnahmen getroffen werden, die verhindern, daß Benutzer lokal auf ihren Clientrechnern Daten abspeichern können.

- **Wünschenswerte Ziele**: Es sollen so viele der unter Windows 2000 verfügbaren Sicherheitseinstellungen wie möglich umgesetzt werden.

Verfügbarkeit

- **Unternehmenskritische Ziele**: Fällt auf den Datei- und Druckservern eine Festplatte aus, müssen die Daten dennoch weiterhin verfügbar sein.

- **Strategische Ziele**: Fällt einer der Clientrechner aus, muß umgehend ein Ersatzrechner zur Verfügung gestellt werden. Ist auf einem Clientrechner eine Neuinstallation des Betriebssystems und der Software erforderlich, muß diese spätestens nach einer Stunde erfolgt sein.

- **Produktivitätssteigernde Ziele**: Die Abteilungsverzeichnisse, die im wesentlichen Word- und Excel-Dateien enthalten, sollen den Anwendern als Offline-Verzeichnisse zur Verfügung gestellt werden, damit bei einem kompletten Ausfall des Dateiservers die Daten offline bearbeitet werden können.

Performance

- **Unternehmenskritische Ziele**: Die mittlere Zugriffszeit der Benutzer auf die Daten und Anwendungen ist derzeit zu hoch und muß erheblich gesenkt werden. Insbesondere die Verbindung zwischen den Gebäuden muß genauso leistungsfähig werden, als ob sich alle Benutzer im gleichen LAN befänden. Werden Clientrechner neu angeschafft, müssen sie so ausgestattet sein, daß sie über drei Jahre hinweg ausreichend Leistung bieten.

- **Strategische Ziele**: Die Netzwerkleistung soll genügend Reserven für das weitere Wachstum der SCHWABENBANK AG enthalten.

Verwaltung

- **Unternehmenskritische Ziele**: Künftig soll auf Server- und Clientseite nur noch ein Betriebssystem eingesetzt werden, um die Verwaltung zu erleichtern (Ausnahme: AS/400). Alle Ressourcen im Netzwerk müssen zentral verwaltet werden können. Die Benutzer müssen sich von jedem Rechner aus anmelden können und immer ihre eigene Benutzerumgebung vorfinden.

- **Strategische Ziele**: Das Active Directory muß so flexibel strukturiert werden, daß weiteres Wachstum der SCHWABENBANK AG, insbesondere die Gründung eines neuen Unternehmensstandortes, problemlos integriert werden kann. Als einziges Netzwerkprotokoll soll TCP/IP eingesetzt werden.

- **Produktivitätssteigernde Ziele**: Die TCP/IP-Konfiguration der Clientrechner soll automatisch erfolgen.

Interoperabilität

- **Unternehmenskritische Ziele**: Die Interoperabilität zwischen Windows 2000 und der AS/400 muß wie im vorhandenen Netzwerk mit Hilfe einer Gateway-Lösung gewährleistet werden.

3.3.2.2
PHARMA SCHULZ GmbH & Co. KG

Anwendungen

- **Unternehmenskritische Ziele**: Alle Anwendungen müssen während und nach der Migration zu Windows 2000 in vollem Umfang verfügbar sein. Mit Hilfe von SAP R/3 muß künftig die Produktion zwischen den Standorten Berlin und New York miteinander koordiniert werden.

- **Strategische Ziele**: Die Anwendungen sollen lokal auf den Clientrechnern installiert werden unter Einsatz von Methoden zur automatischen Installation (Skripte, Microsoft Software Installer).

- **Wünschenswerte Ziele**: Jeder Mitarbeiter soll einen Zugang zum Internet erhalten.

Sicherheit

- **Unternehmenskritische Ziele**: Die unter Windows NT 4 gewählten Sicherheitsmaßnahmen (Backup, Antivirus etc.) müssen vollständig auf Windows 2000 übertragbar sein. Hinsichtlich der Restriktionen der Benutzerumgebung muß gewährleistet werden, daß die unterschiedlichen Richtlinien der einzelnen Standorten nicht mehr zu Problemen führen, wenn sich ein Benutzer an einem anderen Standort anmeldet.

- **Strategische Ziele**: Die auf NTFS-Partitionen abgespeicherten Daten sollen zusätzlich durch die Benutzer verschlüsselt werden können. Es muß jedoch ein System eingeführt werden, welches im Notfall die Entschlüsselung durch den Administrator ermöglicht.

Verfügbarkeit

- **Unternehmenskritische Ziele**: Alle Daten und Anwendungen, insbesondere SAP R/3, müssen in jeder Phase der Migration voll verfügbar sein. Das gleiche gilt für Microsoft Exchange und die Faxlösung.

- **Strategische Ziele**: Die Datenverzeichnisse der einzelnen Abteilungen, die derzeit auf einer Reihe von Servern verteilt sind, sollen künftig in einen einzigen Distributed File System (DFS)-Baum zusammengefaßt werden, um die Anzahl der Laufwerk-Mappings zu verringern. Die Verzeichnisse mit den wichtigsten Daten sollen redundant ausgelegt werden.

- **Produktivitätssteigernde Ziele**: Die Benutzer sollen künftig zum Abspeichern ihrer persönlichen Dateien den Ordner „Eigene Dateien" innerhalb ihres Benutzerprofils verwenden. Dieser Ordner soll auf einen Server umgeleitet werden, damit eine tägliche Sicherung der Daten erfolgen kann.

Performance

- **Unternehmenskritische Ziele**: Die WAN-Verbindung zwischen Berlin und New York muß in ihrer Bandbreite so erweitert werden, daß sie das erhöhte Datenaufkommen infolge der gemeinsamen Produktionsplanung verkraftet.

- **Strategische Ziele**: Die Bandbreiten der LANs und der WAN-Verbindungen sollen so ausgelegt werden, daß genügend Reser-

ven für ein weiteres Wachstum der PHARMA SCHULZ GmbH
& Co. KG enthalten sind.

Verwaltung

- **Unternehmenskritische Ziele**: Alle Ressourcen im Netzwerk
  müssen zentral verwaltet werden können. Benutzer sollen sich
  an jedem Standort unter ihrer Benutzerkennung anmelden können. Als einziges Protokoll soll TCP/IP mit automatischer Konfiguration durch DHCP beibehalten werden.

- **Strategische Ziele**: Die Active-Directory-Replikation über
  WAN-Verbindungen muß minimiert werden, damit möglichst
  viel Bandbreite für die Nutzdaten zur Verfügung steht. Es muß
  sichergestellt werden, daß kein serverbasiertes Benutzerprofil
  über WAN-Verbindungen heruntergeladen wird.

Interoperabilität

- Keine Ziele

3.4
Grobplanung

Die Grobplanung setzt die im Pflichtenheft formulierten Ziele in ein
konkretes Windows 2000-Netzdesign um. Die Grobplanung geht
allerdings noch nicht in die Details, sondern beschreibt die grundsätzliche Struktur des Windows 2000-Netzwerks. In der Grobplanung wird beispielsweise festgelegt, welche TCP/IP-Adreßbereiche
verwendet werden. Es werden jedoch noch keine IP-Adressen für
jeden einzelnen Clientrechner definiert. Letzteres ist Aufgabe der
Feinplanung.

Am Ende der Grobplanungsphase werden alle gewonnenen Erkenntnisse in einem Dokument zusammengefaßt, welches dem Management vorgelegt wird. Das Dokument sollte – wo dies adäquat ist
– mehrere alternative Vorgehensweisen vorstellen sowie deren Vor-
und Nachteile und die damit verbundenen Risiken und Kosten diskutieren. Dieses Dokument ist die Grundlage für die Entscheidung,
welche der vorgestellten Alternativen mit einem entsprechenden
Budget weiterverfolgt wird.

Die Grobplanung ist die wichtigste Phase eines Projektes. Alle
Fehler, die in der Grobplanung gemacht werden, potenzieren sich im
weiteren Verlauf des Projektes. Die Elemente der Grobplanung werden daher im folgenden sehr ausführlich vorgestellt.

3.4.1
Das Active Directory

Das zentrale Element eines Windows 2000-Netzes ist das Active Directory. Alle Objekte und Ressourcen eines Windows 2000-Netzwerks werden im Active Directory verwaltet. Das Design hat daher grundsätzliche Bedeutung für die Verwaltung der Ressourcen, den Replikationsverkehr insbesondere über WAN-Verbindungen, die Netzwerkinfrastruktur und die Implementierung von Group Policies. Die Struktur des Active Directory ist auch eng mit dem DNS-Design verknüpft. Nachdem in Kapitel 2 die technischen Grundlagen des Active-Directory behandelt wurden, werden in den folgenden Abschnitten Regeln und Empfehlungen für die Planung vorgestellt.

Folgende Faktoren sind bei der Planung des Active Directory zu berücksichtigen:

- **Geographische Faktoren**: Mit welcher Technologie sind einzelne Standorte einer Organisation miteinander verbunden? Gibt es länderspezifische Einstellungen, die zu berücksichtigen sind?

- **Organisatorische Faktoren**: Wie ist ein Unternehmen strukturiert? Werden Verwaltungsaufgaben zentral erledigt oder verwaltet jede Geschäftseinheit ihre Ressourcen selbst?

- **Sicherheitsfaktoren**: Wie sind die Regelungen für die Benutzeranmeldung, die Konfiguration der Benutzerumgebung, den Zugriff auf Ressourcen, die Übertragung von Daten, Verschlüsselungstechniken etc.?

- **Planungsfaktoren**: Wie wird sich das Unternehmen entwickeln? Werden neue Bereiche gegründet, andere verschwinden? Gibt es eine Zusammenarbeit mit anderen Unternehmen oder Kunden, ist eine solche geplant?

Wie und mit welcher Gewichtung müssen nun all diese Faktoren bei der Planung berücksichtigt werden? Für diese Frage gibt es leider keine Patentantwort. Während in der einen Organisation als herausragende Aufgabe die Realisierung einer zentralen Ressourcenverwaltung gesehen wird, ist ein anderes Unternehmen vielleicht eher darauf bedacht, die Struktur des Active Directory so zu wählen, daß die vorhandenen WAN-Verbindungen möglichst ökonomisch genutzt werden. Die folgenden Abschnitte stellen den Planungsprozeß für das Active Directory Schritt für Schritt vor.

3.4.1.1
Namenskonventionen

<table>
<tr><td valign="top">Name der Root-
Domain</td><td>

Die erste Festlegung, die bei der Planung des Active Directory zu treffen ist, ist der *Name der Root-Domain*. Die Root-Domain stellt die oberste Hierarchieebene des Active Directory dar. Konkret gesagt: Die Einrichtung eines Active Directory beginnt immer mit der Installation des ersten Domänencontrollers für die Root-Domain *und gleichzeitig* natürlich eines DNS-Servers (Die Active-Directory-Clients erfragen vom DNS-Server die IP-Adresse der Domänencontroller, siehe Abschnitt 2.3.1.6 „Active Directory und DNS"). Für die Firma SCHWABENBANK AG aus dem ersten Fallbeispiel könnte als Name für die Root-Domain SCHWABENBANK.DE gewählt werden. Wenn das Unternehmen jedoch im Internet vertreten ist oder – wovon man heutzutage generell ausgehen kann – eine Internet-Präsenz in naher Zukunft realisiert werden soll, gibt es bereits einen Domänennamen für das Internet. Im Falle der SCHWABENBANK AG beispielsweise lautet dieser SCHWABENBANK.DE.

</td></tr>
<tr><td valign="top">Namen für die interne Domäne und die Internet-Domäne</td><td>

Es empfiehlt sich dringend, für die interne Domäne einen anderen Namen als den Internet-Domänennamen zu verwenden. Das Durchsuchen sowohl interner als auch externer Ressourcen erfolgt in beiden Fällen mit Hilfe eines DNS-Servers (siehe Abbildung 3.13). Es müßten zwei DNS-Server eingerichtet werden, die beide zwar die gleiche Domäne verwalten, jedoch unterschiedliche Teilbereiche dieser Domäne. Der eine DNS-Server wäre an das Internet angeschlossen, damit die Webserver des Unternehmens vom Web her gefunden werden können, der andere müßte im Unternehmensnetz stehen und nur die intern genutzten Namen verwalten. Beide dürften ihre Datenbanken nicht untereinander abgleichen, da die internen Ressourcen vor unerlaubten Zugriff aus dem Web geschützt werden müssen.

</td></tr>
</table>

Die Konfiguration der beiden DNS-Server kann auf diese Weise leicht zu Verwechslungen und Konfusionen führen. Der Webserver des Unternehmens müßte außerdem für die internen Benutzer gespiegelt werden. Weitere Probleme würden sich bei der Konfiguration der Proxy-Clients ergeben, die unterscheiden müßten, wann eine Anfrage an das Internet weitergeleitet werden muß und wann sie im internen Netz verbleiben soll.

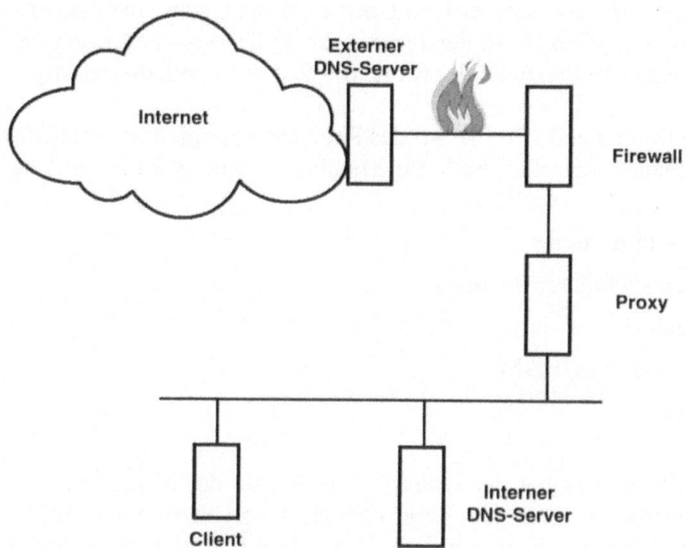

Abbildung 3.13:
Für die *Root-Domain* des internen Netzwerks und die Internet-Domäne sollte man unterschiedliche Namen wählen.

Microsoft empfiehlt wegen der oben aufgeführten Probleme, für die interne Domäne einen anderen Namen als für die Internet-Domäne zu wählen. Auch in diesem Fall müssen zwei DNS-Server eingerichtet werden, jedoch ist die Verwaltung aufgrund der unterschiedlichen Domänennamen natürlich wesentlich einfacher. Die Konfiguration der Proxy-Clients würde lediglich erfordern, daß für das Durchsuchen der internen Domäne keine Verbindung zum Internet aufgebaut werden soll. Der einzige Nachteil bei der Wahl zweier verschiedener Domänennamen für das Internet und das interne Netzwerk besteht darin, daß man auch den internen Domänennamen bei NIC (Network Information Center, www.nic.de) registrieren lassen muß, damit nicht irgendwann eine andere Organisation den Namen im Internet verwendet, womit wieder die oben beschriebenen Probleme auftreten können.

Für die Anmeldenamen der Benutzer sollte man eine Namenskonvention festlegen. Während in den USA häufig die ersten sechs Buchstaben des Vornamens gefolgt von den ersten beiden Buchstaben des Nachnamens verwendet werden, geht man in europäischen Ländern eher umgekehrt vor. Der Loginname setzt sich aus einer Anzahl von Buchstaben des Nachnamens, gefolgt von mindestens zwei Buchstaben des Vornamens zusammen (es empfiehlt sich, zwei Buchstaben des Vornamens zu verwenden, um Verwechslungen auszuschließen).

Interner und Internet-Domänenname verschieden

Namenskonvention für Benutzerkonten

Auch für die Namen der Computer sollte man sich eine Namenskonvention ausdenken. In der Praxis gibt es die verschiedensten Ansätze, welche Bestandteile der Name des Rechners enthalten sollte:

- Buchstabencode für die Art des Rechners (beispielsweise DC für Domänencontroller, SRV für Member Server, WS für Worksta- tion)
- Inventarnummer
- Hauptsächlicher Benutzer
- Standort
- Prozessortyp, RAM
- usw.

Bei der Festlegung der Domänennamen und der Namen der Domänencontroller muß man sehr sorgfältig vorgehen. Eine Active-
Directory-Domäne kann nämlich nach der Installation *nicht* umbenannt werden! Muß der Name der Domäne geändert werden, bedeutet dies, daß die vorhandene Domäne komplett entfernt und eine neue
Domäne erstellt werden muß.

Genauso verhält es sich mit den Namen der Domänencontroller.
Auch sie können nach der Installation des Active Directory nicht
mehr geändert werden. Muß der Name eines Domänencontrollers geändert werden, muß zuerst mit DCPROMO.EXE das Active Directory entfernt werden. Dann kann der Name geändert werden. Danach
muß man mit dem Programm DCPROMO.EXE wiederum das Active Directory neu installieren – ein Aufwand, den man in der Praxis
sicher unbedingt vermeiden möchte!

3.4.1.2
Untergeordnete Domänen oder Organisational Units?

Nach der Festlegung des Namens der übergeordneten Domäne ist zu
entscheiden, in welcher Form das Active Directory die Unternehmensstruktur abbilden soll. Hierzu können entweder Organisational
Units (OUs) oder untergeordnete Domänen („Child Domains") verwendet werden.

Organisational Units (OUs) sind logische Strukturen innerhalb einer Domäne. Sie organisieren die Objekte der Domäne. Die Struktur
der OUs kann nach ganz verschiedenen Gesichtspunkten erfolgen:

- Abteilungen

- Projekte

- Geschäftseinheiten

- Kostenstellen

- Ressourcen (Drucker, Daten, Anwendungen)

- usw.

Welchem Ordnungsprinzip die OU-Struktur einer Organisation folgt, ist lediglich von deren Anforderungen abhängig. Organisational Units zeichnen sich durch die folgenden Eigenschaften aus:

- Die Einrichtung von OUs erfordert im Gegensatz zur Installation untergeordneter Domänen keinen zusätzlichen Domänencontroller und keine DNS-Zone.

- OUs sind leichter zentral zu verwalten als ein aus mehreren Domänen bestehendes Active Directory.

- Die Verwaltung einzelner OUs kann erforderlichenfalls delegiert werden.

- OUs gruppieren Objekte mit identischen Sicherheitsanforderungen und erleichtern damit die Implementierung von Group Policies.

- Änderungen innerhalb von OUs, beispielsweise das Hinzufügen eines neuen Objektes, werden auf alle Domänencontroller der betroffenen Domäne übertragen.

Statt Organisational Units kann man im Active Directory auch untergeordnete Domänen einrichten (siehe Abbildung 3.14). Eine untergeordnete Domäne enthält als Teil ihres Namens den Namen der Root-Domain. Heißt die Root-Domain beispielsweise SCHWA-BENBANK.DE, könnte eine Child Domain VERTRIEB.SCHWA-BENBANK.DE heißen. Für die Einrichtung von untergeordneten Domänen gelten folgende Regeln:

Untergeordnete Domänen („Child Domains")

- Für jede Child Domain muß mindestens ein Domänencontroller installiert werden.

- Außerdem muß für jede untergeordnete Domäne eine korrespondierende DNS-Zone eingerichtet werden.

- Die Verwaltung der untergeordneten Domänen erfolgt unabhängig von der Root-Domain. Soll das gesamte Active Directory zentral verwaltet werden, muß dies explizit eingerichtet werden.

- Untergeordnete Domänen sind besser geeignet, innerhalb einer Organisation nationale Unterschiede wie Sprache und Währung abzubilden.

- Zwischen Domänencontrollern der Root-Domain und der Child Domains besteht weniger Replikationsverkehr als zwischen Domänencontrollern der gleichen Domäne.

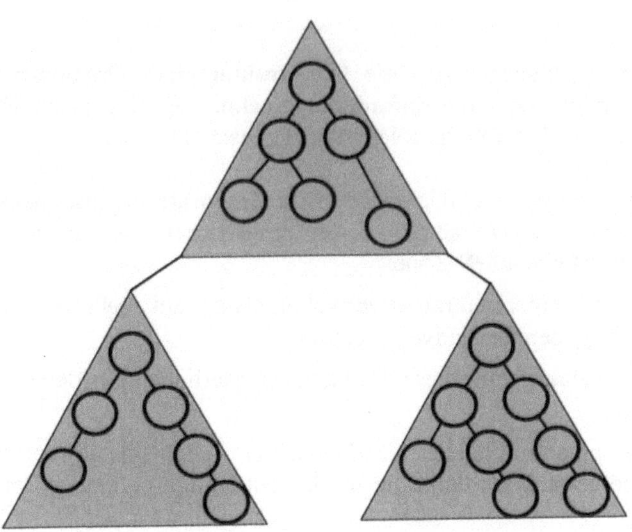

OUs oder Child Domains?

Wenn eine Organisation nur über ein einziges zusammenhängendes LAN verfügt, wird man die Unternehmensstruktur vorzugsweise mit Organisational Units abbilden. Eine aus untergeordneten Domänen bestehende Struktur bedeutet einen wesentlich höheren Aufwand, weil zusätzliche Domänencontroller und DNS-Zonen eingerichtet werden müssen. Man wird diesen Weg daher nur aus guten Gründen wählen:

- Die Organisation beinhaltet geographische Standorte, die durch langsame WAN-Leitungen verbunden sind. Diese sollen von der Replikation innerhalb der Root-Domain ausgenommen werden.

- Es gibt Unternehmensbereiche, die ihre Benutzer und Ressourcen komplett selbständig verwalten möchten.

- Es gibt innerhalb der Organisation Bereiche mit stark unterschiedlichen Sicherheitsanforderungen (Kennwort-Richtlinien, Group Policies).

- Es stehen in naher Zukunft größere organisatorische Änderungen bevor (Aufteilung des Unternehmens, Verkauf von Unternehmensbereichen).

- Die übergeordnete Domäne enthält mehr als eine Million Objekte oder die Datenbank belegt mehr als 17 Terabyte Speicherplatz.

- Es wird ein Upgrade von Windows NT 4 durchgeführt, wobei die NT 4-Domänen mit ihren Vertrauensbeziehungen unverändert übernommen werden sollen.

Aufgrund der *transitiven Vertrauensbeziehungen* zwischen Root-Domain und den untergeordneten Domänen können die Benutzer Zugriffsberechtigungen auf Ressourcen innerhalb des gesamten Active Directory erhalten. Dennoch ist gewährleistet, daß sie sich nur ein einziges Mal anmelden müssen.

Tabelle 3.1 faßt die Entscheidungskriterien für Organisational Units bzw. untergeordnete Domänen zusammen.

Entscheidungskriterium	Child Domain	OU
Es gibt in verschiedenen Unternehmensbereichen stark differierende Sicherheitsrichtlinien (Kontenrichtlinien, Zertifikate etc.).	✓	
In der gesamten Organisation gelten identische Sicherheitsrichtlinien.		✓
Das Active Directory soll zentral verwaltet werden.		✓
Es gibt selbständige Bereiche, die ihre eigenen Ressourcen verwalten.	✓	
Der Replikationsverkehr muß reduziert werden.	✓	
Untergeordnete Einheiten sollen über einen eigenen Namensbereich (Name Space) verfügen.	✓	
Es gibt zu viele Objekte in der Root-Domain.	✓	
Das Unternehmen nimmt häufig Änderungen an der Organisationsstruktur vor.		✓

Das Vorhandensein transitiver Vertrauensbeziehungen bedeutet nicht automatisch, daß die Administratoren der übergeordneten Domäne auch die Child Domains verwalten können (oder umgekehrt). Um eine zentrale Verwaltung des gesamten Domänenbaumes durch die Administratoren der *Root-Domain* zu gewährleisten, müssen die-

Transitive Vertrauensbeziehungen

Tabelle 3.1: Entscheidungskriterien für die Einrichtung von Child Domains oder Organisational Units.

Zentrale Verwaltung von Domänenbäumen

se explizit die notwendigen Rechte erhalten, beispielsweise durch
Mitgliedschaft in der Gruppe der Domänen-Admins der untergeordneten Domänen.

3.4.1.3
Design der OU-Struktur

Die hierarchische Struktur der Organisational Units hängt von zwei
Hauptfragen ab:

- Soll die Verwaltung einzelner Unternehmensteile delegiert werden? In diesem Fall empfiehlt es sich, diese Verwaltungsbereiche zu geschlossenen Organisational Units zusammenzufassen (siehe Abbildung 3.15).

- Welche Group Policies müssen implementiert werden? Um die Verwaltung übersichtlich zu gestalten, sollte man so wenig wie möglich Group Policies definieren und das Design der Organisational Units dementsprechend festlegen. Mehr zur Planung von Group Policies finden Sie weiter unten in Abschnitt 3.4.6 „Group Policies").

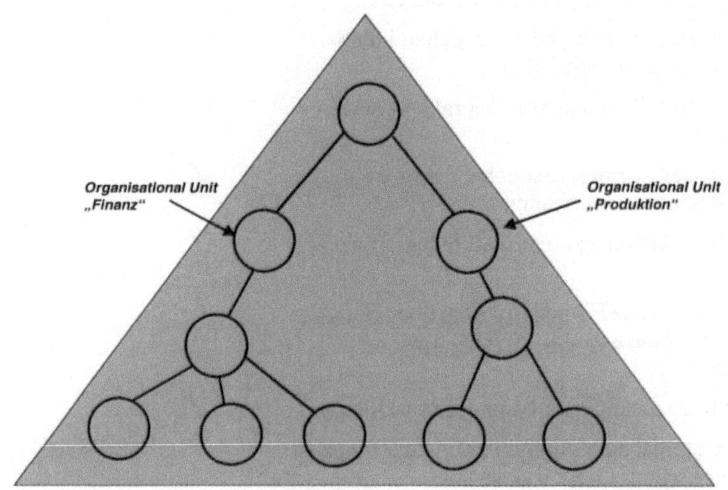

Abbildung 3.15: Die OU-Struktur einer Firma sollte Bereiche zusammenfassen, die separat verwaltet werden und /oder die gleichen Group Policies benötigen.

Einrichtung eines Forests

Bei der Installation der ersten Domäne im Active Directory wird gleichzeitig ein sogenannter *Forest* angelegt. Der Forest besteht zu Anfang nur aus einer einzelnen Domäne oder einem Domänenbaum. Es können jedoch parallel zur ersten Root-Domain weitere Domänen hinzugefügt werden, die einen anderen Namensbereich verwalten (siehe Abbildung 3.16).

Diese Organisationsform bietet sich insbesondere dann an, wenn ein Unternehmensbereich nach außen unter einem anderen Namen auftritt oder wenn ein Zusammenschluß stattgefunden hat.

Wird einem Forest eine neue Domäne hinzugefügt, entsteht zwischen den Root-Domain automatisch eine transitive Vertrauensbeziehung. Für den Forest gilt ebenso wie für einen einzelnen Domänenbaum, daß sich ein Benutzer nur ein einziges Mal anmelden muß und dann auf Ressourcen innerhalb des gesamten Active Directory zugreifen kann (sofern er die erforderlichen Berechtigungen besitzt).

Ein Forest besitzt außerdem einen gemeinsamen Global Catalog. Der Global Catalog ist ein Auszug aus dem gesamten Active Directory, wobei von jedem Objekt außer dessen Namen nur wenige ausgewählte Eigenschaften in den Global Catalog übernommen werden. Der Global Catalog wird angelegt, um Suchvorgänge innerhalb des Active Directory zu beschleunigen. Eine besondere Bedeutung kommt dem Global Catalog zu, wenn innerhalb des Active Directory sogenannte Sites eingerichtet werden (siehe nächsten Abschnitt).

Ebenso gilt, daß die Administratoren der Root-Domain nicht automatisch die anderen Root-Domain verwalten können, sondern daß dies durch geeignete Gruppenmitgliedschaften aktiviert werden muß. Für die Domänenstruktur in Abbildung 3.16 würde dies bedeuten, daß die Administratoren der Domäne xyz.company.com Mitglied in der Gruppe der Domänen-Admins der Domäne abc.firma.de werden müssen, damit sie beide Domänen verwalten können. Außerdem müssen die Gruppen der Domänen-Admins der jeweiligen *Root-Domain*n Mitglied der Domänen-Admins aller Unterdomänen werden, um die Domänenbäume zentral verwalten zu können.

Transitive
Vertrauens-
beziehungen
im Forest

Global Catalog

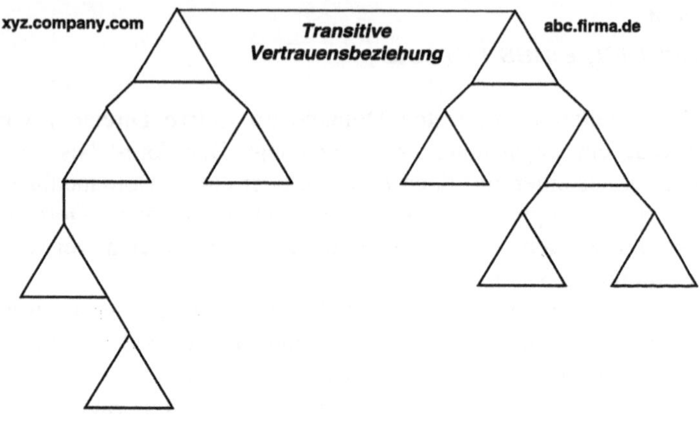

3.4.1.5
Planung der Replikation durch Sites

Unter dem Begriff „Replikation" versteht man die Übertragung der Änderungen innerhalb des Active Directory auf alle Domänencontroller. In Abschnitt 2.3.1.5 „Replikation und Sites" wurden die technischen Grundlagen der Replikation ausführlich besprochen. In diesem Abschnitt werden die für die Planung des Active Directory relevanten Fakten zusammengefaßt:

- Eine Replikation findet immer nur zwischen Domänencontrollern der <u>gleichen</u> Domäne statt, niemals jedoch zwischen Domänencontrollern aus verschiedenen Domänen.

- Die Replikation wird von einem Prozeß namens *Knowledge Consistency Checker* automatisch gesteuert. Innerhalb eines LAN ist der Replikationsverkehr im Vergleich zu dem Verkehr, der durch das Durchsuchen des Active Directory verursacht wird, relativ gering. Im allgemeinen wird man die Replikation im LAN nicht manuell konfigurieren.

- Es gibt allerdings auch einen geringen Replikationsverkehr zwischen den Domänen. Damit das Durchsuchen eines Active Directory schneller geht, wird nämlich ein kleiner Teil der Informationen in den *Global Catalog* geschrieben. Der Global Catalog wird von speziellen Servern, den Global Catalog Servern, verwaltet. Standardmäßig sind nur die jeweils ersten Domänencontroller einer Domäne an der Zusammenstellung des Global Catalog beteiligt. Server, die eine Kopie des Global Catalog verwalten, nennt man *Global Catalog Server*.

- Wenn sich eine Domäne über mehrere Standorte erstreckt, die
  über WAN-Leitungen miteinander verbunden sind, sollte die
  Replikation zwischen den Domänencontrollern diesseits und jenseits der WAN-Verbindung vorzugsweise durch die Einrichtung
  von *Sites* konfiguriert werden.

Unter einer Site versteht man einen Netzbereich, der schnelle und
zuverlässige Verbindungen aufweist – typischerweise also ein LAN.
Eine Site besteht aus einem oder mehreren IP-Subnetzen. Bei der
Einrichtung des Active Directory erzeugt das Betriebssystem automatisch die erste Site. Der Administrator kann weitere Sites einrichten und ordnet ihnen ein oder mehrere IP-Subnetze zu. Werden weitere Domänencontroller installiert, fügt das Betriebssystem sie zu der
ihrem IP-Subnetz entsprechenden Site hinzu. Ist außer der ersten Site
noch keine weitere eingerichtet, werden alle Domänencontroller dieser hinzugefügt.

Bei der Replikation *innerhalb* einer Site erfolgt standardmäßig etwa alle fünf Minuten eine Prüfung, ob Änderungen stattgefunden haben. Sind keine Sites definiert, so gilt dieses Zeitintervall auch für die
Replikation zwischen zwei Standorten dies- und jenseits einer WAN-
Verbindung. Definiert man jedoch für jeden Standort eine separate
Site, kann man die Replikation nach verschiedenen Gesichtspunkten
konfigurieren:

- **Zeitplan**: Wann und wie oft pro Stunde soll die Replikation erfolgen?

- **Kosten**: Ein relativer Wert dafür, wie teuer eine Verbindung ist.
  Wen zwischen zwei Sites mehrere Verbindungen existieren,
  wird diejenige mit den geringeren Kosten bevorzugt.

Bei der Konfiguration zwischen Sites sollte man zunächst einmal
mit der Standardeinstellung arbeiten: 24 Stunden pro Tag, viermal
pro Stunde, und dann im Laufe der Zeit diese Werte vorsichtig reduzieren. Es gibt keine generellen Empfehlungen. Wie oft Änderungen
innerhalb des Active Directory auftreten, hängt von einer Vielzahl
von Faktoren ab, darunter Anzahl der Objekte, Änderungen von Eigenschaften (Benutzernamen, Telefonnummer, Kennwort etc.), Änderung der Position eines Objektes usw.

Es ist auch möglich, zwischen zwei Sites mehr als eine Verbindung (*Site Link*) einzurichten. Eine der Verbindungen könnte beispielsweise aus einer schnellen 512 KBit/s-Standleitung bestehen, eine andere aus einer Wählverbindung über ein 56-kBaud-Modem,
welche nur als Backup dient. Indem man für die letztere Verbindung

Sites

Konfiguration der Replikation

Site Links

höhere Kosten definiert, stellt man sicher, daß die Replikation nur dann über diesen Site Link abläuft, wenn derjenige Site Link mit den geringeren Kosten nicht verfügbar ist.

Ein weiterer Vorteil von Sites besteht darin, daß die Replikation zwischen Sites im Gegensatz zu derjenigen innerhalb einer Site um 10 – 12% komprimiert ist, was weitere Bandbreite spart. Sites beschleunigen auch den Anmeldevorgang der Benutzer. Das Betriebssystem versucht nämlich stets, Kontakt zu einem Domänencontroller aufzunehmen, der sich in der gleichen Site wie der Clientrechner befindet. So wird gewährleistet, daß zur Bestätigung der Anmeldung keine WAN-Verbindung verwendet wird. Ist jedoch kein Domänencontroller in der eigenen Site vorhanden, wird zu einem beliebigen anderen Domänencontroller eine Verbindung hergestellt. Es gibt leider keine Möglichkeit, eine zweitbeste oder drittbeste Site zu definieren.

Es ist wichtig zu verstehen, daß man sich über Sites nur dann Gedanken machen muß, wenn sich eine Domäne über mehrere Standorte erstreckt. Konfiguriert man jedoch eine Niederlassung eines Unternehmens als untergeordnete Domäne oder neue Root-Domain innerhalb eines Forests, braucht man keine Sites zu definieren, denn Replikation findet lediglich zwischen Domänencontrollern der gleichen Domäne statt, nicht von verschiedenen Domänen (auch dann nicht, wenn eine der Domänen eine Child Domain ist).

Einen Standort, an dem sich kein Domänencontroller befindet, kann man nicht zu einer Site erheben. Wenn in einem kleinen Büro lediglich Windows 2000 Professional-Rechner stehen, erfolgt dort weder eine Replikation noch die Bestätigung der Anmeldevorgänge – also wird auch keine Site benötigt.

Wie bereits erwähnt, wird von den Objekten des Active Directory automatisch ein Auszug namens Global Catalog hergestellt. Er beschleunigt Suchvorgänge. Man sollte unbedingt darauf achten, daß in jedem Standort eines Unternehmens mindestens einer der Domänencontroller als Global Catalog Server definiert ist.

3.4.1.6
Delegation der Verwaltung

In Windows NT 4-Domänen gibt es nicht viele Möglichkeiten, Verwaltungsaufgaben zu delegieren. Außer der Gruppe der Administratoren, die über sämtliche Rechte verfügen, gibt es noch vordefinierte Gruppen, deren Mitglieder Teilbereiche der Verwaltung übernehmen können:

- **Server-Operatoren**: Verwaltung der Server

- **Konten-Operatoren**: Verwaltung der Benutzer- und Gruppen-konten, mit Ausnahme der Administratoren und der Operatoren-gruppen

- **Druck-Operatoren**: Verwaltung der Drucker

- **Sicherungs-Operatoren**: Sicherung und Wiederherstellung von Daten

Die weitere Möglichkeit besteht darin, einzelne Systemtasks wie beispielsweise „Ändern der Systemzeit" an bestimmte Benutzer oder Gruppen zu delegieren (siehe Abbildung 3.17).

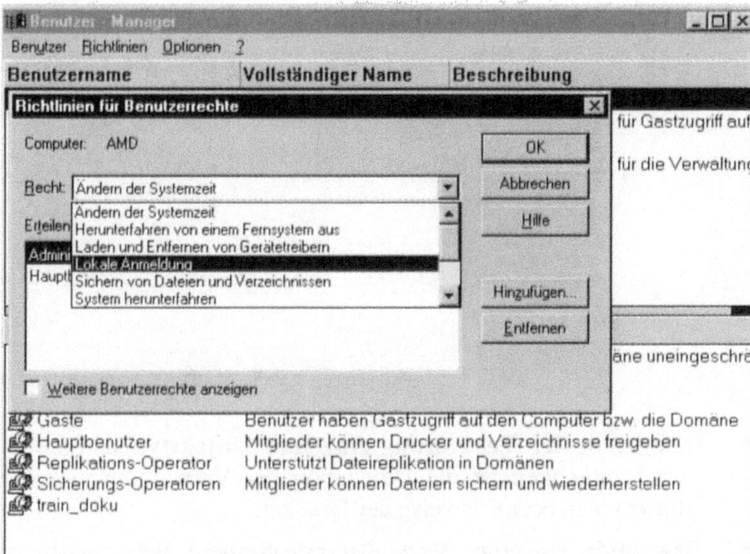

Abbildung 3.17: Bei Windows NT 4 können Teilbereiche der Verwaltung nur entweder durch Mitgliedschaft in vordefinierten Gruppen oder durch Zuweisung von Benutzerrechten delegiert werden.

Das Active Directory dagegen ist sehr flexibel hinsichtlich der Verwaltung seiner Strukturen und einzelnen Elemente. Eine Delegation der Verwaltung kann durch eine Reihe von verschiedenen Methoden eingerichtet werden:

- **Einrichtung einer neuen Domäne**: Sowohl eine neue Root-Domain als auch eine untergeordnete Child-Domäne sind hinsichtlich der Verwaltung ihrer Objekte zunächst eigenständig. Eine zentrale Verwaltung muß – im allgemeinen durch geeignete Gruppenmitgliedschaften – explizit eingerichtet werden.

- **Delegation der Verwaltung einer kompletten OU**: Die Verwaltung einer Organisational Unit mit allen Unterstrukturen kann

komplett delegiert werden. Dies betrifft dann alle Objekte und
sämtliche Aktionen innerhalb dieses Teilbereichs des Active Directory. Dieses Modell eignet sich für Organisationen, die möglichst wenige Domänen erstellen wollen, aber dennoch einzelnen
Abteilungen eine selbständige Verwaltung ihrer Ressourcen
übertragen möchten.

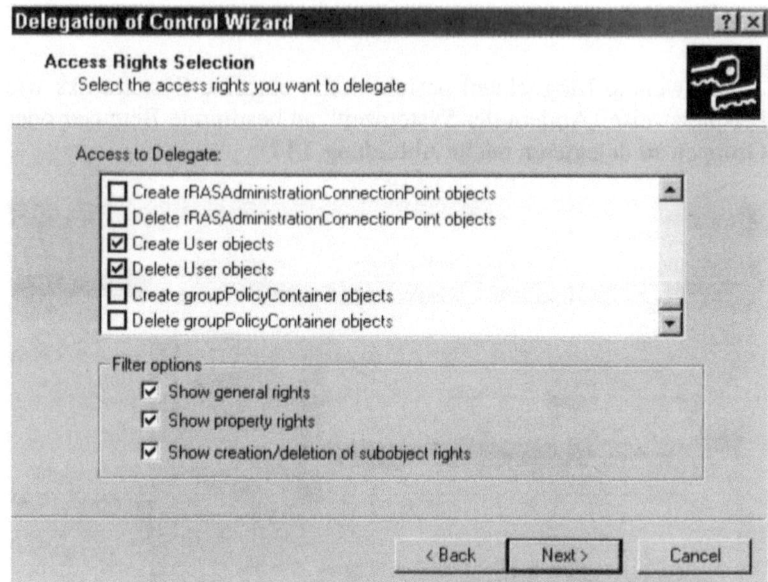

- **Delegation der Verwaltung einzelner Objekttypen**: Eine andere Möglichkeit ist die Delegation der Verwaltung einzelner
  Objekttypen, beispielsweise der Drucker.

- **Delegation einzelner Verwaltungsaufgaben**: Neben bestimm-
  ten Objekttypen können auch festgelegte Aufgaben innerhalb des
  Active Directory delegiert werden. Abbildung 3.18 zeigt die
  Delegation der beiden Aufgaben „Benutzerkonten erstellen" und
  „Benutzerkonten löschen".

- **Delegation durch Zugriffsberechtigungen**: Eine weitere Möglichkeit besteht darin, einzelnen Benutzern für bestimmte Objekte innerhalb des Active Directory geeignete Zugriffsberechtigungen zu erteilen. Auf diese Weise kann man bequem die Verwaltung einzelner Group Policies delegieren.

3.4.2
Domain Name System (DNS)

Den Domänen innerhalb des Active Directory sind stets korrespondierende DNS-Zonendateien zugeordnet. Wenn eine Active-Directory-Domäne erstellt wird, prüft das Betriebssystem, ob bereits ein DNS-Server eine entsprechende Zonendatei verwaltet. Wird keine entsprechende DNS-Zone gefunden, wird der Administrator zur Einrichtung aufgefordert.

Die Verbindung zwischen Active Directory und DNS ist deshalb so eng, weil die Clientrechner die IP-Adresse der Domänencontroller durch Anfragen bei einem DNS-Server erfahren. Das klassische Domain Name System (DNS) war jedoch aufgrund seiner statischen Struktur für diese Anforderungen nicht flexibel genug. Bei Windows 2000 setzt Microsoft daher eine dynamische DNS-Version ein. Die zweite wichtige Änderung sind neue DNS-Einträge. Domänencontroller beispielsweise registrieren sich unter der Bezeichnung „SRV" (Server).

Neuerungen bei Microsoft DNS

Bei der Wahl des Namens einer DNS-Domäne sind einige Dinge zu beachten. Es ist klar, daß der Zonenname der gleiche sein muß wie der Name der Domäne, die damit verwaltet wird. Wurde für die Active-Directory-Domäne beispielsweise der Name SCHWABEN-BANK.DE gewählt, muß die korrespondierende DNS-Domäne ebenfalls SCHWABENBANK.DE heißen. Man sollte aus Gründen der Kompatibilität zu klassischen DNS-Servern in den Namen nur die Zeichen A – Z, a – z und 0 – 9 wählen, auch wenn das dynamische DNS von Microsoft ebenfalls Sonderzeichen unterstützt. Der gesamte Domänennamen kann inklusive der Punkte bis zu 63 Zeichen lang sein. Ebenso wie im Active Directory können auch Unterdomänen eingerichtet werden. Eine Empfehlung von Microsoft lautet, nicht mehr als drei bis fünf Ebenen von Unterdomänen zu verwalten, damit die Verwaltbarkeit gewährleistet bleibt.

Name der DNS-Domäne

Vor dem Erstellen der DNS-Domäne muß man außerdem den oder die IP-Adreßbereiche festlegen, über die sich die Domäne erstreckt, damit die Reverse-Lookup-Zonen korrekt eingerichtet werden können. An dieser Stelle besteht also ein sehr enger Zusammenhang zwischen der Planung der TCP/IP-Konfiguration des Netzwerks und der DNS-Planung.

DNS-Domäne und IP-Adreßbereich

Da die Funktion des Active Directory wiederum von der korrekten Funktion von DNS abhängt, sollten aus Sicherheitsgründen pro DNS-Zone immer mindestens zwei DNS-Server eingerichtet werden. Bei der klassischen DNS-Version wird dazu ein Single-Master-Modell ähnlich wie bei Windows NT verwendet. Ein sogenannter Primary Master Server verwaltet das Original der DNS-Zonendatei. Weitere

Klassische Replikation der DNS-Datenbank

DNS-Server werden als Secondary Master konfiguriert. Sie erhalten in regelmäßigen Abständen Updates von Primary Master. Beide, sowohl Primary als auch Secondary Master, beantworten DNS-Anfragen der Clients, jedoch können nur beim Primary Master neue Einträge registriert werden. Hier ist die entscheidende Schwachstelle des klassischen DNS: Fällt der Primary Master aus, können keine weiteren Rechner ihre DNS-Namen registrieren, was im Windows 2000-Netzwerk zu großen Problemen führen kann.

Windows 2000 bietet die Möglichkeit, die DNS-Datenbank in das Active-Directory zu integrieren. Diese Integration bietet eine ganze Reihe von Vorteilen:

- Jeder Domänencontroller kann DNS-Updates entgegennehmen. Das Single-Master-Modell des klassischen DNS wird damit zum Multi-Master-Modell.

- Wenn jeder Domänencontroller gleichzeitig als DNS-Server agiert, ist eine bessere Lastverteilung („Load Balancing") gewährleistet.

- Bei der Replikation wird nicht mehr die gesamte Zonendatei übertragen, sondern lediglich die geänderten Informationen.

- Die DNS-Replikation wird zum Bestandteil der Active-Directory-Replikation. Mit der Einrichtung von Sites wird daher sowohl die Active-Directory- als auch die DNS-Replikation konfiguriert.

Bei beiden Methoden – ob Standard-DNS oder das ins Active-Directory integrierte DNS – muß die DNS-Replikation ebenso sorgfältig wie die Active-Directory-Replikation geplant werden. Wenn mehrere Standorte vorhanden sind, sollte sich an jedem Standort möglichst mindestens ein DNS-Server befinden. Ist dies nicht der Fall, gehen sowohl der DNS-Registrierungsverkehr als auch alle DNS-Anfragen über langsame WAN-Strecken, wobei – je nachdem, welche Art von Verbindungen eingerichtet wurden – unter Umständen jedesmal eine Wählverbindung aufgebaut wird. Besonders der letztere Fall wird die Anmeldevorgänge der Benutzer erheblich verlangsamen.

Bei der Planung von Active Directory und DNS-Struktur geht es im wesentlichen darum, im Spannungsfeld „Fehlertoleranz versus Bandbreitenbedarf" einen geeigneten Mittelweg zu finden. Als Grundregel gilt jedoch:

So wenig DNS-Domänen wie möglich einrichten!

Weniger DNS-Domänen bedeutet im Gegenzug auch weniger Domänen im Active Directory. Und beides zusammen genommen bedeutet weniger Replikationsverkehr und damit mehr Bandbreite für Nutzdaten.

3.4.3
Anwendungen

Bei der Grobplanung der Anwendungen ist zu unterscheiden zwischen unternehmenskritischen und sonstigen Anwendungen.

Bei den *unternehmenskritischen Anwendungen* handelt es sich meistens um verteilte oder „Client/Server"-Anwendungen wie beispielsweise eine Datenbank, ein Mailsystem oder ein Unternehmensplanungssystem wie SAP R/3 oder Baan. Folglich sind bei der Planung zwei Komponenten zu betrachten: die Serverkomponente, häufig Back-End genannt, sowie die Clientkomponente, die mit dem Begriff Front-End bezeichnet wird (siehe Abbildung 3.19).

Soll ein bestehendes Windows NT-Netzwerk zu Windows 2000 migriert werden, muß in der Phase der Grobplanung festgestellt werden, ob die Applikation – server- und clientseitig – auch unter Windows 2000 läuft oder ob ein Update erforderlich wird. Ebenso muß festgelegt werden, wie die Anwendungsserver ausgestattet sein müssen (Prozessoren, Festplatten, RAM, Netzwerkkarten etc.).

Unternehmens-
kritische Anwen-
dungen

Migration von
Windows NT zu
Windows 2000

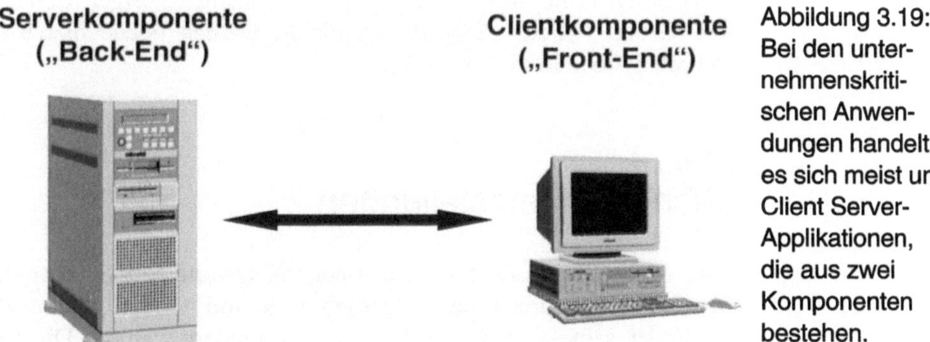

Abbildung 3.19:
Bei den unter-
nehmenskriti-
schen Anwen-
dungen handelt
es sich meist um
Client Server-
Applikationen,
die aus zwei
Komponenten
bestehen.

Bei einem Wechsel der Plattform, beispielsweise der Migration von Novell NetWare zu Windows 2000, muß die Entscheidung getroffen werden, ob der oder die Novell-Server, auf denen die Serverkomponente installiert ist, in das neue System integriert werden oder ob aus Gründen der Vereinheitlichung alle Novell-Server zu Windows 2000 migriert werden. Letzteres würde zwangsläufig den Um-

Wechsel der
Plattform

stieg auf eine Windows 2000-Version der unternehmenskritischen Anwendung oder die Einführung einer völlig neuen Applikation nach sich ziehen.

Ein anderer Grund, die unternehmenskritische Anwendung zu migrieren, könnte mit dem Front-End zusammenhängen. Möglicherweise stellt der Hersteller der Applikation keine 32-Bit-Version zur Verfügung, oder das Front-End paßt nicht mehr in die Gesamtstrategie des Unternehmens, weil es nicht per Skript automatisch installiert werden kann oder Funktionseinschränkungen aufweist.

Wenn die einzusetzenden Anwendungen kompatibel zum Microsoft Software Installer (MSI) sind, können sie den Benutzern per Group Policies zugewiesen werden (siehe hierzu auch Abschnitt 2.3.3.2.1 „Application Deployment"). In diesem Fall muß in der Phase der Grobplanung ermittelt werden, wie viele verschiedene Konfigurationssätze hinsichtlich der Zuweisung von Anwendungen erstellt werden müssen. Das Ergebnis könnte wie folgt aussehen:

- Anwendergruppe 1: Applikationen 1, 3, 5

- Anwendergruppe 2: Applikationen 1, 2, 3, 4

- Anwendergruppe 3: Applikationen 4 und 5

- Anwendergruppe 4: Applikationen 1, 2, 3, 4 und 5

In diesem Fall müßten also vier unterschiedliche Konfigurationssätze per Group Policies erstellt werden. Diese auf die Anwendungen bezogenen Policy-Einstellungen müssen mit den übrigen Bereichen der Group Policies sinnvoll kombiniert werden (siehe hierzu Abschnitt 3.4.6 „Group Policies").

3.4.4
Sicherheitseinstellungen

Die Sicherheitsmaßnahmen in einem Netzwerk sollen verhindern, daß die Ressourcen des Unternehmens von Unbefugten genutzt und/oder seine Daten gestohlen oder verändert werden. Die Maßnahmen betreffen grundsätzlich zwei Bereiche:

- Allgemeine Maßnahmen

- Software-Maßnahmen

Unter den allgemeinen Maßnahmen sind alle vom jeweiligen Betriebssystem unabhängigen Einstellungen zu verstehen. Darunter fallen beispielsweise das Anbringen von Schlössern an den Diskettenlaufwerken der Clientrechner oder BIOS-Einstellungen wie das ausschließliche Booten von Festplatte, damit unbefugte Außenstehende die Rechner nicht von Diskette booten und mit Editiertools auf lokal hinterlegte Daten zugreifen können. Das Sperren des Bootvorgangs von Diskette verhindert übrigens auch, daß Benutzer Programme oder Dateien aus zweifelhaften Quellen ins Netz bringen, die potentiell Viren enthalten.

Zu den die Sicherheit betreffenden Software-Maßnahmen gehören:

- Backup-Strategie
- Antivirus-Software
- Sicherheitseinstellungen für RAS (Remote Access Service)
- Sicherheitsmaßnahmen für den Zugriff auf das Internet
- Maßnahmen zur Sicherung der E-Mails (Pretty Good Privacy, S/MIME)
- Certificate Server
- Group Policies

Aufgrund der Komplexität der Themengebiete werden die Sicherheitsmaßnahmen für RAS und Internet-Zugang in vielen Projekten nicht unter dem globalen Thema „Sicherheit" abgehandelt. Es werden vielmehr separate Unterteams gebildet, die eigenständige Dokumente zum Gesamtkonzept der Grobplanung beisteuern und dabei selbstverständlich dem Thema Sicherheit einen hohen Stellenwert einräumen.

Der Certificate Server wird benötigt, wenn als Sicherheitsmaßnahme ein Public-Key-Verfahren (eine Erklärung zu Public-Key-Verfahren finden Sie in Abschnitt 2.3.4.3 „Encrypting File System (EFS)") implementiert werden soll. Ein solches Verfahren wird unter anderem bei der verschlüsselten Abspeicherung von Dateien mit Hilfe des Encrypting File System oder beim Zugriff auf einen Internet- oder Intranet-Server über Secure Sockets Layer eingesetzt. Im Rahmen der Grobplanung soll festgelegt werden, ob und gegebenenfalls wie viele Certificate Server benötigt werden.

Viele der die Sicherheit betreffenden Konfigurationseinstellungen werden in einem Windows 2000-Netzwerk mit Hilfe von Group Policies vorgenommen. Zunächst muß geprüft werden, ob und auf welche Weise sich die Sicherheitsrichtlinien des derzeitigen Netzwerks auf Windows 2000 übertragen lassen. Windows 2000 bietet zudem gegenüber von Windows NT 4 eine Fülle neuer Sicherheitseinstellungen, beispielsweise Zugriffsbeschränkungen auf die lokale Registrierung oder lokale Dateien und Verzeichnisse oder Einstellungen zum IPSec-Protokoll (siehe auch Abschnitt 2.3.3.2.2 „Security Settings").

In der Phase der Grobplanung wird festgelegt, welche Arten von Sicherheitseinstellungen (Kontenrichtlinien, lokale Einstellungen wie beispielsweise „LanManager-Kennwort niemals senden", Zertifikate usw.) implementiert werden und wie viele Versionen es davon geben wird. Eine Organisation könnte zum Beispiel festlegen, daß drei verschiedene Versionen von Sicherheitseinstellungen benötigt werden: für Domänencontroller, für Member Server und für Clientrechner. Diese Angaben sind erforderlich, um die Gesamtstrategie für die Group Policies zu entwickeln (siehe Abschnitt 3.4.6 „Group Policies"). Die detaillierten Konfigurationseinstellungen hingegen werden erst in der nächsten Phase – der Phase der Feinplanung – definiert.

3.4.5
Benutzerumgebung

Benutzerprofile lokal oder serverbasiert?

Die erste Festlegung hinsichtlich der Benutzerumgebung betrifft den Speicherort der Benutzerprofile. Heutzutage wird man kaum noch Netzwerke vorfinden, in denen die Benutzer mit lokalen Profilen arbeiten. Eine der Hauptforderungen an moderne Netzwerke ist die Realisierung des „Single Login", d.h., der Benutzer kann sich von überall her im Netz anmelden und muß nur ein einziges Mal seinen Benutzernamen und sein Kennwort angeben, um auf die Ressourcen zugreifen zu können. Damit er jedoch auf jedem Clientrechner seine spezifische Arbeitsoberfläche zur Verfügung hat, *müssen serverbasierte Benutzerprofile* realisiert werden.

Die Arbeitsoberfläche des Benutzers wird bei Windows 2000 mit Hilfe der folgenden drei Bereiche von Group Policies festgelegt:

- Benutzerordner („User Documents and Settings")
- Skripte
- Software-Einstellungen („Software Policies")

„User Documents and Settings"

Mit den Einstellungen für die Benutzerordner lassen sich einzelne Verzeichnisse des Benutzerprofils zu einem freigegebenen Ordner auf einem Server umleiten. In der Phase der Grobplanung sollte man festlegen, welche der Benutzerordner umadressiert werden sollen.

Unbedingt empfehlenswert ist die Umleitung des Verzeichnisses „My Documents" bzw. „Eigene Dateien" in der deutschen Version von Windows 2000. Dieser Ordner ist der Standard-Speicherordner nicht nur für Microsoft Office. Wenn die Benutzer über serverbasierte Profile verfügen und ihre Dokumente in diesem Ordner speichern, werden die Änderungen am Benutzerprofil beim Abmeldevorgang auf den Server übertragen. Meldet sich der Benutzer an einem anderen Clientrechner an, an dem er noch niemals zuvor gearbeitet hatte, wird sein komplettes Profil inklusive aller Dokumente im Ordner „Eigene Dateien" heruntergeladen, was je nach Umfang zu einer nicht unerheblichen Netzbelastung führen kann. Wird der Ordner „My Documents" jedoch per Group Policy zu einem Ordner auf einem Server umgeleitet, so wird bei der Benutzeranmeldung lediglich eine Verknüpfung zum Server hergestellt, jedoch keine Dateien heruntergeladen.

Einstellungen für das Abarbeiten von Skripten kann man sowohl für Benutzer als auch für Computer vornehmen. Für Benutzer können An- und Abmeldeskripte definieren werden, für Computer hingegen solche, die entweder beim Hoch- oder beim Herunterfahren ausgeführt werden. Bei Windows NT 4 konnte man lediglich Anmeldeskripte für die Benutzer definieren, die im wesentlichen für das Verbinden von Netzlaufwerken oder das Starten von Installationsskripten für Anwendungen (Systems Management Server) eingesetzt wurden. Als Vorarbeit für die Konzeptionierung der Group Policies muß festgelegt werden, für welchen Einsatzzweck Skripte benutzt und wie viele Varianten insgesamt benötigt werden.

Unter dem Gliederungspunkt Software-Einstellungen („Software Policies") findet man unter anderem die von den Windows NT 4-Systemrichtlinien bekannten Restriktionen wieder. Daneben gibt es noch eine Reihe von neuen Einstellungen, unter anderem zum Microsoft Software Installer, zu Offline-Verzeichnissen und zu Benutzerprofilen. Man kann die Gesamtgröße der Benutzerprofile einschränken oder bestimmte Ordner vom Abspeichern auf dem Server ausschließen.

Generell wird man natürlich bestrebt sein, den Zugriff der Benutzer auf Betriebssystemfunktionen so weit wie möglich einzuschränken, um die Zahl der Supporteinsätze wegen Fehlbedienungen der Systeme durch die Benutzer zu reduzieren. In der Phase der Grobplanung geht es nicht darum, die Details der Beschränkungen zu definieren, sondern um die Frage, wie viele Konfigurationssätze für Software-Einstellungen benötigt werden. Im Idealfall würden nur zwei Konfigurationssätze gebraucht: einer für die normalen Benutzer, wobei der Zugriff auf das Betriebssystem sehr weitgehend eingeschränkt ist, und einer ohne Einschränkungen für die Administratoren. In den meisten Unternehmen gibt es jedoch weitere Benutzergruppen, die mehr Zugriff auf das Betriebssystem benötigen wie zum Beispiel Software-Entwickler oder Supportpersonal. Eine Analyse könnte also zu dem Ergebnis kommen, daß hinsichtlich der Software-Einstellungen vier Konfigurationssätze angelegt werden müssen: Administratoren, Programmierer, Supportpersonal und Benutzer. Dieses Ergebnis fließt in die Gesamtplanung für Group Policies ein.

3.4.6
Group Policies

Außer dem Domain Name System (DNS) haben auch die Group Policies einen sehr großen Einfluß auf die Strukturierung des Active Directory. Sie können nämlich auf verschiedenen Ebenen angesetzt werden:

- Auf der Ebene einer *Site*
- Auf der Ebene einer *Domäne*
- Auf der Ebene einer *OU*

Group Policies, die auf einer hohen Ebene der Hierarchie angesiedelt sind, werden auf die untergeordneten Strukturen weitervererbt. Sie sind kumulativ, d.h., die Einstellungen von Group Policies addieren sich zu Group Policies auf der gleichen Ebene und zu solchen, die auf untergeordneten Ebenen definiert sind. Die Vererbung kann jedoch blockiert werden („Block Inheritance"). Ebenso kann eine auf untergeordneten Ebenen gesetzte Blockierung durch eine übergeordnete Group Policy aufgehoben werden („No override").

Mit Hilfe von Group Policies werden die folgenden Bereiche konfiguriert:

- *Anwendungen*: Verteilung von Anwendungen
- *Sicherheit*: Kontenrichtlinien, Systemrechte, Zertifikate etc.
- *Benutzerordner*: Umleitung von Ordnern des Benutzerprofils
- *Skripte*: An- und Abmeldeskripte
- *Software-Einstellungen*: Einschränkungen der Benutzerumgebung

Welche Einstellungen grundsätzlich vorgenommen werden sollen und wie viele verschiedene Konfigurationssätze benötigt werden, sollte separat ermittelt werden (siehe hierzu auch die vorhergehenden Abschnitte, die sich mit den Planungsgrundlagen für Anwendungen, Sicherheitseinstellungen und die Benutzerumgebung befassen).

Die einzelnen Planungsergebnisse müssen zu einer stringenten Group-Policy-Strategie zusammengefügt werden. An dieser Stelle wird nochmals darauf hingewiesen, daß es noch nicht darum geht, die genauen Konfigurationseinstellungen zu definieren, sondern um die Klärung der folgenden grundsätzlichen Fragen:

1. Welche Bereiche der Group Policies werden konfiguriert?
2. Wie viele Group Policies werden benötigt und auf welcher Ebene des Active Directory werden sie angesiedelt?

Group-Policy-Bereich	Anzahl Konfigurationssätze (Beispiel)	Kommentar
Anwendungen	4	Vier Hauptabteilungen mit unterschiedlichen Anforderungen hinsichtlich der Applikationen
Sicherheit	3	Unterschiedliche Sicherheitskonfiguration für Domänencontroller, Member Server und Clientrechner
Benutzerordner	1	Für alle Benutzer gelten die gleichen Einstellungen, beispielsweise Umleitung des Ordners „Eigene Dateien" zu einem freigegebenen Ordner auf einem Server
Skripte	4	Vier Hauptabteilungen mit Laufwerk-Mappings zu unterschiedlichen freigegebenen Verzeichnissen
Software-Einstellungen	3	Normale Benutzer, Power-User und Administratoren

Tabelle 3.2: Beispiel für die Festlegung der Bereiche, die mit Group Policies konfiguriert werden sollen.

Für jeden der fünf Bereiche von Group Policies muß in der Phase der Grobplanung grundsätzlich festgelegt werden, ob Einstellungen vorgenommen werden und wie viele Konfigurationsgruppen gegebenenfalls zu erwarten sind. Eine Analyse könnte zu einem Ergebnis kommen, wie es in Tabelle 3.2 dargestellt ist.

Welche Bereiche der Group Policies werden konfiguriert?

Im nächsten Schritt muß festgelegt werden, auf welche Weise die eben definierten Konfigurationssätze in Group-Policy-Objekte übertragen werden sollen. Hier können verschiedene Strategien angewendet werden (siehe Abbildung 3.20):

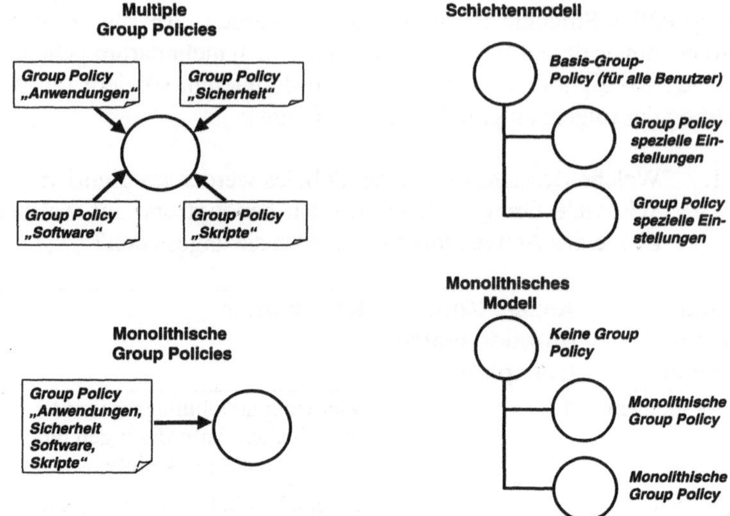

- **Multiple Group Policies**: Es werden Group-Policies für die einzelnen Policy-Bereiche erstellt, die miteinander kombiniert werden. Neben der Unterteilung in die Policy-Bereiche kann auch eine Aufsplittung in computerspezifische und benutzerspezifische Group Policies vorgenommen werden. Die Verwaltung der einzelnen Group Policies kann auf einzelne Personen übertragen werden, indem für die Group-Policy-Objekte im Active Directory geeignete Zugriffsberechtigungen vergeben werden.

- **Monolithische Group Policies**: Es wird angestrebt, möglichst wenige Group Policies zu erstellen, die jeweils Konfigurationseinstellungen für alle Bereiche enthalten. Bei diesem Modell werden keine Group Policies auf den höheren Ebenen implementiert. Jede Organisational Unit erhält vielmehr ihre eigene spezifische Group Policy. Hier kann die Verwaltung der Group Policies auf einzelne Personen oder Gruppen übertragen werden, indem die Verwaltung der Organisational Units delegiert wird.

- **Schichtenmodell**: Auf den höchsten Ebenen werden die Basiseinstellungen, auf untergeordneten Ebenen die speziellen Einstellungen definiert. Das Schichtenmodell ist eine Anwendung der Strategie multipler Group Policies.

Tabelle 3.3 faßt die Vor- und Nachteile der einzelnen Modelle zusammen.

	Schichtenmodell	**Monolithisches Modell**
Vorteile	– Flexibel, feine Strukturierung möglich	– Übersichtlich, weniger Group Policy-Objekte
	– Implementierung und Fehlersuche einfacher	– Anmeldevorgänge sind schneller
	– Für Unternehmen mit weitestgehend identischen Sicherheitsbedürfnissen und nur kleineren Abweichungen in einzelnen Abteilungen	– Für Unternehmen mit stark unterschiedlichen Sicherheitsbedürfnissen einzelner Abteilungen
	– Für zentrale Verwaltung der Group Policies geeignet	– Für dezentrale Verwaltung der Group Policies geeignet
Nachteile	– Mehr Group Policy-Objekte erforderlich	– Weniger flexibel
	– Anmeldevorgänge langsamer	– Group Policies sehr umfangreich

Tabelle 3.3: Vor- und Nachteile der Group Policy-Implementierungsmodelle.

Die hohe Flexibilität hinsichtlich der Implementierung der Group Policies ist natürlich grundsätzlich zu begrüßen, macht es jedoch auf der anderen Seite nicht eben einfacher, sich in der Phase der Grobplanung für ein geeignetes Modell zu entscheiden. Nachfolgend deshalb noch ein paar generelle Empfehlungen:

- **So wenig Group Policies wie möglich einrichten!** Weniger Policies sind nicht nur übersichtlicher und daher leichter zu verwalten, sondern beschleunigen darüber hinaus auch den Anmeldevorgang von Benutzern.

- **Benutzer und Computer entsprechend ihrer benötigten Policies in Organisational Units aufteilen.** Beispielsweise befinden sich alle Domänencontroller standardmäßig in einem Container namens Domain Controllers. Diesem kann dann eine Policy zugewiesen werden, die alle Sicherheitseinstellungen für die Domänencontroller beinhaltet.

- **Vererbung der Group Policies nicht verändern!** Einstellungen wie „Block Inheritance" oder „No Override" (siehe Abschnitt 2.3.3.2.5 „Regeln für Group Policies") sollten nur verwendet werden, wenn es gar nicht anders geht, da sie die Fehlersuche enorm erschweren.

- **Keine Überschneidungen bei Benutzer- und Computerpolicies!** Es gibt miteinander konkurrierende Einstellungen bei benutzer- und computerspezifischen Policy-Einstellungen. Computereinstellungen haben dabei immer Vorrang vor den Benutzereinstellungen. Die Fehlersuche wird dadurch enorm erschwert.

Ein Tip zum Schluß: In der Phase der Austestung der Policies sollte man mit multiplen Policies arbeiten, wobei jede nur einen einzelnen Bereich abdeckt. Dadurch wird es wesentlich einfacher, Fehler zu finden. Wenn die Group Policies fertig eingerichtet sind, sollte man die einzelnen Objekte zu größeren Group Policies zusammenfassen, um die Anmeldevorgänge der Benutzer nicht unnötig zu verlangsamen.

3.4.7
Datenverzeichnisse

Die Planung der Datenverzeichnisse umfaßt eine ganze Reihe von Unterpunkten:

- **Art und Struktur der Verzeichnisse**: Abteilungsverzeichnisse, öffentliche Ordner, Anwendungsverzeichnisse, Projektordner, Benutzerverzeichnisse, Ordner für serverbasierte Benutzerprofile, Verzeichnis für umgeleitete Profilordner usw.

- **Offline-Verzeichnisse**: Festlegung, welche Verzeichnisse als Offline-Verzeichnisse freigegeben werden sollen.

- **Zugriffsberechtigungen:** Generelle Festlegungen wie beispielsweise „Auf die Anwendungsverzeichnisse erhalten die Benutzer nur Lese-Zugriff und die Administratoren Vollzugriff".

- **Server**: Benötigter Festplattenspeicher und Anzahl und Standort der beteiligten Server.

- **Distributed File System (DFS)**: Art des DFS-Verzeichnisbaumes (Standalone oder Fault Tolerant), beteiligte Server, grundsätzlicher Aufbau.

- **Disk Quotas**: Welche Verzeichnisse sollen mit Disk Quotas eingeschränkt werden (diese müssen dann auf *einem* gemeinsamen NTFS-Laufwerk angelegt werden)? Für welche Benutzer sollen Disk Quotas gelten? Wie groß sollen die Disk Quotas sein?

Ein wichtiges Kriterium für die Planung von Offline-Verzeichnissen ist zweifellos die Frage, welche Dateien offline bearbeitet werden sollten. Es kommen nur Dateien in Frage, die nicht von mehreren Personen bearbeitet werden, weil ansonsten häufige Versionskonflikte vorprogrammiert sind. Offline-Verzeichnisse belasten aufgrund der Synchronisationsvorgänge das Netzwerk. Es sollten daher im Rahmen von Testlaboren aussagekräftige Simulationen durchgeführt werden.

Offline-Verzeichnisse

Die genauen Einstellungen, insbesondere hinsichtlich der Zugriffsberechtigungen, werden erst im Rahmen der Feinplanung festgelegt. Die Definition der Zugriffsberechtigungen hat ebenfalls einen Einfluß auf die im Active Directory anzulegenden Objekte. Microsoft hat hierzu klare Empfehlungen definiert, nämlich das Acronym **A**(counts) – **G**(lobal Group) – **L**(ocal Group) – **P**(ermissions). Eine detaillierte Erklärung hierzu finden Sie in Abschnitt 2.3.1.3 „Gruppen".

Zugriffsberechtigungen

Die Planung der Datenverzeichnisse liefert wichtige Anhaltspunkte für eine Spezifikation der beteiligten Server hinsichtlich Prozessor(en), Festplatten und RAM. Diese Plandaten werden mit denjenigen für die Domänencontroller, DNS-Server, Anwendungsserver, Internet-Server usw. zusammengeführt.

Server-Spezifikationen

Ein Fault Tolerant DFS, in welchem Verzeichnisse von verschiedenen Servern zu dem gleichen DFS-Knoten zeigen und eine Replikation zwischen den Verzeichnissen erfolgt, wird nicht von Windows NT 4-Clients unterstützt. Dies muß in der Planung der Umstellungsphase berücksichtigt werden.

Distributed File System (DFS)

Da Disk Quotas nicht auf Ebene einzelner Verzeichnisse, sondern nur für ganze Laufwerke definiert werden können, hat ihr Einsatz erheblichen Einfluß auf die Strukturierung der Festplatten der Server. Wenn auf einem Laufwerk, auf dem sich mehrere Datenverzeichnisse befinden, Disk Quotas für die Benutzer definiert werden, gelten die Beschränkungen des Festplattenplatzes für die Summe *aller* Dateien, die ein Benutzer auf dem Laufwerk abgelegt hat!

Disk Quotas

Mit Disk Quotas sollte man sehr vorsichtig umgehen. Im allgemeinen wird lediglich der Speicherplatz der Benutzer in ihrem privaten Basisverzeichnis beschränkt. Es empfiehlt sich in diesem Fall, auf einer der Server-Festplatten ein separates Laufwerk zu erstellen, auf dem ausschließlich die Basisverzeichnisse angelegt werden, und für dieses Laufwerk Disk Quotas einzuführen.

3.4.8
Interoperabilität

In vielen Organisationen wird mehr als ein Netzwerk-Betriebssystem
eingesetzt. Im Rahmen der Grobplanung muß daher festgelegt werden, auf welche Weise die Interoperabilität zwischen heterogenen
Systemen eingerichtet werden soll. Es werden hierzu entweder Tools
auf den Clientrechnern oder spezielle Serverdienste, sogenannte
„Gateways", verwendet.

Windows 2000 besitzt Tools zur Verbindung mit Novell NetWare,
Unix, SNA-Mainframes und Apple Macintosh-Rechnern. Darüber
hinaus wird auch ein Migrationsprogramm für den Verzeichnisdienst
von NetWare, die NDS (Novell Directory Services), mitgeliefert.

Ob ein bestehendes Netzwerk integriert oder komplett zu Windows 2000 migriert wird, ist nicht zuletzt eine strategische Frage.
Will man die Verwaltung des Netzwerks vereinfachen, ist der Umstieg auf nur ein einziges Betriebssystem ein wichtiger Schritt. Zwei
oder mehr verschiedene Systeme einzusetzen bedeutet auch, daß entsprechendes Know-how vorgehalten und gepflegt werden muß, was
die Ausbildungskosten für die Administratoren erhöht. Darüber hinaus läuft man Gefahr, durch Inkompatibilität zwischen den Systemen
neue Probleme zu schaffen.

Andererseits entscheiden sich einige Organisationen bewußt für
den Einsatz mehrerer Netzwerk-Betriebssysteme, um von jedem System die Vorteile nutzen zu können. Außerdem möchte man sich
nicht von einem einzigen Hersteller abhängig machen.

3.4.9
Remote Access (RAS)

Mit Remote Access bezeichnet man den Zugriff auf Ressourcen im
Firmennetz über eine Einwählleitung oder ein virtuelles privates
Netzwerk (VPN) über eine Internet-Verbindung. Windows 2000 beinhaltet ebenso wie der Vorgänger Windows NT einen RAS-Server,
zu welchem DFÜ (Datenfernübertragung)-Clients Verbindung auf-
nehmen können.

Neben der Einscheidung darüber, mit welcher Hardware (Modems, ISDN-Karten) der RAS-Server und die DFÜ-Clients ausgestattet werden sollen, sind eine Vielzahl weiterer Punkte zu klären:

- **RAS-Einwählberechtigung**: Welche Benutzer erhalten sie, wer
  entscheidet darüber?

- **Rückrufoption**: Rufnummer vom Benutzer wählbar oder fest vorgegeben?

- **Sicherheit**: Zugriff auf den RAS-Server beschränken, Einsatz von PPTP oder L2TP, zwischengeschaltete Sicherheitshosts, SmartCards etc.

- **Konfigurationseinstellungen**: Automatische Beendung bei Leer-lauf, kein Download serverbasierter Profile über DFÜ-Verbindungen etc.

Einige der Konfigurationseinstellungen können mit Group Policies (Bereich „Software Policies") vorgenommen werden. Dies sollte in die Planung der Group Policies mit einfließen.

3.4.10
Internet-Anbindung

In vielen Unternehmen ist bei der Internet-Anbindung aus Sicherheitsgründen nicht nur eine Firewall, sondern auch ein Proxyserver realisiert. Sofern der Proxy-Server die Installation einer speziellen Clientsoftware auf den Rechnern der Benutzer erfordert (wie es beim Microsoft Proxy Server der Fall ist) ist im Rahmen der Grobplanung zu testen, ob die Clientsoftware auch unter Windows 2000 läuft oder ob ein Upgrade notwendig ist.

3.4.11
Netzwerkinfrastruktur

Unter diesem Themenpunkt werden abgehandelt:

- **Protokolle und Adressierungsschemata**, z.B. IP-Adressbereiche, DHCP-Server
- **Infrastrukturmaßnahmen** wie Änderungen des Netzdesigns, neue Hardware (Hubs, Switches, Netzwerkkarten etc.)

Im Rahmen der Grobplanung besteht eine der wichtigsten Aufgaben darin, die durch die neuen Features von Windows 2000 auftretende zusätzliche Netzbelastung abzuschätzen, damit geeignete Infrastrukturmaßnahmen eingeleitet werden können. Den folgenden Bereichen muß in Testlaboren erhöhte Aufmerksamkeit geschenkt werden:

- Replikation zwischen den Domänencontrollern
- DNS-Replikation
- Synchronisation im Fault Tolerant DFS
- Synchronisation von Offline-Verzeichnissen
- Download von serverbasierten Benutzerprofilen
- Download von Group Policies

Verringerung der Netzbelastung gegenüber Windows NT 4

Wenn von Windows NT 4 zu Windows 2000 migriert wird, dann wird die Netzbelastung verringert. Bei Windows NT 4 ist die Replikation zwischen PDC und BDCs wesentlich unökonomischer als die Replikation im Active Directory, weil bei Änderungen jeweils komplette Datensätze und nicht nur die geänderte Eigenschaft übertragen werden. Wenn sich also beispielsweise der Nachnamen eines Benutzers ändert, wird im Windows NT 4-Netzwerk nicht nur diese einzelne Information, sondern *alle* den Benutzer betreffenden Konteninformationen neu übertragen.

Ein weiterer broadcastintensiver Windows NT 4-Dienst ist der auf NetBIOS basierende Computersuchdienst. Sind alle Rechner auf Windows 2000 umgestellt, soll es laut Microsoft möglich sein, NetBIOS komplett zu deaktivieren, wobei dann zum Lokalisieren von Netzwerkressourcen ausschließlich DNS verwendet wird. In der Version Beta 2 war jedoch die Deaktivierung von NetBIOS noch nicht möglich.

3.4.12
Rechner-Hardware

Die Einführung eines neuen Betriebssystems mit vielen neuen Eigenschaften bedingt fast immer eine Aufrüstung oder sogar einen Austausch der vorhandenen Rechner.

Die Hardware-Voraussetzungen für Windows 2000 Professional und Windows 2000 Server können Sie Abschnitt 2.6 „Aktualisierung von Windows NT zu Windows 2000" entnehmen.

Anschaffung neuer Rechner

Aus der Grobplanung und insbesondere den Testlaboren sollten idealerweise die Spezifikationen für die Client- und Serverrechner hervorgehen. Häufig werden jedoch Server wegen langer Lieferzeiten bereits ganz zu Anfang eines Projektes gekauft, wenn gerade der

Startschuß gefallen ist. Bei der Ausstattung entscheidet man dabei anhand von Empfehlungen der Hersteller und eigenen Erfahrungen, womit man häufig auch gar nicht so schlecht liegt. Werden Server frühzeitig gekauft, hat man auch den großen Vorteil, in den Testlaboren bereits größtenteils mit der endgültigen Hardware arbeiten zu können. Auf diese Weise wird man sehr frühzeitig auf Probleme aufmerksam (beispielsweise mit Treibern) und kann nach der Grobplanung eventuell Modifikationen und Aufrüstungen vornehmen.

Bei der Neuanschaffung von Clientrechnern sollte man bestrebt sein, möglichst identische Hardware anzuschaffen. Dies erleichtert nicht nur die Konzeption von automatischen Installationen, sondern auch den Support.

3.4.13
Software-Lizenzen

Die Grobplanung enthält auch eine Aufstellung der benötigten Anwendungs- und Betriebssystem-Lizenzen, welche einen erheblichen Kostenfaktor darstellen und in die Budgetplanung unbedingt mit eingehen müssen.

3.4.14
Drucker

Die vorhandenen Drucker müssen auf Kompatibilität zu Windows 2000 überprüft werden. Eventuell sind Neuanschaffungen oder Aufrüstungen vorhandener Geräte erforderlich. Nachfolgend eine Zusammenfassung der zu klärenden Punkte:

- Neuanschaffungen oder Aufrüstungen

- Standorte der Drucker

- Zuordnung zu Abteilungen bzw. Benutzergruppen

- Verwaltung der Drucker

Wenn externe Druckserver wie beispielsweise JetDirect von Hewlett Packard eingesetzt werden, ist zudem zu prüfen, inwieweit die vom Hersteller zur Verfügung gestellte Verwaltungssoftware auch unter Windows 2000 läuft. Wünschenswert wäre natürlich die Verwaltung solcher Ressourcen im Active Directory.

3.4.15
Migration von Windows NT 4

Windows 2000 ist vollständig rückwärts kompatibel zu Windows NT 4. Sowohl Windows NT 4-Workstations als auch komplette NT 4-Domänenstrukturen können daher in ein Active Directory integriert werden. Dabei muß man jedoch die bekannten Probleme und Einschränkungen von NT (viele Broadcasts, Single-Master-Replikation der Domänen etc.) weiterhin in Kauf nehmen. Es sollte daher das Ziel sein, ein Windows NT 4-Netzwerk komplett zu Windows 2000 zu migrieren.

Die folgenden Abschnitte geben einen ausführlichen Überblick über die Integration und die Migration von Windows NT 4-Clientrechnern und -Domänen.

3.4.15.1
Integration von Windows NT 4 Workstation

Windows NT 4 Workstation-Clients können auch ohne Aktualisierung zu Windows 2000 Professional in eine Windows 2000-Domäne integriert werden. Hierzu muß lediglich im Active Directory ein Computerkonto für den Clientrechner angelegt werden, und anschließend kann ein Administrator von der Konsole der Workstation aus der Windows 2000-Domäne beitreten. Einer der Nachteile dieses Verfahrens ist die Tatsache, daß sich dieser Vorgang nicht automatisiert ausführen läßt. Wird eine Windows NT 4 Workstation hingegen zu Windows 2000 unter Verwendung eines Skriptes automatisch aktualisiert, kann die Workstation während des Updates automatisch in eine Windows 2000-Domäne integriert werden.

Unterstützung der NT/LanManager-Anmeldung

In der Standardeinstellung unterstützen Windows 2000-Domänencontroller nicht nur die Kerberos-, sondern auch die NT-LanManager-Authentisierung mit dem NETLOGON-Dienst. Aus Sicht eines Benutzers, der sich von einer Windows NT 4 Workstation aus an einer Windows 2000-Domäne anmeldet, ändert sich überhaupt nichts. Der Benutzer muß auch nicht wie beispielsweise bei Novell NetWare den genauen Kontext seines Benutzerkontos im Active Directory kennen, sondern gibt lediglich seinen Anmeldenamen und sein Kennwort ein. Dies ist deshalb der Fall, weil im Active Directory für jeden Benutzer mehrere Arten von Namen verwaltet werden (siehe Abschnitt 2.3.1.2 „Die Struktur des Active Directory"), unter anderem auch ein RFC-822-Name der Form „Feller@UB-Feller.de", der ohne Pfad zur Organisational Unit des Benutzerkontos auskommt.

Integriert man jedoch Windows NT 4 Workstation-Clients in ein Active Directory, verschenkt man eines der wichtigsten neuen Sicherheitsfeatures von Windows 2000 – die Kerberos-Authentisierung. Mit der Version Beta 2 von Windows 2000 Server war ein Active-Directory-Client für Windows 95 und Windows 98 bereitgestellt worden. Es bleibt abzuwarten, ob auch für Windows NT 4 Workstation ein solcher Client von Microsoft zur Verfügung gestellt wird oder ob eher die Empfehlung ausgegeben werden wird, Windows NT Workstation zu Windows 2000 Professional zu aktualisieren.

3.4.15.2
Integration von Windows NT 4-Domänen

Die Integration von Windows NT 4-Domänen kann sehr einfach bewerkstelligt werden, indem zwischen der NT 4- und einer Windows 2000-Domäne eine zweiseitige Vertrauensbeziehung eingerichtet wird (siehe Abschnitt 2.3.1.7 „Interoperabilität mit anderen Verzeichnisdiensten"). Die Benutzer melden sich weiter wie gewohnt an ihrer NT 4-Domäne an und können über die Vertrauensbeziehung auch auf die Ressourcen der Windows 2000-Domäne zugreifen. Sie können jedoch nicht auf Ressourcen einer untergeordneten Domäne zugreifen, weil NT 4 keine transitiven Kerberos-Vertrauensbeziehungen unterstützt (siehe Abbildung 3.21). Folglich muß zu jeder Windows 2000-Domäne, in welcher die Windows NT 4-Benutzer auf Ressourcen zugreifen sollen, eine Vertrauensbeziehung eingerichtet werden.

Die Integration einer Windows NT 4-Domäne in das Active Directory ist aufgrund der oben geschilderten Funktionseinschränkungen nicht als Dauerlösung zu empfehlen. Für eine Übergangsphase kann jedoch diese Möglichkeit von Vorteil sein. In Organisationen mit mehreren NT 4-Domänen können diese meist nur schrittweise zu Windows 2000 aktualisiert werden. Damit die NT 4-Benutzerkonten auf Ressourcen in der Windows 2000-Domäne zugreifen können, kann man sich also übergangsweise mit der Einrichtung einer zweiseitigen Vertrauensbeziehung behelfen.

NT 4-Domänen nicht dauerhaft in das Active Directory integrieren!

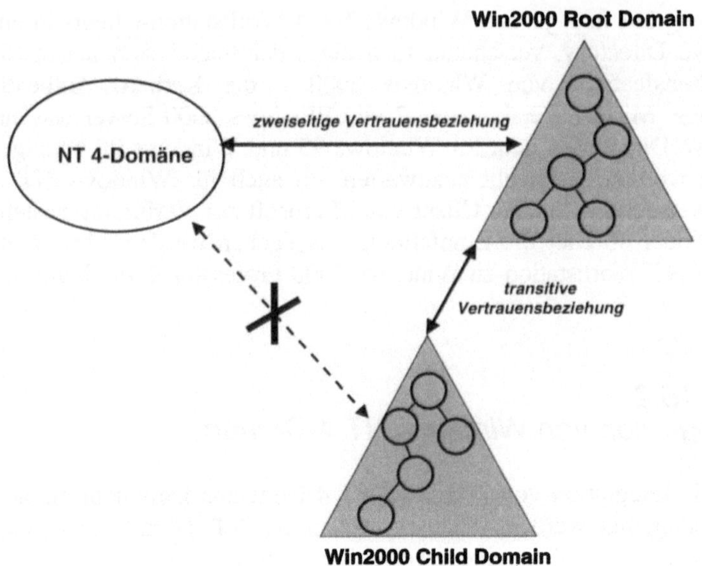

Abbildung 3.21:
NT 4-Domänen
unterstützen kei-
ne transitiven
Vertrauensbe-
ziehungen.

3.4.15.3
Migration von Windows NT 4-Domänen

Die Migration von Windows NT 4-Domänen hat gegenüber einer kompletten Neuinstallation den unschätzbaren Vorteil, daß alle Benutzer- und Gruppenkonten mit den ihnen erteilten Zugriffsberechtigungen auf Ressourcen erhalten bleiben.

Besteht das Netzwerk einer Organisation aus Windows NT 4-Domänen, muß in der Phase der Grobplanung auch die grundsätzliche Migrationsstrategie festgelegt werden. Es werden in den nächsten Abschnitten folgende Punkte besprochen:

- Migration einer einzelnen Domäne
- Migration eines Master- oder Multi-Master-Domänenmodells

Migration einer
Einzeldomäne

Der einfachste Fall ist die Migration einer einzelnen NT 4-Domäne. Wenn festgelegt wurde, daß das Active Directory nach der Migration ebenfalls aus nur einer Domäne bestehen soll, wird eben einfach die vorhandene NT 4-Domäne zu Windows 2000 aktualisiert. In Abschnitt 2.6.2 „Aktualisierung von Windows NT Server" finden Sie hierzu eine ausführliche Erklärung der technischen Implikationen. Die wichtigsten Punkte, die hierbei berücksichtigt werden müssen, sind die folgenden:

- Der PDC ist der erste Domänencontroller, der zu Windows 2000 aktualisiert wird.

- Es sollte aus Sicherheitsgründen vorher ein BDC manuell aktualisiert und anschließend aus dem Netz genommen werden. Gibt es Probleme bei der Migration des PDC, kann der BDC zum PDC hochgestuft und so die NT 4-Domäne wiederhergestellt werden.

- Nach dem PDC werden schrittweise alle BDCs aktualisiert.

- Wenn alle Domänencontroller zu Windows 2000 migriert sind, muß die Domäne vom gemischten in den nativen Modus umgestellt werden, damit auch die ehemaligen BDCs in die Lage versetzt werden, neue Objekte im Active Directory zu erstellen (siehe Abschnitt 2.6.2 „Aktualisierung von Windows NT Server").

- Anschließend werden eventuell vorhandene Windows NT Member Server zu Windows 2000 aktualisiert und in das Active Directory integriert.

- Der letzte Schritt besteht aus der Migration der Clientrechner zu Windows 2000 Professional.

Der kritische Faktor bei der stufenweise Migration einer Windows NT 4-Domäne ist ohne Zweifel der ehemalige PDC. Solange die Domäne noch im „mixed mode" arbeitet, können auf den ehemaligen BDCs keine neuen Objekte angelegt werden. Der ehemalige PDC kann nämlich nach wie vor als einziger auf den RID-Pool der Domäne zugreifen, um neuen Objekten Security-IDs zuzuweisen (eine ausführliche Erklärung finden Sie in Abschnitt 2.6.2.3 „Migration einer Windows NT 4-Domäne"). Folgende Hinweise sollte man daher während der Umstellungsphase beherzigen:

- Der PDC sollte also erst dann migriert werden, wenn er eine längere Zeit stabil gelaufen ist, damit er in der Umstellungsphase möglichst nicht ausfällt.

- Hat man mehrere Domänencontroller mit unterschiedlichster Hardware, sollte man tunlichst denjenigen BDC mit der zuverlässigsten Hardware zum PDC hochstufen und diesen migrieren.

- Absolute Pflicht sind häufige Backups des PDC.

Vor der Planung der Migration eines Master-Domänenmodells muß man sich darüber im klaren sein, wie das Active Directory strukturiert sein soll. Die Planung des Active Directory sollte losgelöst von der vorhandenen Domänenstruktur erfolgen, damit Probleme und Kompromisse, mit denen man im Zusammenhang mit der NT 4-Domänenstruktur zu leben gelernt hat, nicht einfach ohne Hinterfragung in das neue Netzwerk übernommen werden und dort die gleichen Schwierigkeiten bereiten. Deshalb ist es auch so wichtig, in der Phase der Bedarfsanalyse technologieneutrale Ziele zu formulieren.

Die Migration eines Master-Domänenmodells beginnt immer mit der Umstellung der Masterdomäne. Für die Ressourcendomänen ändert sich gar nichts, denn ihre Vertrauensbeziehung mit der ehemaligen Masterdomäne existiert nach wie vor (siehe Abbildung 3.22).

Ist unter Befolgung der oben angeführten Vorsichtsmaßnahmen die Masterdomäne komplett migriert, können die Ressourcendomänen nacheinander ebenfalls zu Windows 2000 aktualisiert werden. Als Voraussetzung darf man allerdings die Einrichtung einer korrespondierenden DNS-Domäne nicht vergessen! Die Ressourcendomänen werden dabei zu neuen Child Domains im Active Directory. Dies kann beibehalten werden, wenn für die Struktur des Active Directory eine entsprechende Entscheidung getroffen wurde. Die Objekte der Ressourcendomänen können jedoch ebensogut in die übergeordnete Domäne verschoben und dort in Organisational Units aufgeteilt werden.

An dieser Stelle sei nochmals darauf hingewiesen, daß alle lokalen Domänengruppen der Ressourcendomänen, für die Berechtigungen für Ressourcen erteilt wurden, unbedingt in die übergeordnete Domäne übernommen werden müssen. Vergißt man dies, funktionieren nach der Entfernung der Child Domain die Zugriffsberechtigungen nicht mehr (eine ausführliche Erklärung hierzu finden Sie in Abschnitt 2.6.2.3 „Migration einer Windows NT 4-Domäne").

Hinsichtlich der Migration eines Multi-Master-Domänenmodells muß außer der Frage, ob die Ressourcendomänen konsolidiert werden sollen, auch noch geklärt werden, auf welche Weise die Masterdomänen in das Active Directory integriert werden.

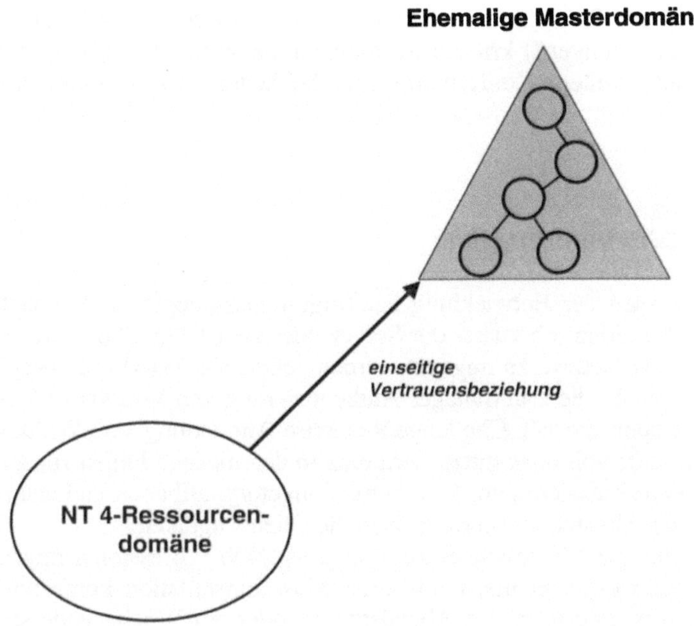

Abbildung 3.22:
Nach der Migration der Masterdomäne existiert nach wie vor eine einseitige Vertrauensbeziehung von der Ressourcen- zur Masterdomäne.

Es bestehen grundsätzlich eine ganze Reihe von Möglichkeiten:

- Alle Masterdomänen werden zu einer einzigen Active-Directory-Domäne konsolidiert.

- Die Masterdomänen bilden keinen zusammenhängenden Namensraum, sondern werden als eigenständige Domänenbäume innerhalb eines gemeinsamen Forests ausgelegt.

- Eine der Masterdomänen wird die neue Root-Domain, die übrigen werden zu untergeordneten Domänen.

Welches Modell letztendlich realisiert wird, ist einzig und allein von den in der Bedarfsanalyse definierten Zielen einer Organisation und der sich daraus ergebenden Struktur des Active Directory abhängig. Windows 2000 jedenfalls ist so flexibel, daß jede nur denkbare Alternative realisiert werden kann.

Bei der Aktualisierung Windows NT 4 zu Windows 2000 werden die Windows NT 4-Kontenrichtlinien nicht übernommen. Wird die Windows NT 4-Domäne zur untergeordneten Domäne, werden die Richtlinien der *Root-Domain* übernommen. Bildet die Windows NT 4-Domäne hingegen einen eigenen Domänenbaum, werden die Standardeinstellungen von Windows 2000 angewendet. Dies muß in der Planung der Migration ebenfalls berücksichtigt werden. Ohnehin sollte man die bestehenden Kontenrichtlinien im Rahmen der Bear-

Migration der NT 4-Kontenrichtlinien

beitung der Sicherheitseinstellungen (siehe Abschnitt 3.4.4 „Sicherheitseinstellungen") kritisch überdenken, da Windows 2000 wesentlich ausgefeiltere Konfigurationsmöglichkeiten bietet als Windows NT 4.

3.4.15.4
Migrationsstrategien

Im Rahmen der Entwicklung der Migrationsstrategie muß zunächst geklärt werden, ob zuerst die Server oder zuerst die Clients des bestehenden Netzwerks migriert werden sollen. Da Windows 2000 jedoch sowohl die LanManager-Authentisierung von Windows 95 und 98 als auch die NT Challenge/Response-Anmeldung von Windows NT-Clients voll unterstützt, wird man in den meisten Fällen zunächst die Server migrieren und das Active Directory aufbauen und erst am Ende der Umstellungsperiode auch die Clients updaten.

Wenn die Clientrechner zu Windows 2000 Professional migriert werden, wird man meist mit einer Masseninstallation konfrontiert, die üblicherweise in den Abendstunden oder am Wochenende stattfinden wird, da die normalen Arbeitsabläufe so wenig wie möglich gestört werden sollen. Masseninstallationen sollen schnell und effizient ablaufen, mit möglichst wenig manuellen Eingriffen. Die bei der Masseninstallation verwendete Technik soll auch eingesetzt werden, wenn im späteren Betrieb ein Clientrechner ausfällt und möglichst rasch neu aufgesetzt werden muß.

Für das Rollout der Clientrechner können verschiedene Methoden angewendet werden (siehe auch Abschnitt 2.5 „Clients im Windows 2000-Netzwerk"):

- Automatische Installation mit Hilfe eines Installationsskriptes

- Automatische Installation mit dem Remote Installation Server

- Einsatz von Disk-Image-Programmen

Welche der Methoden für die eigene Organisation die geeignete ist, hängt von einer Vielzahl von Faktoren ab. Tabelle 3.4 faßt die wichtigsten Entscheidungskriterien und die dafür in Frage kommenden Methoden zusammen. Die gewählte Methode muß natürlich im Rahmen von Testlaboren sorgfältig auf ihre Eignung überprüft werden.

Kriterium	Installationsskript	Remote Installation Server	Disk Image
Hardware der Clientrechner sehr homogen	✓	✓	✓
Hardware der Clientrechner stark unterschiedlich	✓	✓	
Client-Betriebssystem wird selten geändert			✓
Häufige Konfigurationsänderungen des Client-Betriebssystems	✓	✓	
Zentrale Konfiguration des Client-Setups im Active Directory		✓	
Clientrechner mit Boot-ROMs ausgestattet		✓	
Clientrechner sind mit ISA-Karten bzw. nicht PnP-fähigen Geräten ausgestattet	✓		✓

Es gibt außer den oben angeführten Methoden auch die Möglichkeit, mit Hilfe des Microsoft Systems Management Servers (SMS) Masseninstallationen nicht nur von Client-Betriebssystemen, sondern auch von jeglicher anderer Software automatisch durchzuführen. Für den Systems Management Server wird man sich jedoch nicht allein deshalb entscheiden, weil man damit Software automatisch verteilen kann. Der Systems Management Server bietet weitgehende Archivierungs-, Fernverwaltungs- und Steuerungsmöglichkeiten für das Netzwerk. Wenn SMS in einer Organisation eingeführt werden soll, muß dahinter ein schlüssiges Gesamtkonzept stehen, welches in der Regel ein eigenes Projekt erforderlich macht.

3.4.16
Supportkonzept

In mittleren bis größeren Unternehmen findet man häufig bereits eine eigene Supportabteilung vor, deren Aufgaben mehr oder weniger klar definiert und gegenüber den Aufgaben der Netzwerkadministratoren abgegrenzt sind. In erster Linie kümmern sich die Mitarbeiter des Benutzersupports um Probleme mit der Hardware der Clientrechner, den Client-Betriebssystemen und den Anwendungen. Verwaltungsaufgaben innerhalb des Netzwerk-Verzeichnisdienstes wie beispielsweise das Zurücksetzen vergessener Kennwörter werden in Windows NT-Netzen dagegen meist von den Administratoren erledigt, weil einzelne Tasks wie eben das Löschen von Kennwörtern nicht explizit delegiert werden konnten. Um Kennwörter löschen zu können, mußte ein Benutzer nämlich mindestens Mitglied der Gruppe der Kontenadministratoren sein, womit er aber auch Benutzerkonten neu anlegen und löschen konnte.

Das Active Directory von Windows 2000 bietet die Möglichkeit, einzelne Verwaltungsaufgaben zu delegieren. Damit kann die Benutzerbetreuung erheblich verbessert werden, weil das Supportpersonal häufig wiederkehrende Aufgaben wie das Zurücksetzen von Kennwörtern oder das Ändern einzelner Benutzereigenschaften wie Nachname, die früher an die Administratoren weitergegeben werden mußten, sofort selbst erledigen kann. Anhand der Aufgabendefinition können notwendige Schulungsmaßnahmen definiert werden (siehe nächster Abschnitt).

3.4.17
Schulungsmaßnahmen

Die Umstellung auf ein neues System verläuft um so reibungsloser, je besser die Anwender vorher geschult werden. Außer den Anwendern müssen selbstverständlich auch die Administratoren und das Supportpersonal geschult werden. Nach der Phase der Grobplanung sollten die Schulungsinhalte weitestgehend feststehen, damit gegebenenfalls entsprechende Angebote von Schulungsunternehmen eingeholt bzw. eigene Schulungsunterlagen konzipiert werden können.

Die Schulung der *Administratoren* wird allgemein sehr frühzeitig durchgeführt werden, also bereits vor oder während der Phasen der Bedarfsanalyse oder der Grobplanung, damit dieser Personenkreis beispielsweise in die Durchführung der Testlabore eingebunden werden kann. Das *Supportpersonal* sollte während der Feinplanung geschult werden, da nach der Grobplanung feststehen sollte, welche Aufgabenbereiche das Supportpersonal im Windows 2000-Netzwerk abdecken wird. Die *Anwender* dagegen müssen möglichst zeitnah zur Umstellung auf das neue System geschult werden. Wenn der zeitliche Abstand zu groß ist, wird viel von dem Gelernten wieder vergessen sein, weil es nicht in der täglichen Arbeit eingeübt werden kann.

3.4.18
Testlabore

Auf die eminente Bedeutung der Testlabore wurde bereits mehrfach hingewiesen. In manchen Projekten wird aus Zeit- und Kostengründen praktisch komplett auf die Testlabore verzichtet. Häufig rächt sich dies in der Umsetzungsphase, weil spätestens dann massive Probleme auftreten, die innerhalb eines Testlabors hätten erkannt werden können.

Es ist klar, daß nicht die gesamte Konzeption eines Windows 2000-Netzwerks getestet werden kann. Man sollte jedoch mit Testlaboren mindestens die folgenden Themenbereiche überprüfen:

- **Active Directory**: grundlegende Struktur, Abschätzung der Replikation

- **Anwendungen**: Lauffähigkeit unter Windows 2000

- **Rechner**: Festlegung der Spezifikationen

- **Netzwerkinfrastruktur**: Vorhersage der künftigen Belastung, Definition von Maßnahmen

- **Interoperabilität**: Verbindung mit anderen Netzwerk-Betriebssystemen

3.4.19
Dokumentation der Grobplanung

Die einzelnen Elemente der Grobplanung werden in einem Dokument zusammengefaßt. Nachfolgend finden Sie ein Beispiel für den Aufbau eines solchen Dokumentes. Abhängig vom Umfang eines Projektes können einzelne Punkte wegfallen (beispielsweise der Punkt „Interoperabilität") oder andere hinzukommen.

Dokumentation der Grobplanung

1. *Einleitung*
Beteiligte Personen
Verantwortlichkeiten

2. *Testlabore*
Beschreibung der getesteten Elemente (z.B. Active Directory, Netzbelastung, Anwendungen)
Beschreibung des Aufbaus der Testlabore

3. *Struktur des Active Directory*

Domänenname
Namenskonvention für Benutzer- und Computerkonten
Domänenstruktur (untergeordnete Domänen oder
Organisational Units)
Sites
Planung der Replikation
Global Catalog
Prinzip der Delegation der Verwaltung im Active Directory

4. *Domain Name System (DNS)*

Name der DNS-Domäne(n)
IP-Adreßbereich
DNS-Typ: klassisch oder Active-Directory-integriert
Anzahl Server, Replikationsplanung

5. *Anwendungen*

Unternehmenskritische Anwendungen: Lauffähigkeit Back-
End unter Windows 2000, Anforderungen an Anwendungsserver, Lauffähigkeit Front-End unter Windows 2000 Professional
Andere Anwendungen: Lauffähigkeit unter Windows 2000,
lokale oder serverbasierte Installation, Kompatibilität zu Microsoft Software Installer, Einstellungen in Group Policies,
Anzahl benötigter Group Policies

6. *Sicherheit*

Allgemeine Maßnahmen
Software-Maßnahmen: Backup, Antivirus, RAS, Internet, E-
Mails, Certificate Server, Einstellungen in Group Policies,
Anzahl benötigter Group Policies

7. *Benutzerumgebung*

Benutzerordner
An- und Abmeldeskripte
Software-Einstellungen
Anzahl benötigter Group Policies

8. *Group Policies*

Gesamtzahl der benötigten Group Policies
Implementierungsstrategie: monolithisches oder Schichten-
modell
Delegation der Verwaltung der Group Policies

9. Datenverzeichnisse

Art der Verzeichnisse
Struktur (grob)
Zugriffsberechtigungen (Prinzip)
Verwaltung
Anzahl der Server, Größe der Festplatte(n)
Offline-Verzeichnisse
Distributed File System (DFS): Standalone oder Fault Tolerant, Struktur, beteiligte Server
Disk Quotas

10. Interoperabilität

Beschreibung der Verbindung zu anderen vorhandenen Netzwerk-Betriebssystemen (Novell NetWare, Unix, SNA-Mainframes, Apple Macintosh)

11. Remote Access (RAS)

Benutzergruppen, die über DFÜ zugreifen
Rückrufoption
Sicherheitsmaßnahmen
Konfigurationseinstellungen mit Remote Access Policies
evtl. benötigte Group Policies

12. Internet-Anbindung

Firewall
Kompatibilität zu vorhandenem Proxy

13. Netzwerkinfrastruktur

Protokolle und Adressierung (IP-Adreßbereiche, DHCP oder statische Konfiguration, IPX-Netzadressen)
Prognose der zu erwartenden Netzbelastung nach der Migration
Infrastrukturmaßnahmen: neue Topologie, Verkabelung
Neuanschaffungen: Kopplungsgeräte (Hubs, Switches, Router), Netzwerkkarten

14. Rechner-Hardware

Server: Aufrüstung, Neuanschaffungen
Clientrechner: Aufrüstung, Neuanschaffungen

15. *Drucker*

Kompatibilität zu Windows 2000
Zuteilung zu einzelnen Abteilungen/Benutzergruppen
Integration in das Active Directory
Verwaltung
Neuanschaffungen

16. *Migrationsstrategie*

Migration des bestehenden Netzwerks (Novell NetWare,
Windows NT 4)
Migration der Anwendungen
Beschreibung der einzusetzenden Migrationstools (z.B. Di-
rectory Service Migration Tool zur Migration der NDS)
Beschreibung der Migrationsphasen: Server oder Clients zu-
erst, abteilungsweise, Übergangsphasen
Zu erwartende Probleme und Engpässe in der Umstellungs-
phase
Rollout der Clientrechner: angewendete Methoden (Disk
Image, Automatisierungsskripte, Remote Installation Ser-
vice)

17. *Supportkonzept*

Neue Aufgaben des Supportpersonals
Grundsätzliche Beschreibung der Arbeitsabläufe
Angestrebte Service-Level

18. *Schulungsmaßnahmen*

Bedarf der Administratoren
Bedarf des Supportpersonals
Bedarf der Benutzer

19. *Abweichungen vom Pflichtenheft*

Aufzählung der Abweichungen
Begründung
Alternativen

20. *Risikoabschätzung*

In welchen Bereichen gibt es Risiken, die das Erreichen der
Projektziele bzw. das Einhalten des Zeitplanes und/oder des
Kostenbudgets gefährden?

21. *Zeit- und Budgetplanung*
Zeitliche Eckdaten für den weiteren Projektverlauf
Kostenplanung: neue Hardware, externe Berater, kalkulato-
rische Kosten für interne Mitarbeiter

3.4.20
Abschluß der Grobplanung

Den Abschluß der Grobplanungsphase bildet die formale Freigabe
des Projektes durch das Management. Falls mehrere Handlungsalter-
nativen besprochen wurden, wird eine Entscheidung gefällt, welche
Wege weiterverfolgt werden sollen und hierzu das Budget freigegeben.

Sind externe Beraterfirmen an einem Projekt beteiligt, empfiehlt
sich die Unterzeichnung eines Dokumentes, womit die Grobplanung
durch den Auftraggeber formal gebilligt wird.

3.4.21
Fallbeispiele: Grobplanung

Für die beiden Fallbeispiele werden in der Folge die wichtigsten Bestandteile der Grobplanung aufgeführt. Wie in der Bedarfsanalyse
können aus Platzgründen nur einige ausgewählte Fakten dargestellt
werden.

3.4.21.1
SCHWABENBANK AG

Struktur des Active Directory
Das Active Directory der SCHWABENBANK AG wird aus einer
einzelnen Domäne bestehen. Der Name der internen Domäne soll
sich vom Internet-Domänennamen unterscheiden. Der Internet-
Domänenname ist SCHWABENBANK.DE, der Name der internen
Domäne wird SW-INTERN.DE lauten. Die Reservierung dieses
Namens ist bereits beantragt.

Das Active Directory wird zentral verwaltet. Die Abteilungen der
SCHWABENBANKK AG werden als Organisational Units unterhalb der Organisational Unit „Standort 1“ abgebildet. Damit ist gewährleistet, daß das Active Directory um weitere Niederlassungen in
anderen Städten erweitert werden kann (siehe Abbildung 3.23).

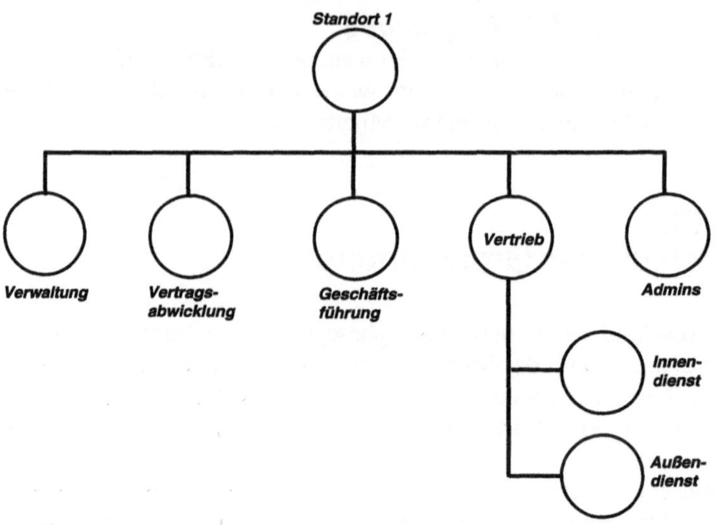

Da sich keine der Abteilungen über beide Gebäude erstreckt, reflektiert diese Struktur damit indirekt auch räumliche Gegebenheiten. Die Personen, die im Netzwerk der SCHWABENBANK AG administrative Funktionen ausführen, erhalten jeweils zwei Benutzerkonten: eines für Verwaltungsaufgaben, welches Mitglied der Gruppe der Domänen-Admins ist, und für die tägliche Arbeit ein normales Benutzerkonto, welches den gleichen Beschränkungen wie die übrigen Benutzerkonten unterworfen ist.

Ein Domänencontroller wird im Stammsitz, ein zweiter im Nebengebäude aufgestellt. Jedes der Gebäude wird als eigene Site definiert, um den Replikationsverkehr in geeigneter Weise konfigurieren zu können. Jeder der beiden Domänencontroller wird als Global Catalog Server konfiguriert.

Domain Name System (DNS)
Es wird nur eine DNS-Zone namens SW-INTERN.DE benötigt. Der DNS-Server wird in das Active Directory integriert. Somit steht in jedem Gebäude ein DNS-Serverdienst zur Verfügung. Außerdem wird die DNS-Replikation Bestandteil der Replikation des Active Directory und muß so nicht separat konfiguriert werden.

Anwendungen
MS-Mail wird zu Exchange migriert werden, jedoch erst nach erfolgreicher Umstellung des Netzwerks. Näheres zum Ablauf der Migration ist unter Abschnitt „Migrationsstrategien" weiter unten zu finden.

Ein Upgrade auf Office 2000 ist erst vorgesehen, wenn das Netzwerk komplett migriert ist. Office 97 wird im Gegensatz zu Office

4.3 nicht auf dem Server, sondern lokal auf den Clients installiert. Für die Installation wird mit Hilfe des im Office 97 Ressource Kit enthaltenen „Network Installation Wizard" eine Skriptdatei zur automatischen Installation entwickelt. Dieses Skript muß jedoch bei der Migration der Clients noch nicht eingesetzt werden, da Windows NT 4 Workstation mit vorhandener lokaler Office 97-Installation zu Windows 2000 aktualisiert werden wird. Das Skript soll jedoch zusammen mit einem automatischen Installationsskript für Windows 2000 Professional bei der Neuinstallation von Clientrechnern eingesetzt werden (für Rechner von neuen Mitarbeitern oder im Fall von Problemen mit einem vorhandenen Rechner).

Die Anwendung Microsoft Access, die Bestandteil des Office 97-Professional-Pakets ist, soll nur von ganz bestimmten Benutzern verwendet werden dürfen. Die übrigen Office-Anwendungen dürfen von allen Benutzern eingesetzt werden. Dies wird realisiert, indem die auf allen Clientrechnern lokal installierte Datei MSACCESS.EXE mit Hilfe von Sicherheitseinstellungen in Group Policies geeignete Zugriffsberechtigungen erhält. Hierfür wird nur ein Konfigurationssatz benötigt (siehe auch „Sicherheit"). Zusätzlich sollen die Startmenüs der Benutzer entsprechend angepaßt werden, wofür zwei Konfigurationssätze für Software-Einstellungen benötigt werden (siehe Abschnitt „Benutzerumgebung").

Derzeit ist keine der eingesetzten Anwendungen zum Microsoft Software Installer kompatibel. Aus diesem Grunde wird die Installation der Anwendungen nicht mit Group Policies konfiguriert. Für einen späteren Zeitpunkt sollen jedoch die Vorteile des Microsoft Software Installers genutzt werden.

Sicherheit

Antivirus: Als Antivirus-Software wird eine Clientserver-Lösung eingesetzt (beispielsweise Cheyenne InocuLAN).

Sicherheitseinstellungen in Group Policies: Es werden zwei Konfigurationssätze benötigt, je einer für die Server und einer für die Clientrechner. Es werden derzeit keine der benutzerspezifischen Sicherheitseinstellungen (Zertifikate, IPSec) implementiert.

Benutzerumgebung

Benutzerprofile: Die Benutzerprofile werden auf einem Server abgelegt, der im gleichen Gebäude wie der hauptsächliche Arbeitsplatz der Benutzer ist. Die Benutzerkonten mit administrativen Berechtigungen sowie die Außendienstmitarbeiter erhalten jedoch keine serverbasierten Benutzerprofile.

Benutzerordner: Der Ordner „Eigene Dateien" („My Documents")
wird bei jedem Benutzer außer bei den Administratorkonten und den
Außendienstmitarbeitern zu einem freigegebenen Ordner im Netzwerk umgeleitet. Genau wie im Falle der Benutzerprofile soll der je-
weilige Server sich im gleichen Gebäude wie der hauptsächliche Arbeitsplatz des Benutzers befinden. Es werden also vier Group-Policy-
konfigurationssätze benötigt: jeweils einer für die Benutzer im
Stammsitz und im Nebengebäude, einer für die Außendienstler und
einer für die Administratorkonten.

Skripte: Es werden fünf verschiedene Skripte mit Laufwerkmap-
pings benötigt, eines für jede der vier Hauptabteilungen und eines für
die Außendienstler, die nur ein einziges Laufwerk-Mapping auf das
Abteilungsverzeichnis des Vertriebs benötigen. Sie erhalten im Gegensatz zu allen übrigen Benutzern kein Home Directory. Die Administratoren benötigen kein Skript. Insgesamt müssen also sechs Konfigurationssätze für Skripte angefertigt werden.

Software-Einstellungen: Die Administratoren erhalten keinerlei
Beschränkungen ihres Desktops. Bei allen anderen Benutzern wird
der Zugriff auf die Betriebssystemfunktionen weitestgehend eingeschränkt. Es werden zwei Konfigurationssätze benötigt.

Group Policies

Aufgrund der geringen Zahl von OUs hat man sich bei der
SCHWABENBANK AG für die Implementierung monolithischer
Group Policies auf Ebene der Abteilungen entschieden (siehe Abbil-
dung 3.23). Die Außendienstler, die innerhalb der Organisational
Unit VERTRIEB eine eigene Organisational Unit bilden, erhalten
ebenfalls eine eigene Group Policy.

Datenverzeichnisse

Bisher wurden die Dateien nicht abteilungsweise, sondern nach Da-
teityp abgelegt, d.h., es gibt ein Verzeichnis für Worddokumente, eines für Exceldateien usw. Vor der Migration organisieren die Abteilungen in Absprache miteinander die Verzeichnisstruktur neu. In ihren jeweiligen Datenverzeichnissen besitzen die Mitarbeiter der Abteilungen die Berechtigung „Ändern". Auf die Datenverzeichnisse
der übrigen Abteilungen können sie nicht zugreifen.

Daneben gibt es ein Verzeichnis für die serverbasierten Benutzerprofile.

Zu den Home Directories der Benutzer werden die Profilordner
„Eigene Dateien" umgeleitet. Diese Verzeichnisse liegen zusammen
auf einem separaten Laufwerk, für welches Disk Quotas eingeführt
werden. Der maximale Speicherplatz pro Benutzer wird auf 15 MB
beschränkt.

In jedem Gebäude wird ein Dateiserver eingerichtet, der die Daten der dort befindlichen Benutzer aufnimmt.

Interoperabilität
Der Zugriff auf die AS/400 wird zukünftig über einen Microsoft SNA-Server erfolgen. Für diesen Zweck wird ein dedizierter Windows 2000-Server eingerichtet.

RAS
Nur die Außendienstmitarbeiter erhalten Zugriff auf das Firmennetz über DFÜ. Hierzu wird im Hauptgebäude ein dedizierter Windows 2000-Server als RAS-Server eingerichtet. Aus Sicherheitsgründen erfolgt jeweils ein Rückruf zur Privatnummer der Außendienstmitarbeiter. Die Kennwort-Verschlüsselung erfolgt mit MS-CHAP, die Datenübertragung wird mit MPPE-40 verschlüsselt. Für einen späteren Zeitpunkt ist ein Umstieg auf IPSec geplant, jedoch erst dann, wenn dieses komplett standardisiert ist.

Internet
Jeder Mitarbeiter erhält Zugang zum Internet. Zum Provider wird eine 128-KBit/s-Standleitung eingerichtet. Der Zugang wird mit einer Firewall und dem Microsoft Proxy Server gesichert. Für die Einrichtung dieses Internet-Zugangs wird ein eigenes Projekt gestartet.

Netzwerkinfrastruktur
Als Netzwerkprotokoll wird ausschließlich TCP/IP eingesetzt. Die beiden Gebäude erhalten aufgrund der Einrichtung als separate Sites eigene IP-Adressen. Die Adreßvergabe erfolgt durch DHCP. Diese Aufgabe wird jeweils vom Domänencontroller mit übernommen.

Die Verbindung zwischen den beiden Gebäuden wird künftig mit Hilfe einer Mikrowellen-Übertragungsanlage realisiert, welche eine maximale Übertragungsrate von 1,5 MBit/s liefert. Damit ist gewährleistet, daß auch die Benutzer aus dem zweiten Gebäude auf die AS/400 zugreifen können.

Die Benutzersegmente werden mit Switches unterteilt, so daß nie mehr als höchstens 10 Benutzer gemeinsam an einem Ethernet-Segment hängen. Derzeit wird 10-MBit/s-Ethernet verwendet. Die neu anzuschaffenden Kopplungsgeräte müssen jedoch so beschaffen sein, daß eine Aufrüstung zu 100 MBit/s problemlos möglich ist.

Rechner-Hardware
Für Windows 2000 müssen die folgenden neuen Server angeschafft werden:

- *Stammsitz*: 1 Domänencontroller, 1 Dateiserver, 1 SNA-Server, 1 RAS-Server, 1 Exchange-Server

- *Nebengebäude*: 1 Domänencontroller, 1 Dateiserver

Alle Server sind mit einem Pentium III ausgerüstet, der Exchange-Server mit zwei Prozessoren. Jeder Server erhält 256 MB RAM und ein RAID-5-System mit drei Festplatten.

Es werden neue Clientrechner angeschafft mit Pentium-II-Prozessoren und 64 MB RAM, die über identische Hardwarekomponenten verfügen. Die Netzwerkkarten müssen sowohl 10-MBit/s- als auch 100-MBit/s-Ethernet unterstützen. Es wird eine Reserve von zehn Rechnern gebildet, damit im Fall von Problemen und für neue Mitarbeiter schnell ein Rechner zur Verfügung steht.

Die Außendienstmitarbeiter erhalten neue Notebooks mit Pentium-II-Prozessor und ISDN-PCMCIA-Karten.

Drucker

Die vorhandenen 15 HP LaserJet 5SI können unverändert beibehalten werden. Die Druckerwarteschlangen werden auf denjenigen Dateiservern installiert, die sich im gleichen Gebäude befinden. Die abteilungsweise vergebenen Zugriffsberechtigungen für die Drucker werden beibehalten. Die Verwaltung jedoch wird an die Abteilungen delegiert.

Migrationsstrategie

Die Server des Windows 2000-Netzwerks werden parallel zum bestehenden Novell-Netzwerk installiert und konfiguriert. Dies ist möglich, weil die vorhandenen Server nicht übernommen werden können und statt dessen neue angeschafft werden müssen.

Die Migration der Clients erfolgt abteilungsweise. Gleichzeitig wird jeweils das Datenverzeichnis der Abteilung auf den entsprechenden Windows 2000-Dateiserver übertragen. Die Installation von Windows 2000 Professional erfolgt mit Hilfe von Skripten, die auch die automatische Installation von Office 97 beinhalten. Die komplette Installation ist innerhalb von höchstens 45 Minuten zu bewerkstelligen.

Die Migration von MS-Mail zu Exchange erfolgt erst nach Abschluß der Migration aller Clients zu Windows 2000. Jedoch wird das MS-Mail-Postoffice so schnell wie möglich vom NetWare-Server auf einen Windows 2000-Server übertragen, welcher mit Hilfe des Dienstes „File and Print Services for NetWare" einen NetWare 3.12-Server simuliert. Dieser Windows 2000-Server wird den gleichen Namen wie der Novell-Server erhalten, damit sich für die Novell-

Clients scheinbar nichts ändert. In einer Übergangszeit werden die bereits zu Windows 2000 migrierten Clientrechner mit Outlook und dessen Dienst „Microsoft Mail" auf das Postoffice zugreifen. Sind alle Clients umgestellt, wird das Postoffice zu Exchange migriert und Outlook auf den Clientrechnern um den Dienst „Microsoft Exchange" ergänzt.

Abweichungen vom Pflichtenheft
Es ist derzeit noch nicht möglich, neue Anwendungen und Updates von einer zentralen Stelle aus den Anwendern bereitzustellen, da die eingesetzten Applikationen noch nicht MSI-kompatibel sind. Es ist vorgesehen, sobald wie möglich auf neuere MSI-kompatible Versionen umzusteigen. Dies betrifft insbesondere den Umstieg auf Office 2000.

Es ist auch noch nicht möglich, den Benutzern nur eine Lese-Berechtigung für die lokalen Betriebssystemdateien zu erteilen, weil Office 97 im laufenden Betrieb Dateien in das WINNT-Verzeichnis schreibt. Auch kann noch nicht verhindert werden, daß die Benutzer lokal auf ihren Rechnern Dateien abspeichern.

Die Abteilungsverzeichnisse können nicht als Offline-Verzeichnisse zur Verfügung gestellt werden, weil die Testlabore ergeben haben, daß die Netzbelastung dadurch viel zu hoch wäre.

3.4.21.2
PHARMA SCHULZ GmbH & Co. KG

Struktur des Active Directory
Die PHARMA SCHULZ GmbH & Co. KG hat sich dafür entschieden, den Stammsitz Berlin als Hauptdomäne und alle übrigen Standorte als Unterdomänen zu realisieren (siehe Abbildung 3.24). Die bisherige Ressourcendomäne in Singapur fällt weg und wird in die Domäne Asia.Schulz-int.de integriert.

Die interne Domäne trägt einen von der Internet-Domäne verschiedenen Namen. Es wird der Name SCHULZ-INT.DE gewählt.

Zwei der Domänen, US.Schulz-int.de und Asia.Schulz-int.de, erstrecken sich jeweils über mehrere Standorte. Um die Replikation möglichst gering zu halten, wird jeder Standort als Site definiert (siehe hierzu auch Abbildung 3.3). In der Domäne US.Schulz-int.de gibt es folglich die drei Sites New York, San Francisco und Montreal und für Asia.Schulz-int.de werden zwei Sites namens Hongkong und Singapur eingerichtet. Die übrigen Domänen bestehen jeweils aus nur einem einzigen Standort, daher werden dort keine Sites definiert.

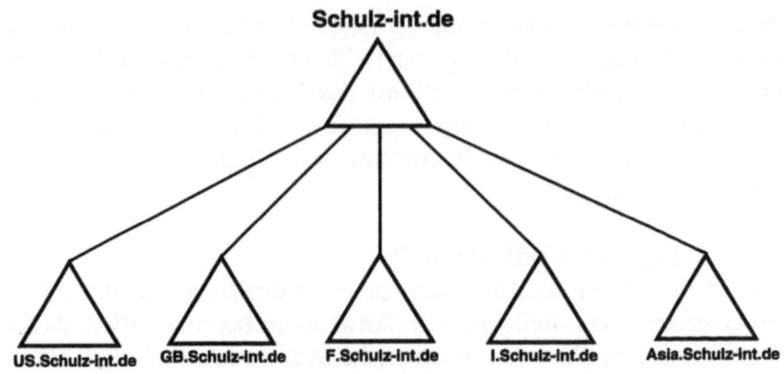

In jeder Site werden aus Sicherheitsgründen wenigstens zwei Domänencontroller eingerichtet. Ebenfalls werden pro Site mindestens zwei der Domänencontroller als Global Catalog Server konfiguriert, um den Zugriff auf Ressourcen innerhalb des gesamten Active Directory zu beschleunigen.

In jeder Domäne der PHARMA SCHULZ GmbH & Co. KG wird eine identische Struktur von Organisational Units aufgebaut, um die Verwaltung zu erleichtern. Die Organisational Units repräsentieren die einzelnen Abteilungen des Unternehmens.

Einige Verwaltungsaufgaben innerhalb des Active Directory sollen delegiert werden. So kann das Supportpersonal künftig Kennwörter der Benutzer zurücksetzen sowie deren Namen, Telefonnummer etc. ändern.

Um eine zentrale Verwaltung von Berlin aus zu gewährleisten, wird die Gruppe Domänen-Admins der *Root-Domain* SCHULZ-INT.DE zu Mitgliedern der Domänen-Admins sämtlicher Unterdomänen. Dies geschieht jedoch lediglich aus Sicherheitsgründen. In den einzelnen Standorten gibt es jeweils bereits eigene Administratoren, die nicht nur die Ressourcen ihrer Standorte, sondern auch die Benutzerkonten selbst verwalten werden.

Domain Name System (DNS)
Die DNS-Server der PHARMA SCHULZ GmbH & Co. KG werden in das Active Directory integriert, um eine maximale Verfügbarkeit zu gewährleisten.

Anwendungen
SAP R/3 wird dahingehend erweitert, daß künftig zwischen den beiden Produktionsstandorten Berlin und New York eine gemeinsame Planung stattfinden kann, damit die Produktionskosten der PHARMA SCHULZ GmbH & Co. KG insgesamt verringert werden können. Dieses Vorhaben wird als separates Projekt weiterverfolgt,

jedoch erst nach Realisierung der Umstellung auf Windows 2000 und
dem Ausbau der WAN-Infrastruktur.

Microsoft Exchange wird beibehalten, bis die in das Active Directory integrierbare Version „Platinum" verfügbar ist. Die Exchange-Server werden zu Windows 2000 migriert.

Derzeit ist keine der eingesetzten Anwendungen zum Microsoft
Software Installer kompatibel. Aus diesem Grunde wird die Installation der Anwendungen nicht mit Group Policies konfiguriert. Für einen späteren Zeitpunkt sollen jedoch die Vorteile des Microsoft
Software Installers genutzt werden. Insbesondere ist vorgesehen, Office 97 auf Office 2000 umzustellen.

Sicherheit

Certificate Server: Die Benutzer sollen auf NTFS-Partitionen mit
Hilfe des Encrypting File System Dateien verschlüsselt ablegen können. Hierzu wird ein System von Certificate Servern eingerichtet. Der
Enterprise Root Certificate Server befindet sich in Berlin. An jedem
Standort gibt es ferner einen „Subordinate Certificate Server".

Sicherheitseinstellungen in Group Policies: Es werden für das gesamte Active Directory der PHARMA SCHULZ GmbH & Co. KG
identische Sicherheitseinstellungen definiert, und zwar zwei Konfigurationssätze, je einer für die Server und einer für die Clientrechner.

Benutzerumgebung

Benutzerprofile: Alle Benutzer (mit Ausnahme derjenigen Mitarbeiter, die sich über DFÜ einwählen und der Administratoren) erhalten
serverbasierte Benutzerprofile. Es wird eine Group Policy definiert,
die die Clientrechner so konfiguriert, daß bei Erkennen von langsamen Verbindungen die Benutzerprofile automatisch nicht heruntergeladen werden. So ist gewährleistet, daß sich auf Dienstreise befindliche Mitarbeiter von PHARMA SCHULZ GmbH & Co. KG in
jedem Standort unter ihrer eigenen Benutzerkennung anmelden können, ohne daß ihr Benutzerprofil über WAN-Verbindungen heruntergeladen wird. Hierzu wird ein Konfigurationssatz für Group Policies
für Software-Einstellungen benötigt.

Benutzerordner: Der Ordner „Eigene Dateien" („My Documents")
wird bei jedem Benutzer außer den Administratorkonten und den
Außendienstmitarbeitern zu einem freigegebenen Ordner auf einen
Server umgeleitet, der sich im gleichen LAN befindet. Es sind für jeden Standort drei Konfigurationssätze für Group Policies erforderlich.

Skripte: Es werden in jedem Standort eine Reihe von Anmeldeskripten benötigt.

Software-Einstellungen: Die Administratoren erhalten keinerlei Beschränkungen ihres Desktops. Bei normalen Benutzern wird der Zugriff auf die Betriebssystemfunktionen weitestgehend eingeschränkt, wobei alle der bereits unter Windows NT 4 vorhandenen Restriktionen übernommen werden. Für Software-Entwickler und das Supportpersonal werden weniger restriktive Einschränkungen definiert. Es werden vier verschiedene Konfigurationssätze benötigt.

Group Policies

Es wird ein Modell multipler Group Policies eingerichtet. Auf Ebene der Site werden Group Policies für Benutzerordner und Software-Einstellungen angesetzt, während die Group Policies für Skripte auf Ebene der jeweiligen Organisational Unit implementiert werden.

Datenverzeichnisse

Anläßlich der Migration zu Windows 2000 sollen die Datenverzeichnisse der einzelnen Abteilungen, die in den großen Standorten teilweise auf mehrere Server verstreut sind, auf einem Server konsolidiert werden. Diese und andere allgemeine Verzeichnisse werden mit Hilfe des Distributed File System (DFS) jeweils zu zusammenhängenden Verzeichnisstrukturen aneinandergefügt. Da Fehlertoleranz bisher lediglich für Datenverzeichnisse vorgesehen ist, die von den Benutzern nur gelesen, aber nicht verändert werden, kommen bei der PHARMA SCHULZ GmbH & Co. KG derzeit keine fehlertoleranten DFS-Systeme zum Einsatz.

RAS

Nur die Außendienstmitarbeiter erhalten wie bisher Zugriff auf das Firmennetz über DFÜ. Die Anmeldung wird mit Hilfe von Smart-Cards durchgeführt. Die Außendienstmitarbeiter verwenden Telekarten. Die Rückrufoption wird an den RAS-Servern aus Sicherheitsgründen deaktiviert. Die Kennwort-Verschlüsselung erfolgt mit MS-CHAP, die Datenübertragung wird mit MPPE-40 verschlüsselt. Für einen späteren Zeitpunkt ist ein Umstieg auf IPSec geplant, jedoch erst dann, wenn dieses komplett standardisiert ist.

Internet

Jeder Mitarbeiter erhält Zugang zum Internet.

Netzwerkinfrastruktur

Als Netzwerkprotokoll wird ausschließlich TCP/IP eingesetzt. Die Adreßvergabe erfolgt durch DHCP. Diese Aufgabe wird jeweils vom Domänencontroller mit übernommen.

Die LAN-Segmente der Benutzer werden in allen Standorten sukzessive auf Fast Ethernet umgestellt.

Die Standleitung zwischen Berlin und New York wird auf 1,5 MBit/s erweitert.

Rechner-Hardware

Die Server mit einfachen Pentium-Prozessoren werden mit neuen Motherboards Pentium-II-Prozessoren ausgestattet.

Es müssen keine neuen Clientrechner angeschafft werden. Jedoch werden die vorhandenen alle auf mindestens 64 MB RAM aufgerüstet. Die PCs der Power-User wie EDV-Abteilung, Support, Software-Entwickler etc. erhalten 128 MB RAM.

Migrationsstrategie

Die Erweiterung der SAP R/3-Funktionalität wird erst nach komplett erfolgter Migration des Netzwerks zu Windows 2000 in Angriff genommen.

Bei der PHARMA SCHULZ GmbH & Co. KG wird man erst sämtliche Server zu Windows 2000 umstellen. Die Benutzer können sich wie gewohnt von ihren Windows NT-Workstations aus an der alten Domäne anmelden. Auch die Vertrauensstellungen zwischen den Domänen bleiben erhalten. Die Windows NT 4-Systemrichtlinien werden den Windows NT 4 Workstation-Clients von den neuen Windows 2000-Domänencontrollern wie gewohnt zur Verfügung gestellt, so daß sich auch die Benutzerumgebung nicht ändert.

Die erste zu migrierende Windows NT 4-Domäne ist die Domäne Berlin (siehe Abbildung 3.4). Anschließend werden die Domänen London, Paris und Rom zu untergeordneten Domänen migriert.

Zeitgleich erfolgt die Migration der Domäne Hongkong als weitere Unterdomäne. Die Ressourcendomäne Singapur wird temporär zu einer Unterdomäne von Asia.Schulz-int.de. Anschließend werden die Objekte dieser Domäne in die übergeordnete Domäne übertragen und die ehemalige Domäne Singapur aufgelöst.

In einem letzten Schritt erfolgt die Migration der Domäne Nordamerika.

Sind alle Server umgestellt, werden die Windows NT Workstations zu Windows 2000 Professional aktualisiert. Dabei wird die Option /UNATTEND des Setup-Programms WINNT32 verwendet, die ein unbeaufsichtigtes Upgrade ohne Benutzerintervention durchführt. Nach der Migration der Clientrechner werden statt der Systemrichtlinien ausschließlich die neuen Group Policies angewendet. Die noch vorhandenen Windows NT 4-Systemrichtlinien werden von den Windows 2000 Professional-Rechnern ignoriert.

Abweichungen vom Pflichtenheft

Es ist derzeit noch nicht möglich, neue Anwendungen und Updates von einer zentralen Stelle aus den Anwendern bereitzustellen, da die eingesetzten Applikationen noch nicht MSI-kompatibel sind. Es ist vorgesehen, sobald wie möglich auf neuere MSI-kompatible Versionen umzusteigen. Dies betrifft insbesondere den Umstieg auf Office 2000.

Das Distributed File System (DFS) wird derzeit noch nicht fehlertolerant ausgelegt, da dies nur für Verzeichnisse unterstützt wird, deren Inhalte von den Benutzern nicht verändert werden.

3.4.22
Diskussion der Fallbeispiele

Vergleicht man die beiden Fallbeispiele miteinander, so wird deutlich, daß die Migration eines vorhandenen Windows NT-Netzwerks problemloser zu bewerkstelligen ist als ein Umstieg von einem anderen Netzwerk-Betriebssystem wie beispielsweise Novell NetWare. Dabei ist nicht der Wechsel des Betriebssystems, sondern der oft zwangsläufige Umstieg auf neue Anwendungen das größere Problem. In jedem Fall sollte man zuerst das Netzwerk und anschließend die Applikation migrieren.

Das Migrationsvorhaben der SCHWABENBANK AG beinhaltet zwei Projekte: einmal den Umstieg auf die neue Betriebssystem-Plattform Windows 2000 und zusätzlich die Migration von MS-Mail zu Exchange. Der im Fallbeispiel SCHWABENBANK AG beschriebene Weg – Einsatz eines Windows NT-Servers mit File and Print Services for NetWare und Übertragung des Postoffice von einem Novell- auf eben diesen NT-Server – wurde bereits in vielen Projekten erfolgreich realisiert. Es wäre natürlich auch möglich, die Windows 2000-Clients nach der Migration mit dem Client Service for NetWare auszustatten und in der Übergangszeit, bis MS-Mail zu Exchange migriert ist, weiter auf den Novell-Server zuzugreifen. Dies bedeutet jedoch nicht nur einen Dienst mehr auf den Clientrechnern, sondern auch ein zusätzliches Potential für Probleme und Fehler (man denke nur daran, daß beim Client Service for NetWare das Novell-Kennwort *manuell* mit dem Programm SETPASS.EXE geändert werden muß, wenn das NT-Kennwort modifiziert wurde).

Einen Vorteil hat die SCHWABENBANK AG jedoch gegenüber der PHARMA SCHULZ GmbH & Co. KG: da ihre vorhandenen Server die Hardware-Voraussetzungen für Windows 2000 nicht erfüllen, müssen neue Server angeschafft werden. So kann die

SCHWABENBANK AG ihr neues Netzwerk parallel zu ihrem bestehenden aufbauen, ohne den täglichen Arbeitsablauf zu beeinträchtigen.

Ist ein Windows NT 4-Netzwerk vorhanden, gestaltet sich die Aktualisierung des Netzwerk-Betriebssystems – zumindest in der Theorie – wesentlich einfacher. Microsoft hat hinsichtlich der Unterstützung, Integration und Migration von NT 4 wirklich ganze Arbeit geleistet. So hat die PHARMA SCHULZ GmbH & Co. KG – obwohl ihr Netzwerk umfangreicher und auch komplizierter als das Novell-Netz der SCHWABENBANK AG ist – zumindest in der Migrationsplanung etwas weniger Probleme. Die vorhandenen Rechner müssen zwar aufgerüstet werden, können jedoch einfach zu Windows 2000 aktualisiert werden.

Was aber tun, wenn die vorhandenen Windows NT 4-Domänencontroller nicht die Hardware-Voraussetzungen für Windows 2000 erfüllen, jedoch nicht aufgerüstet werden können? Dann sollte man einen neuen Rechner, der die Hardware-Voraussetzungen erfüllt, als Windows NT 4-BDC in der ersten Domäne installieren, die man migrieren möchte. Anschließend stuft man diesen hoch zum PDC und kann ihn dann zu Windows 2000 aktualisieren.

Tip

3.5
Feinplanung

In der vorangegangenen Phase der Grobplanung wurde das prinzipielle Design des neuen Windows 2000-Netzwerks und die grundsätzliche Migrationsstrategie entwickelt. In der Feinplanung geht es nun darum, detaillierte Aktionen zu beschreiben.

Die erste Entscheidung, die man bei der Konzeption der Feinplanung treffen muß, ist die Frage nach der Reihenfolge der Aktivitäten. Eine Faustregel besagt, daß man bei der Realisierung von Netzwerkprojekten das OSI-Schichtenmodell (siehe Tabelle 3.5) sozusagen „von unten nach oben" bearbeiten sollte.

Nummer	Name	Beschreibung	Zugeordnete Netzwerkkomponente
7	Anwendungsschicht	Datei-, Druck- und Verzeichnisdienste	Netzwerk-Betriebssystem
6	Darstellungsschicht	Zeichencodierung, Datenverschlüsselung und -kompression	Netzwerk-Betriebssystem
5	Sitzungsschicht	Logische Rechnerverbindungen	Netzwerk-Betriebssystem
4	Transportschicht	Zuverlässige Übertragung, Fehler- und Flußkontrolle	Netzwerk-Betriebssystem
3	Netzwerkschicht	Wegfindung, Adressierung	Router, IP-Subnetze, Adreßbereiche
2	Verbindungsschicht	Hardwareadressierung	Brücken, Switches
1	Physikalische Schicht	Hardwarespezifikationen	Kabel, Stecker, Dosen, Hubs, Netzwerkkarten

Damit ist gemeint, daß sich die ersten Aktionen möglichst mit denjenigen Komponenten befassen sollten, die in Relation zu den OSI-Schichten 1 und 2 stehen. Hierzu gehören die Verkabelung, Stecker, Patchfelder, Hubs, Brücken, Switches und Netzwerkkarten. Der OSI-Schicht 3 zugeordnet sind Router, damit in Zusammenhang stehen auch IP-Subnetze und Adreßbereiche. Die darüberliegenden OSI-Schichten 4 bis 7 sind dem Netzwerk-Betriebssystem zugeordnet. Wenn dieses wiederum implementiert ist, sollte man den Umstieg auf neue Anwendungen in Angriff nehmen.

Diese Empfehlung bedeutet allerdings nicht, daß alle Aktivitäten streng nacheinander erledigt werden müssen. In der Praxis wird man selbstverständlich so viele Aktionen wie möglich parallel abarbeiten. Während das Netzwerk-Redesign läuft, kann man beispielsweise bereits mit der Installation und Konfiguration der Windows 2000-Server beginnen. Man sollte jedoch nicht den zweiten Schritt vor dem ersten machen. Wenn die Testlabore zum Beispiel ergeben, daß die Bandbreite eines vorhandenen Token-Ring-Netzwerks nicht für Windows 2000 ausreicht, ist es wenig sinnvoll, zuerst zu Windows 2000 zu migrieren und erst anschließend die Netzwerk-Topologie auf Fast Ethernet oder ATM umzustellen.

3.5.1
Dokumentation der Feinplanung

Nachfolgend finden Sie einen Leitfaden für den Aufbau des Dokumentes zur Feinplanung. Darin enthalten sind allerdings lediglich die wichtigsten Aktivitäten. Abhängig vom Umfang und spezifischen Gegebenheiten eines Projektes können andere Punkte hinzukommen beziehungsweise auch die Reihenfolge der Aktivitäten verändert werden.

Dokumentation der Feinplanung

1. *Einleitung*
Verantwortliche Personen, Zeit- und Budgetplanung, Risikoabschätzung

2. *Neuanschaffungen*
Netzwerkkomponenten, Rechner
Software: Server-, Client-Betriebssysteme, Anzahl Lizenzen, Anwendungssoftware
Sonstiges

3. *Vorbereitung der Schulungsmaßnahmen*
Schulungsinhalte definieren: Administratoren, Support, Anwender
Angebote von Schulungsanbietern einholen
Schulungsunterlagen erstellen

4. *Redesign physikalisches Netzwerk*
Neue Verkabelung, Kopplungsgeräte, WAN-Verbindungen einrichten

5. *DNS-Server installieren*
Windows 2000-Server installieren
Zonendatei installieren, Konfiguration für dynamische Updates

ALTERNATIVE 1:
Migration von
Windows NT 4 zu
Windows 2000

6. *Windows NT-Domäne(n) migrieren*
Masterdomäne(n) migrieren: erst PDC, dann BDCs
Ressourcendomänen migrieren
Konsolidierung, Active-Directory-Design, Struktur der Organisational Units

5. *Windows 2000-Domänencontroller installieren*
Installation des Betriebssystems

6. *DNS-Server installieren*
Zonendatei installieren, Konfiguration für dynamische Updates

7. *Active Directory installieren*
Organisational-Unit-Struktur implementieren

8. *Übertragung der Benutzer- und Gruppenkonten oder Neustrukturierung des Active Directory*

9. *Sites einrichten*
Activ-Directory-Replikation konfigurieren

10. *DNS-Replikation konfigurieren*
Anmerkung: fällt weg, wenn DNS in das Active Directory integriert wird

10. *DHCP-Server installieren und konfigurieren*

11. *Datei- und Druckserver installieren*
Dateiverzeichnisse anlegen, Zugriffsberechtigungen konfigurieren, Verzeichnisse freigeben
Distributed File System (DFS) einrichten
Disk Quotas einrichten
Offline-Verzeichnisse einrichten
Druckerwarteschlangen einrichten, Zugriffsberechtigungen konfigurieren

12. *Netzwerkdienste installieren*
Beispiele: RAS, Certificate Server, evtl. WINS

13. *Anwendungsserver installieren und konfigurieren*

14. *Group Policies*
Einrichten gemäß Grobplanung

15. *Gateway-Dienste einrichten*
Beispiele: Gateway Service for NetWare, Microsoft SNA Server

16. Client-Rollout einrichten

Remote Installation Server, Skripte, Disk-Image-Programme, Handlungsabläufe planen, Reihenfolge der Abteilungen

17. Pilotstudie durchführen

Benutzergruppe für die Pilotstudie
Testläufe: Rollout, Benutzerumgebung (Profile, Datenverzeichnisse, Group Policies, Offline-Verzeichnisse etc.)
Auswertung der Pilotstudie

18. Anpassungen nach Pilotstudie durchführen

19. Supportkonzept erstellen

20. Schulungen durchführen

21. Rollout der Clientrechner durchführen

22. Dokumentation erstellen

Komplette Dokumentation der Konfiguration Active Directory, DNS, DHCP, Netzwerkdienste, Datenverzeichnisse, Zugriffsberechtigungen, Druckerwarteschlangen, Group Policies

3.5.2
Abschluß der Feinplanung

Nach Vorliegen des Dokumentes zur Feinplanung empfiehlt es sich, einen Projekt-Meilenstein in Form einer Genehmigungssitzung durchzuführen. Die in der Grobplanung aufgeführten Angaben zum Budget und dem Zeitrahmen des Projektes können nach der Feinplanung verfeinert werden, so daß sich möglicherweise Abweichungen ergeben, die der erneuten Genehmigung durch das Management bedürfen.

3.5.3
Fallbeispiele: Feinplanung

Für die beiden Fallbeispiele werden nachfolgend diejenigen Elemente der Feinplanung aufgeführt, die sich mit dem Windows 2000-Netzwerk befassen. Alle anderen Maßnahmen wie Netzwerk-Redesign, neue WAN-Verbindungen, Gateways etc. müssen an dieser Stelle aus Gründen der Übersichtlichkeit unberücksichtigt bleiben.

3.5.3.1
SCHWABENBANK AG

1. DNS-Server installieren

   Da die vorhandenen Server den Hardwareanforderungen von Windows 2000 nicht entsprechen, wird das Windows 2000-Netzwerk der SCHWABENBANK AG parallel zum bestehenden Netzwerk installiert.
   Hierzu wird ein Windows 2000-Server mit dem DNS-Dienst installiert.

2. Active Directory installieren

   Auf dem ersten Server wird mit DCPROMO.EXE das Active Directory installiert und konfiguriert (OUs, Benutzer-, Gruppen- und Computerkonten etc.). DNS wird in das Active Directory integriert.

3. Zweiten Domänencontroller installieren

   Im Nebengebäude wird der zweite Domänencontroller installiert.

4. Sites einrichten und Replikation konfigurieren

5. Windows 2000-Server für MS-Mail einrichten

   File and Print Services for NetWare installieren und konfigurieren, testen, Postoffice vom NetWare-Server auf den Windows 2000-Server übertragen.

6. Datei- und Druckserver installieren

   Verzeichnisstruktur anlegen, Zugriffsberechtigungen eintragen, Druckerwarteschlangen installieren

7. Group Policies einrichten

8. Rollout für Clientrechner einrichten

9. Pilotstudie durchführen

10. Pilotstudie analysieren, evtl. Überarbeitungsmaßnahmen durch-
    führen

11. Schulungen der Anwender durchführen

12. Client-Roullout durchführen

    Migration der Clientrechner abteilungsweise

13. RAS-Server installieren und konfigurieren

14. Pilotstudie RAS

    Pilotstudie mit wenigen Außendienstmitarbeitern
    Analyse und Optimierung

15. RAS implementieren

    Ausrüstung aller Außendienstmitarbeiter mit neuen Notebooks

16. Internet-Zugang für alle Benutzer einrichten

3.5.3.2
PHARMA SCHULZ GmbH & Co. KG

1. DNS-Server installieren

   Bevor ein Windows NT-Domänencontroller zu Windows 2000
   migriert werden kann, muß ein DNS-Server eingerichtet werden,
   der dynamische Updates unterstützt. Zwar könnte auch während
   der Migration, bevor die Domänendatenbank zum Active Directory migriert wird, ein DNS-Serverdienst installiert werden.
   Es empfiehlt sich jedoch, diese Aktivität separat auszuführen und
   die Funktion zu testen, bevor der erste Windows NT-
   Domänencontroller migriert wird.

2. Domäne „Berlin" migrieren

   Zunächst wird einer der BDCs in Berlin manuell synchronisiert
   und anschließend aus Sicherheitsgründen aus dem Netz genommen.

   Der PDC wird als erster Domänencontroller zu Windows 2000
   aktualisiert. Bevor die BDCs ihrerseits aktualisiert werden, wird
   die Funktionalität der gemischten Umgebung einige Tage lang

getestet. Erst danach werden die BDCs und die Member Server zu Windows 2000 upgedatet.

3. Übrige Domänen migrieren

    Die übrigen Domänen werden nacheinander migriert. Das Active Directory wird für die zentrale Verwaltung von Berlin aus eingerichtet.

4. Sites einrichten und Replikation konfigurieren

5. Certificate Server einrichten

    Damit das Encrypting File System (EFS) in vollem Umfang verwendet werden kann, wird im Standort Berlin eine Enterprise Root Certification Authority und an den übrigen Standorten Subordinate Certificate Server eingerichtet und getestet.

6. Dateiserver konfigurieren

    Es müssen neue freigegebene Verzeichnisse für die umgeleiteten Ordner aus den Benutzerprofilen eingerichtet werden.
    Das Distributed File System wird eingerichtet und getestet.

7. Group Policies einrichten

8. Rollout für Clientrechner einrichten

9. Pilotstudie durchführen

10. Pilotstudie analysieren, evtl. Überarbeitungsmaßnahmen durchführen

11. Schulungen der Anwender durchführen

12. Client-Roullout durchführen

    Migration der Clientrechner abteilungsweise

3.6
Umsetzung

Für die Phase der Umsetzung werden die in der Feinplanung aufgeführten Aktivitäten bestimmten Verantwortlichen zugeordnet sowie Termine zur Erledigung festgelegt.

Jede Aktion in der Umsetzungsphase sollte im Problemfall rückgängig gemacht werden können. Dies bedeutet beispielsweise, daß sehr häufig, meist mehrmals pro Tag, Sicherungen der Server durchgeführt werden müssen. Wird eine Windows NT-Domäne migriert, ist es unbedingt erforderlich, vor der Migration des PDC mindestens einen BDC manuell zu synchronisieren und vom Netz zu nehmen. Er muß deshalb vom Netz genommen werden, weil der zu Windows 2000 aktualisierte PDC mit den noch nicht migrierten BDCs eine Replikation der SAM-Datenbank durchführt. Treten hier Probleme auf, benötigt man einen BDC, der eine Version der SAM-Datenbank *vor* der Migration verwaltet, damit der alte Zustand gegebenenfalls schnell wiederhergestellt werden kann.

Vor der Migration einer Domäne BDC vom Netz nehmen!

Auch bei der Migration der Clientrechner muß gewährleistet sein, daß im Problemfall schnell der alte Zustand wiederhergestellt werden kann, damit die Benutzer weiterarbeiten können. Ideal wäre, einige „alte" Clientrechner in Reserve zu haben, die den Benutzern im Fehlerfall zur Verfügung gestellt werden können. Ist dies nicht möglich, müssen Prozeduren entwickelt und geübt werden, um das vorherige Betriebssystem und die benötigten Anwendungen möglichst schnell wieder installieren zu können. Ideal sind hierfür Disk-Image-Programme, was allerdings voraussetzt, daß die Clientrechner identisch in bezug auf die Hardwarekonfiguration sind.

Migration der Clientrechner bei Problemen rückgängig machen

In der Phase der Umsetzung treten naturgemäß die häufigsten Probleme auf. Deshalb sind regelmäßige Besprechungen ungeheuer wichtig, um Probleme und mögliche Lösungen zu diskutieren und gegebenenfalls Terminpläne anzupassen.

Regelmäßige Besprechungen

Während der Umsetzung sind alle auftretenden Probleme, die verschiedenen Ansätze zur Lösung und der letztendlich erfolgreiche Weg sauber aufzuzeichnen. Treten die gleichen Probleme zu einem späteren Zeitpunkt nochmals auf, kann der erfolgreiche Lösungsweg in der Dokumentation nachgeschlagen werden. Werden Probleme und deren Lösung jedoch nicht dokumentiert, geht das Wissen mit hoher Wahrscheinlichkeit verloren.

Aufzeichnung von Problemen

Es empfiehlt sich, nach Abschluß einer Aktivität alle vorgenommenen Konfigurationen komplett zu dokumentieren. Da viele der Verwaltungstools von Windows 2000 keine Druckfunktion enthalten, kann man sich viel Zeit sparen, indem man Screenshots anfertigt. Es sollte ein Formular eingesetzt werden, welches neben der Dokumen-

Dokumentation der Aktivitäten

tation auch eine Aufzeichnung der aufgetretenen Probleme und der Lösungsansätze umfaßt (siehe Abbildung 3.25).

Dokumentation Umsetzung	√
Beschreibung der Aktivität	
Verantwortliche/r	
Dokumentation der Konfigurationseinstellungen	
Aufgetretene Probleme	
Lösungsansätze (erfolgreiche *und* erfolglose)	
Abweichungen zur Feinplanung, Begründung	
Abweichungen zum Pflichtenheft, Begründung	
Unterschrift Verfasser	
Nur bei Abweichungen zur Feinplanung oder zum Pflichtenheft: Genehmigung Auftraggeber, Unterschrift	

3.7
Nachbetreuung

In Umstellungsphasen kann es immer zu unvorhergesehenen Problemen kommen. Insbesondere in den ersten Tagen nach der Umstellung der Clientrechner sollte man mit erhöhtem Supportbedarf rechnen und dafür genügend Personal zur Verfügung stellen.

Auch hier gilt die Regel: Alles ist sauber zu dokumentieren! Dafür kann das gleiche Formular wie in der Umsetzungsphase eingesetzt werden.

3.8
Abnahmeprotokoll

Ein Projekt ist erst dann formal abgeschlossen, wenn der Auftraggeber dem Auftragnehmer mit seiner Unterschrift unter das Abnahmeprotokoll bestätigt hat, daß das Endprodukt die geforderten Spezifikationen einhält. Dies gilt insbesondere, wenn der Auftragnehmer ein externes Beratungsunternehmen ist.

Meßlatte für die Abnahme ist das Pflichtenheft und die Feinplanung, die die Aktivitätenliste enthält. Eine formale Genehmigung aller Abweichungen ist deshalb so wichtig, damit es bei der Projektabnahme nicht zu Mißverständnissen und unterschiedlichen Interpretationen kommt.

3.9
Dokumentation

Die Dokumentation des Projektes umfaßt sämtliche Dokumente:

- Bestandsaufnahme
- Pflichtenheft
- Grobplanung
- Feinplanung
- Formulare zur Umsetzung
- Formulare zur Nachbetreuung
- Abnahme

In manchen Projekten muß auch jeglicher Schriftverkehr, der in Relation zum Projekt steht, Bestandteil der Schlußdokumentation sein. Wie bereits in Kapitel 1 erwähnt, werden in solchen Fällen für alle Dokumente des Projektes fortlaufende Dokumentennummern erstellt, um sicherzugehen, daß kein Dokument fehlt.

Außer der Papierform wird heutzutage eine Dokumentation auch in elektronischer Form als CD-ROM selbstverständlich sein.

3.10
Schlußwort: Wie essen Sie einen Elefanten?

Sie haben dieses Buch gerade fertig gelesen. Sie haben in Kapitel 1 Grundlegendes über Projekte und Projektteams erfahren. Sie wissen jetzt, warum manche Projekte erfolgreich und andere weniger erfolgreich oder sogar Fehlschläge sind. Sie haben die Regeln für erfolgreiches Projekt- und Teammanagement kennengelernt und einen Überblick über die einzelnen Phasen von Migrationsprojekten erhalten.

Kapitel 2 hat Ihnen die neuen Features von Windows 2000 aus dem technischen Blickwinkel nähergebracht und Sie mit einer Menge neuer Begriffe konfrontiert: Active Directory, dynamisches DNS, Group Policies, Certificate Server, Encrypting File System usw. usw.

Kapitel 3 schließlich hat Sie detailliert durch die einzelnen Phasen eines Migrationsprojektes begleitet und die Planungsgrundlagen für Windows 2000 besprochen.

Jetzt, wo Sie sich durch annähernd 300 Buchseiten durchgearbeitet haben, werden Sie sich wahrscheinlich gerade ein wenig zurücklehnen, tief ein- und ausatmen und sich fragen: Wie um alles in der Welt kann man ein so komplexes Projekt in den Griff bekommen? Oder anders ausgedrückt: Wie essen Sie einen Elefanten?

Abbildung 3.26: Wie essen Sie einen Elefanten? Abgedruckt mit freundlicher Genehmigung von Berres und Partner Strategieberater, © Anita Berres.

Die Antwort ist ganz einfach: **STÜCK FÜR STÜCK!**

Literatur

Berres A.: Management von Internet-Projekten. Kurs an der Internationalen Multimedia-Akademie (IMA) Karlsruhe 1998.

Berres A.: Marketing und Vertrieb mit dem Internet. Heidelberg: Springer-Verlag 1997.

Brümmer, W.: Management von DV-Projekten. Praxiswissen zur erfolgreichen Projektorganisation in mittelständischen Unternehmen. Braunschweig/ Wiesbaden: Vieweg 1994.

Bullingerr H.-J. und A. Berres (Hrsg.): Innovative Unternehmenskommunikation. Vorsprung im Wettbewerb durch neue Technologien. Heidelberg: Springer-Verlag 1997.

Chappell, D.: Introduction to Microsoft Windows NT 5.0 Distributed Services. Vortrag bei der TechEd 1998, Nizza, August 1998.

Computerwoche 36/98: Bankrotter Kunde will Schadensersatz von SAP. München: Computerwoche 1998.

Computerwoche 39/98: Top oder Flop. Erfolgsfaktoren für Projekte. München: Computerwoche 1998.

Computerwoche 39/98: Peoplesoft beißt sich an Siemens die Zähne aus. München: Computerwoche 1998.

Computerwoche 48/98: Wird PGP Standard? München: Computerwoche 1998.

Computerwoche 52/98: Kleinere Projekte haben größere Aussicht auf Erfolg. München: Computerwoche 1998.

GPM Deutsche Gesellschaft für Projektmanagement e.V. (Hrsg.): Projektmanagement. Köln: Verlag TÜV Rheinland 1997.

Meier, M.: Team-Power. Kreativer – Flexibler – Schneller. Regensburg/Bonn: Walhalla 1998.

Microsoft Corporation: Terra Flora: A Fictious Case Study. Networking Resource Guide, Windows NT 4.0 Resource Kit. Redmond 1996.

Microsoft Corporation: Active Directory Technical Summary (Windows NT 4.0 and 5.0). Whitepaper, Microsoft TechNet. Redmond 1997.

Microsoft Corporation: Encrypting File System for Windows NT Version 5.0. NT Server Technical Notes, Microsoft TechNet. Redmond 1997.

Microsoft Corporation: Migrating from Microsoft Windows NT Server 4.0 to Windows NT Server 5.0. Whitepaper, Microsoft TechNet. Redmond 1997.

Microsoft Corporation: MS Windows NT Active Directory – An Introduction to the Next Generation Directory Services. NT Server Technical Notes, Microsoft TechNet. Redmond 1997.

Microsoft Corporation: Secure Networking Using Microsoft Windows NT 5.0 Distributed Security Services. Whitepaper, Microsoft TechNet. Redmond 1997.

Microsoft Corporation: Deploying Security. Windows NT 5.0 Beta 2 Technical Walkthrough. Redmond 1998.

Microsoft Corporation: Documents and Settings. Windows NT 5.0 Beta 2 Technical Walkthrough. Redmond 1998.

Microsoft Corporation: Group Policy. Windows NT 5.0 Beta 2 Technical Walkthrough. Redmond 1998.

Microsoft Corporation: How to disable LM Authentication on Windows NT. Knowledge Base Article No. Q147706. Redmond 1998.

Microsoft Corporation: Microsoft Official Curriculum Course 1265a: Installing and Administering Windows NT 5 Beta 2. Beta Materials for Microsoft Certified Trainer Preparation Purposes. Redmond 1998.

Microsoft Corporation: Microsoft Official Curriculum Course 1266a: Supporting Windows NT 5 Beta 2. Beta Materials for Microsoft Certified Trainer Preparation Purposes. Redmond 1998.

Microsoft Corporation: Microsoft Official Curriculum Course 1267a: Planning and Implementing Active Directory. Beta Materials for Microsoft Certified Trainer Preparation Purposes. Redmond 1998.

Microsoft Corporation: Planning Windows NT Server 4.0 Deployment with Windows NT Server 5.0 in Mind. Whitepaper, Microsoft TechNet. Redmond 1998.

Microsoft Corporation: Remote Installation Service. Windows NT 5.0 Beta 2 Technical Walkthrough. Redmond 1998.

Microsoft Corporation: Software Installation. Windows NT 5.0 Beta 2 Technical Walkthrough. Redmond 1998.

Microsoft Corporation: Windows NT Workstation 4.0 – The Easiest Upgrade to Windows 2000 Professional. Whitepaper, Microsoft TechNet. Redmond 1998.

Rajurs, P: Writing Clean Applications for Microsoft Windows 98 and Windows NT 5.0. Vortrag bei der TechEd 1998 in Nizza, August 1998.

Sackmann, S.: Teambildung in Projekten. In: GPM Deutsche Gesellschaft für Projektmanagement (Hrsg.): Projektmanagement. Köln: Verlag TÜV Rheinland 1997.

Windows NT Magazine: Seven Strategic Goals for Enterprise Networks. Update Extra vom 28.10.1998. Online-Nachrichtendienst, www.winntmag. com.

Warenzeichen

1-2-3 ist ein registriertes Warenzeichen von Lotus Development Corporation.

3Com ist ein registriertes Warenzeichen von 3Com Corporation.

Acrobat ist ein Warenzeichen von Adobe Systems, Inc.

ActiveX ist ein registriertes Warenzeichen von Microsoft Corporation.

Adaptec ist ein Warenzeichen von Adaptec, Inc.

Adobe ist ein registriertes Warenzeichen von Adobe Systems, Inc.

Alpha AXP ist ein Warenzeichen von Digital Equipment Corporation.

Apple ist ein registriertes Warenzeichen von Apple Computer, Inc.

Apple ist eine registrierte Handelsmarke von Apple Computer, Inc.

AS/400 ist ein registriertes Warenzeichen von International Business Machines Corporation.

AT ist ein registriertes Warenzeichen von International Business Machines Corporation.

ATM ist ein registriertes Warenzeichen von Adobe Systems, Inc.

BackOffice ist ein registriertes Warenzeichen von Microsoft Corporation.

Cipher ist ein registriertes Warenzeichen von Cipher Data Products.

Compaq ist ein registriertes Warenzeichen von Compaq Computer Corporation.

DEC ist ein Warenzeichen von Digital Equipment Corporation.

Domain ist ein registriertes Warenzeichen von Hewlett-Packard Company.

DriveSpace ist ein registriertes Warenzeichen von Microsoft Corporation.

FrontPage ist ein registriertes Warenzeichen von Microsoft Corporation.

Gartner Group ist ein registriertes Warenzeichen von Gartner Group, Inc.

Groupwise (TR) ist ein Warenzeichen von Novell,Inc.

i386 ist ein Warenzeichen von Intel Corporation.

i486 ist ein Warenzeichen von Intel Corporation.

IBM ist ein registriertes Warenzeichen von International Business Machines Corporation.

InstallShield ist ein registriertes Warenzeichen von Stirling Technologies, Inc.

Intel ist ein registriertes Warenzeichen von Intel Corporation.

IntelliMirror ist ein Warenzeichen von Microsoft Corporation.

Iomega ist ein registriertes Warenzeichen von Iomega Corporation.

JetDirect ist ein registriertes Warenzeichen von Hewlett-Packard Company.

JScript ist ein Warenzeichen von Microsoft Corporation.

Mac ist ein Warenzeichen von Apple Computer, Inc.

Macintosh ist ein registriertes Warenzeichen von Apple Computer, Inc.

Microsoft ist ein registriertes Warenzeichen von Microsoft Corporation.

MSDN ist ein Warenzeichen von Microsoft Corporation.

MS-DOS ist ein registriertes Warenzeichen von Microsoft Corporation.

NEC ist ein registriertes Warenzeichen von NEC Corporation.

NetInstall ist ein registriertes Warenzeichen von NetSupport GmbH.

Norton Antivirus ist ein registriertes Warenzeichen von Symantec Corporation.

Norton Utilities ist ein registriertes Warenzeichen von Peter Norton Computing.

Novell ist ein registriertes Warenzeichen von Novell, Inc.

Olivetti ist ein registriertes Warenzeichen von Ing. C. Olivetti.

OnTrak ist ein Warenzeichen von Active Software Corporation.

Operating System/2 ist ein registriertes Warenzeichen von International Business Machines Corporation.

ORACLE ist ein registriertes Warenzeichen von Oracle Corporation.

OS/2 ist ein registriertes Warenzeichen von International Business Machines Corporation.

Outlook ist ein Warenzeichen von Microsoft Corporation.

Personal Computer AT ist ein registriertes Warenzeichen von International Business Machines Corporation.

PKZIP ist ein registriertes Warenzeichen von PKWARE, Inc.

Platinum ist ein registriertes Warenzeichen von Platinum Software Corporation.

PostScript ist ein registriertes Warenzeichen von Adobe Systems, Inc.

PS/2 ist ein registriertes Warenzeichen von International Business Machines Corporation.

Radius ist ein Warenzeichen von Radius, Inc.

RC4 ist ein registriertes Warenzeichen von FSA Data Security, Inc.

RC4 ist ein registriertes Warenzeichen von RSA Data Security, Inc.

SAA ist ein Warenzeichen von International Business Machines Corporation.

Shiva ist ein registriertes Warenzeichen von Shiva Microsystems Corporation.

Solaris ist ein registriertes Warenzeichen von Sun Microsystems, Inc.

Sun ist ein registriertes Warenzeichen von Sun Microsystems, Inc.

Sun Microsystems ist ein registriertes Warenzeichen von Sun Microsystems, Inc.

The Norton Antivirus ist ein registriertes Warenzeichen von Symantec Corporation.

TrueType ist ein registriertes Warenzeichen von Apple Computer, Inc.

Unicode ist ein Warenzeichen von Unicode, Inc.

UNIX ist ein registriertes Warenzeichen in den Vereinigten Staaten und anderen Ländern, welche eklusiv durch X/Open Company, Ltd lizensiert wird.

Visual Basic ist ein registriertes Warenzeichen von Microsoft Corporation.

Visual C++ ist ein registriertes Warenzeichen von Microsoft Corporation.

VMS ist ein Warenzeichen von Digital Equipment Corporation.

Windows ist ein registriertes Warenzeichen von Microsoft Corporation.

Windows NT ist ein registriertes Warenzeichen von Microsoft Corporation.

Yahoo ist ein Warenzeichen von Yahoo Corporation

ZIP Code ist ein registriertes Warenzeichen von the United States Postal Service.

Sachverzeichnis

Trusted Root Certification
  Authority 148

U

Universal Groups 82, 95
Unix 30, 39, 42, 196, 238, 253
Up-to-Date-Vektor 90
Update Sequence Number 88, 89,
  90
Upgrade 61, 118, 169, 173, 175,
  217, 239, 257, 266
USB 194
USN
  siehe Update Sequence

V

VeriSign 158, 163
Vertrauensbeziehung 74, 99, 219,
  243, 246
  -einseitig 76, 77, 247
  -zweiseitige 98, 99, 100, 189,
  243
Vertrauensstellung 204, 265
Verwaltung 31, 41, 43, 44, 48, 59,
  61, 63, 75, 83, 85, 86, 98, 106,
  112, 114, 124, 130, 131, 174,
  184, 185, 205, 208, 210, 211,
  213, 215, 217, 218, 222–224,
  234, 235, 238, 241, 252–254,
  260, 262
  -zentral 39, 202, 217, 223, 235,
  262, 274
Verzeichnisdienste 38, 61, 98,
  102, 157, 182, 196, 238, 268
Virtuelles Privates Netzwerk 157,
  160, 238
VPN
  siehe Virtuelles Privates
  Netzwerk

W

WAN 60
Windows 2000 Advanced Server
  62
Windows 2000 Datacenter Server
  62
Windows 2000 Professional 1, 39,
  62, 83, 93, 100, 120, 150, 151,
  154, 169, 172, 173, 192, 199,
  222, 228, 240, 242, 243, 245,
  248, 252, 257, 260, 266
Windows 2000 Server 1, 62, 170,
  172, 173, 174, 175, 176, 240,
  243
Windows 95 37, 99, 127, 160,
  169, 173, 243, 248
Windows NT 4-Domäne 37, 44,
  64, 69, 77, 79, 80, 87, 88, 98,
  99, 100, 153, 175, 179, 181,
  222, 243, 244, 245, 246, 247,
  265, 267
Windows NT Server 53, 59, 62,
  173, 174, 244, 245
Windows NT Workstation 60, 62,
  64, 172–174, 189, 243, 265,
  266
WINS 38, 103, 105, 195, 203, 270
WINS-Server 103, 105, 189
World Wide Web 190

Z

Zusammensetzung des
  Projektteams 1, 2